U0638843

高速公路桥梁工程与项目管理

戴安婵　肖智安　张琴光　著

吉林科学技术出版社

图书在版编目（CIP）数据

高速公路桥梁工程与项目管理 / 戴安婵，肖智安，张琴光著． -- 长春：吉林科学技术出版社，2020.9
ISBN 978-7-5578-7514-5

Ⅰ．①高… Ⅱ．①戴… ②肖… ③张… Ⅲ．①高速公路－公路桥－桥梁工程 Ⅳ．① U448.14

中国版本图书馆 CIP 数据核字（2020）第 175389 号

高速公路桥梁工程与项目管理

GAOSU GONGLU QIAOLIANG GONGCHENG YU XIANGMU GUANLI

著 者	戴安婵 肖智安 张琴光
出 版 人	宛 霞
责任编辑	朱 萌
封面设计	李 宝
制 版	张 凤
幅面尺寸	185mm×260mm
开 本	16
字 数	330 千字
页 数	236
印 张	14.75
版 次	2020 年 9 月第 1 版
印 次	2020 年 9 月第 1 次印刷
出 版	吉林科学技术出版社
发 行	吉林科学技术出版社
地 址	长春市福祉大路 5788 号
邮 编	130118

发行部电话 / 传真　0431—81629529　　81629530　　81629531
　　　　　　　　　　　81629532　　81629533　　81629534

储运部电话　0431—86059116

编辑部电话　0431—81629520

印 刷　北京宝莲鸿图科技有限公司

书 号　ISBN 978-7-5578-7514-5

定 价　78.00 元

前　言

　　随着中国经济的快速发展，其对于高速交通的需求日渐增加，因此高速公路的建设量也就快速增长。在高速公路的建设过程中，桥梁建设是高速公路整体建设中难度很大且十分重要的一环，其中桥梁工程的施工管理决定着桥梁建设及高速公路建设的质量。本书主要分析了国内外高速公路桥梁工程施工管理的状况，明确了施工要素和施工管理的特点，进而提出了高速公路桥梁工程施工管理的优化建议。

　　桥梁工程对国民经济的发展有着重要的作用，能否建设安全可靠的桥梁决定着某条高速公路整体能否为覆盖地区提供方便的交通，涉及出行旅客的生命安全，联系着人们的出行质量和经济的快速发展。高速公路桥梁工程项目施工管理很大程度决定着桥梁的建设质量，面对我国乃至世界迅猛发展的高速公路来说，提高桥梁工程项目社工管理是极其重要的。

　　无论是相关的制度还是先进的技术都需要高素质管理人员来实施和使用，因此管理人员的管理水平也很大程度的决定着桥梁工程建设的好坏。施工单位应当制定严谨有效的培训体系，定期为管理人员进行培训，树立施工管理人员的安全管理意识，提高专业技能水平，强化管理队伍的管理质量，从而为中国高速公路桥梁工程建设提供坚实可靠的管理队伍。

　　进入新时代以来，可持续发展作为各项建设的指导思想，其在桥梁工程建设过程中也是十分重要的。桥梁工程建设过程中大多使露天施工，工地环境较为复杂，减少施工过程对周围环境没必要的破坏，这需要工程管理人员和施工人员有着一定的环境保护意识，管理人员应当对施工周边环境经行监测，根据现场情况及时调整施工计划和施工方式。

　　高速公路桥梁工程是整个建设工程中的难点也是事故易发点，再加上桥梁工程建设的复杂性，桥梁工程管理工作就显得极为重要了，这就需要桥梁工程管理人员提高管理水平，优化管理方法，在施工过程中加强控制管理，保障建设的安全和质量，为我国高速公路建设工程的迅猛发展增添一份保障。

目　录

第一章 桥梁工程

第一节 桥梁工程测量技术现状及发展方向

随我国社会经济的快速发展，使得桥梁行业的发展速度也在不断提高，同时桥梁工程施工的数量也在逐渐增加。但桥梁工程在实际施工的过程中，因为测量施工技术与整体工程施工质量之间具有密切的联系，所以，在这样的情况下，就需要相关部门和工作人员提高对桥梁工程施工测量技术的重视程度，确保测量技术能够充分发挥其自身的作用和价值，从而保障能够为桥梁工程施工的开展奠定一个坚实的基础。因此，本节主要针对桥梁工程施工测量技术的发展现状和发展方向进行分析，并提出科学合理的建议。

我国当前科学技术的发展水平在不断提高，逐渐出现了一些先进化的测量技术，并且也在桥梁工程施工中得到了广泛推广和运用，不仅能够充分发挥其自身的作用和价值，还能够满足当前时代发展的需求和标准，确保桥梁行业能够逐渐趋向智能化和自动化的方向发展。但依照相关调查数据显示，大部分桥梁工程在实际运用测量技术的过程中，还是会存在一些不合理的问题，这样会对整体工程施工的开展造成影响，严重的情况下，还会导致桥梁工程施工质量得不到保障。所以，需要施工企业提高对其的重视程度，并对测量技术的未来发展方向进行分析，从而避免对桥梁行业的发展造成影响。

一、现阶段工程测量技术的发展现状

（一）地面测量仪器的发展

依照相关调查数据显示，各个时期国家对于测量仪器和测绘技术的研究工作都非常重视，从而促使现阶段逐渐出现一些先进化的地面测量设备。在实际运用的情况下，其不仅能够为工作人员创造一个良好的工作环境，还能够提高工程测量数据的准确性和可靠性，从而保证能够满足现阶段时代发展的需求和标准。而桥梁工程在实际施工的过程中，对于一些比较困难的测量位置来说，如果采取传统的测量技术，只能通过单一的人工测量方式对其进行测量，这样不仅会对工作人员自身的生命和财产安全造成威胁，还会导致测量数据出现不准确的问题。在这样的情况下，如果能够运用先进化的测量技术，不仅能够保证

工作人员自身的生命安全，还能够加强测量数据的准确性。由此可见，传统测量技术对于一些隐蔽的位置不能够安全准确的对其进行测量，导致数据出现不准确的问题，而在运用先进化测量技术的情况下，就能够避免施工现场出现不合理的问题，从而保障能够为桥梁工程施工的开展提供帮助。

（二）GPS 定位技术的运用

我国当前大部分行业在实际发展的过程中，普遍都会运用 GPS 技术，其能够充分发挥其自身的作用和价值，同时也能促进各个行业的快速发展。实际运用 GPS 技术的情况下，也能够显示非常准确的位置信息，还能够实现自动化测量距离的目标，整体操作流程非常简单。依照相关调查数据显示，我国在引进 GPS 技术后，能够充分发挥其自身的作用和价值，从而保障能够满足测量工作的需求和标准。

（三）数字化测量技术的运用

桥梁工程在实际开展测量工作的过程中，大比例尺测图工作在其中占据较重要的位置，由于其自身具备复杂性的特点，包含多个方面的内容，导致相关数据的准确性不能够满足施工中的需求和标准。而对于传统测量技术来说，主要是通过人工的方式对其进行测量，在这样的情况下，经常会遭受到外界环境因素的影响，导致测量数据存在不准确的问题和现象。而如果能够运用现阶段数字化测绘技术，就能够避免多个方面的问题，还能够促进测量工作趋向数字化和信息化的方向发展。另外，传统比例测图技术需要专业化的工作人员长期在室外对数据进行测量和分析，这样就会导致数据存在单一性的特点，也不能够实现大批量生产的目标，数据准确性也较低，从而导致测量数据不能够满足当前时代发展的需求和标准。但随我国当前科学技术的快速发展，开展测量工作的情况下，都在不断运用先进化的测量技术，通过这样的方式，就能够集中将数据对其进行分析，并且能够自动化将数据进行汇总。这样不仅能够满足工作人员工作的需求，还能够提高工作的效果，并节约测量工作的成本，从而保障能够为社会经济的发展奠定一个坚实的基础。

（四）摄影绘图技术的运用

对于摄影绘图技术来说，对于工程测量工作的发展具有重要作用和意义，在实际运用的过程中，不仅能够减少测量工作的难度和工作量，还能够提高测量工作的效率，能够充分发挥其自身的作用和价值，还能够满足行业发展的需求和标准。但桥梁工程在实际开展测量工作的情况下，如果能够将设备绘图技术与计算机技术进行融合，就能够通过计算机技术形成三维立体空间图形，从而保证能够为桥梁工程测量工作提供科学合理的数据。另外，在运用摄影绘图技术的情况下，能够获取精确度较高的数据和资料，具备多个方面的优势和特点，还能够降低一些难度较高测量工作的难度，从而保障能够满足时代发展的需求和标准。

二、工程测量技术的未来发展状况

工程测量技术与各个行业的发展之间具有密切的联系，所以这就需要相关部门和工作人员提高对测量技术的运用状况和发展的重视程度。桥梁工程在实际开展测量工作的过程中，必须要对测量和设备自身信息处理能力高度重视，并对其进行检测，确保各个方面的处理性能都能够满足相关规定和标准，保证能够满足桥梁工程施工中的需求和标准。而对于工程测量技术来说，必须要保证能够趋向多元化的方向发展，并积极与一些先进化的理念与原则进行结合，确保能够加强工程测量技术的水平，从而保障为测量工作的开展奠定一个坚实的基础。但依照相关调查数据显示，我国当前大部分桥梁工程在实际施工的过程中，对工程测量技术的需求和标准还有待提高，而现阶段科学技术的发展水平在不断提高，各个行业也都逐渐趋向自动化和科技化的方向发展。所以，在这样的情况下，就需要相关部门和工作人员提高对其的重视程度，并采取科学合理的优化措施，保证能够加强工程测量技术的水平，避免传统测量技术运用中出现不合理的问题，从而保障能够满足桥梁工程测量工作中的需求和标准。另外，在实际运用工程测量技术的情况下，还需要不断拓展测量技术的应用范围，这样不仅能够简化测量工作的流程，还能够提高测量工作的效率，确保工程测量技术能够充分发挥其自身的作用和价值，相关部门还需要随时代发展的需求，将测量技术进行优化，确保工程测量技术能够趋向智能化和自动化的方向发展，从而保障能够为科学技术的发展提供帮助。

综合上文所述，桥梁工程在实际开展测量工作的过程中，必须要积极运用一些先进化的测量技术，依照相关调查数据显示，我国当前桥梁工程在实际施工的过程中，桥梁工程测量行业逐渐趋向一体化自动化以及智能化的方向发展。通过这样的方式，就能实现信息和数据共享的目标，最终保障满足社会经济的发展需求和标准。

第二节　市政桥梁工程质量的控制要点

由大量实际案例可知，现阶段我国的市政桥梁工程在竣工验收之后正式投入使用的过程中，通常存在质量上的问题，特别是市政桥梁过渡段经常出现质量问题，这对整个工程使用的经济性和可靠性造成非常严重的影响。因此，文章就市政桥梁在投入使用之后出现的质量通病进行分析、总结以及归纳，并且针对这些普遍的质量通病提出相应的解决措施，切实有效地提高我国市政桥梁建设的经济效益和质量水平。

近年来，我国社会经济和市场经济的发展速度越来越快，在此背景下，我国城市规划建设的发展速度也在不断加快，这给城市交通运输带来了很大的压力，因此，对市政桥梁工程的建设质量和水平也提出了更高的要求。在进行市政桥梁工程建设过程中，一定要严格控制施工质量，严格监督工程建设当中的任何一个环节，这样可以有效提高市政桥梁建设的整体水平和质量，确保其工程建设能够顺利完成。

一、市政桥梁工程质量中存在的通病

（一）桥梁裂缝质量问题

当前我国市政桥梁建设中的主要材料就是混凝土，但是采用这种方式的桥梁的质量通病就是容易产生裂缝。由于在桥梁建设过程中存在后期养护不完善、质量监管不到位、施工技术不合理等情况，这些因素都可能会造成市政桥梁质量不过关，或者建设施工达不到相关设计要求，在投入使用后由于其质量不满足复杂的运用环境和车载压力，导致市政桥梁出现裂缝等问题，这就会给市政桥梁工程造成非常大的安全隐患[1]。在整个市政桥梁建设过程中，其桥梁结构通常为预应力连续钢梁结构，这种桥梁结构在正式投入使用后会容易发生断裂或者裂缝等问题，导致桥梁出现严重倾斜，这会对市政桥梁的可靠性和安全性造成严重影响。

（二）桥梁道路沉陷质量问题

在市政桥梁项目建设过程中，外部环境、内部环境以及地下管线等因素都会对桥梁的施工造成一定的影响，再加上在建设过程中没有健全的、严格的质量监管制度，导致市政桥梁建设的基层处理和基层施工没有达到相关的设计要求和相关质量规定，以至于桥梁出现沉降情况，这会对正个桥梁工程的服务水平和安全质量造成严重的影响。

（三）桥梁伸缩缝跳车质量问题

在市政桥梁工程建设过程中，对于建设桥梁的伸缩槽而言，通常是将沥青体切开后，将定制的伸缩缝结构放入切槽中，并且在安装伸缩缝的过程中，仅通过水平尺对桥梁进行简单的参照标高定位，并没有严格按照国家的相关规定进行施工，在伸缩缝结构安装之后，直接进行混凝土浇筑。这种建设方式，无法有效控制其施工质量，同时，由于市政桥梁建设的工期要求较短，因此在桥梁建设或城中浇灌的混凝土结构在还没有完全干透，或是桥梁建设还没有完全达到国家相关标准的时候就不能投入使用，在气温变化和车载压力等情况发生变化时，桥梁的伸缩缝会发生严重的脱落、下沉、破坏等问题，导致桥梁出现错台、高差等情况，会严重降低桥梁的使用感。

（四）桥梁漏水问题

在市政桥梁建设过程中的又一质量通病就是桥梁漏水问题。由于市政桥梁建设过程中很难真正实现全封闭状态，再加上城市交通的压力在日益增大，这就会让市政桥梁的建设施工始终处于比较复杂的环境中，这也给桥梁在投入使用后的维修、养护等工作带来非常大的难度，不及时维修、不到位养护等都是造成桥梁漏水的重要因素。一些市政桥梁工程在建设过程中，没有建设完善的防水功能，这也是导致桥梁出现漏水问题的又一大主要原因。

二、市政桥梁工程的质量控制要点

（一）施工前的质量控制

在市政桥梁建设过程中，想要有效确保施工质量，就一定要将前期的准备工作做好。在这一前提下，一定要对前期的施工质量控制予以重视，其中包括对施工原材料质量的控制、施工工程图的控制、施工机械设备的控制以及施工人员技术与平的控制等，这些因素都是前期准备工作中必不可少的。想要切实提高市政桥梁建设的施工质量，就一定要对其施工设计图进行严格的审查：工程设计图的内容是否翔实准确，是否符合实际的施工环境；施工原材料的质量是否符合国家标准，原材料的采购渠道是否正规可靠；具体施工人员的专业水平是否过硬，是否拥有相关的资质认可；所选择的施工设备、施工机械以及施工安全防护设备是否满足实际施工需求。

在市政桥梁正式建设之前将准备工作做好。将桥梁下部的基础处理平整，结合实际的施工方案需要科学测试导线点和水准点，在开展放样的工作时一定要使用全站仪和水准仪，并且要科学、合理地勘测桥梁建设的准确位置，并且保证在桥梁建设工程中放样环节一定要符合国家的精度要求标准，对不符合标准的要进行及时补充[5]。在整个市政桥梁建设质量控制方面，不仅要对其施工程度进行精密测量，对于各个桥墩的位置、规格等方面、一样要严格要求其精密度，通过放样方式测定出科学且符合标准的数据，对桥墩建设的最佳基点位置进行确定，将相应的基础性轴线、地面高度、边线位置等数据准确地标注出来。

（二）施工中的质量控制要点

（1）施工工艺控制。在市政桥梁正式建设施工过程中一定要加强对基础开挖的质量进行严格控制，这一环节的质量控制主要包含两个方面：①对基坑开挖的质量进行控制；②对基坑回填的质量进行控制。在开始挖掘基坑之前，要对基坑周围的基槽降水以及地表截水等情况进行详细了解，确定基坑开挖的放样质量，确保将基坑中挖掘出的土方运送到指定位置。在完成基坑挖掘之后，要对基坑的尺寸进行测量，确保基坑的各项参数都与设计要求相符，相关质量监管部门要开展严格的质量验收工作，在基坑各项数据都符合标准之后，再开展下一步工作。在开展基坑回填工作时，要对回填土的密度进行严格控制，确保基坑回填土严实牢靠，与相关设计的各项要求相符，在基坑回填工作的各项检验都合格之后，再开展下一步工作。

（2）混凝土失控质量控制。对市政桥梁建设所使用的混凝土的质量进行严格控制，这一步工作的开展应该从确定混凝土混合比例开始，结合材料本身性能和实际的施工环境，在实验室中对混凝土的混合比例进行反复试验调整，让其混合比例最为科学合理，并且要对坍落度进行严格控制。在对薄壁墩进行混凝土浇筑的过程中，其施工设备应该采用料斗装料，塔吊吊运的施工形式。在进行正式的混凝土浇灌工作之前，应该对施工使用的水泥的各项指标进行复检，其复检数据和来料信息相一致时，才可以投入使用，并且要严格控制石料沙子的含水率，将这些数据和实验室的各项数据进行对比，以确保浇灌混合料的配合比最合理。当确定好混合料的配合比之后，再进行混凝土搅拌，并严格控制搅拌时间，最好是 3~5min，通过观察，混凝土的搅拌效果达到均匀、颜色统一即可。然后，再对钢筋、模板等进行严格检查，确认钢筋顺直干净，模板光洁平整，要在此条件下，开展混凝土的浇灌工作。在实际浇灌过程中，应该根据相应浇灌要求，进行对称均匀浇灌，混凝土的浇灌厚度通常不超过 30cm，浇灌高度严格控制在与模板相平齐的位置。应该对混凝土进行充分、均匀的振捣，其施工进程要严格按照相关规定，一定要避免过振、漏振的情况出现。对墩身进行导振时应该采用交错次序的方式插入导振棒，导振棒的插入深度以 50~70cm 为佳。

（3）线形控制。在市政桥梁建设过程中，多种原因都会导致桥梁结构出现变形的情况，造成实际施工和设计方案存在较大差异，没有办法将桥梁合拢到一起。为了让桥梁建设过程中的这一问题得到有效解决，使市政桥梁在建设之后的平面位置和高度标准能够与设计要求相符合，确保工程项目能够顺利完工，一定要在施工过程中对线形进行严格控制 [7]。结合市政桥梁建设的实际需求，线形控制可以分为两个方向，即纵向线形控制和平面线形控制。其中相对比较容易控制的就是平面线形控制，这一控制方式更多的会应用在弧线桥梁建设过程中进行控制。纵向线形在实际施工过程中控制起来相对比较困难，如果控制不好就会引起各种问题，给桥梁施工带来各种困难，严重的会导致桥梁外形发生变化。因此，在实际桥梁建设过程中一定要对这方面予以足够的重视，最大限度地避免误差出现。

（三）工程竣工阶段的质量控制要点

在市政桥梁项目竣工验收的过程中，应该对沉井、地基以及灌注桩等均要进行严格仔细地检查审核，确定市政桥梁的实际建设情况与设计图纸的各项数据相符合。如果在检验过程中发现有数据与设计要求存在差异，一定要及时采取相对应的措施进行处理，对桥梁进行适当的加固或者是返工，以确保桥梁建设的质量以及其中涉及的各项标准都能够满足实际需求。

综上所述，对于市政桥梁建设质量控制而言，这一项工作是具有一定复杂性和困难性的。整个质量控制工作的开展应该从施工前的质量控制开始，包括原材料的采购和检验、设计图的控制以及施工设备和机械的选择等多个方面，前期质量控制是否有效，会对后期项目建设的各个环节以及项目的所有参与人员的工作开展造成严重影响。为了确保市政桥梁建设的工程质量，还需要对实际施工过程中会涉及的各个环节进行严格把控，对整个从城项目的质量造成影响的各个关键进行严格的控制。同时，在竣工检验期间，还要加强对桥梁工程的每个环节进行严格的验收检查和复查，如此，才可以确保市政桥梁建设的各项标准都可以满足设计要求。

第三节 桥梁工程机械维护"三原则"

在桥梁工程建筑中,机械无疑充当着"利器"的功能,其维护质量的好坏直接关系到桥梁工程的成败与效益。机械设备质量好坏,对桥梁工程整体的质量有着重要的影响,只有对相关机械设备进行正确的使用及维护,才能保障桥梁工程项目的顺利实施,并使企业获得经济效益。本节拟从桥梁工程机械维护角度,集中讨论桥梁工程机械维护的"闭环三原则":因天制宜原则、因地制宜原则、因人制宜原则,以期为提升桥梁工程机械维护质量和确保工程效益提供参考。

一、闭环三原则的依据

(一)理论依据

《孙膑兵法·月战》指出,"天时、地利、人和,三者不得,虽胜有殃",工程机械维护莫不如此,唯有三者紧密结合方能决胜于千里之外。因为桥梁工程建设往往是在恶劣的野外环境,一切相关活动无不受制于"天、地、人"三大要素,因此,桥梁工程机械维护也必须围绕这三大要素展开,做到需求三者的互补统一和有机融合。

(二)问题依据

问题是对策的依据,寻找答案前首先要知晓问题何在,在大型桥梁工程建设中机械维护常见的问题如下:首先,忽略天时对机械的磨损和破坏作用在机械维护管理中的重要性;其次,忽视了地理环境对机械损坏力在机械维护管理中的重要性;第三,对相关人员的管理和培训不到位。具体体现为在宏观方面对桥梁工程进行设备管理较差、对桥梁工程机械设备的维修护理水平较差、桥梁工程机械设备使用的不规范、在桥梁工程施工中机械设备的利用率较低或者表现为不能合理使用施工器械设备、对施工机械设备保养检修不够重视、机械设备操作人员的专业素质不高,因此应当从"天、地、人"三方加以综合考虑,以提高桥梁工程机械维护效益。下面结合具体工作分别论述桥梁工程机械维护的"因天制宜、因地制宜、因人制宜"闭环三原则。

二、闭环三原则的内容

(一)因天制宜原则

桥梁工程通常在野外作业,其机械常为大重型,而置于户外的概率相对较高,因此,天气是其机械维护中一个无法回避的要素。实际上，因天气而引发的机械故障，往往给工程带来不可预测的困境，这涉及存放地点、存放环境等。首先，在阴雨连绵的季节里，机械存放地点十分重要，尤其是经常露天放置的机械更为重要。通常，机械适宜存放在位置高处，从而避免机械浸泡而导致无谓的耗损。因此，切忌放置在低洼地带。其次，机械一般对存放环境要求严格，最好至于干燥温度适中环境。因为长期置于潮湿的环境中，机械容易发生氧化，导致磨损，缩短使用寿命，因此，在选择存放地时，一定要考虑其空气干燥度，同时，通常气温又不宜过高，不宜长期置于烈日下暴晒，这样对机械容易造成伤害，因此在炎炎夏季，一定要将其置于干燥室温环境。

（二）因地制宜原则

地理环境同样是桥梁工程机械维护一个重要因素。首先是地理安全要素。大型机械存放处一定要放置在"过硬"的地理环境，回避不安全的地理环境。这种不安全性主要来自两个方面：一方面，当地地质本身不结实，容易塌方，尤其是大雨或地震引发的塌方；另一方面，工程引发的地质塌陷。无论何种原因引发，都会造成机械损失，这是使用人员不太关注的软肋。因此，我们建议，首先选好安全地（或建设安全地），统一放置。其次，充分考虑本地水与土成分要素。各地水土环境不同，有些地区水土中含有大量的酸碱度不同的矿物质，无论哪种都可能潜伏着"机械侵蚀"危险，水土的酸碱性直接影响到机械的使用寿命和效益，因此，分析作业区水土酸碱度也是桥梁工程机械维护的必修课。碰到此类问题，主要有两个方案：第一，根据酸碱度选择不同器材的机械；第二，及时清理残留在机械上的水土。

（三）因人制宜原则

人是一切活动的最终因素，因此，因人制宜是桥梁工程机械维护的终极原则。

从我们的工作实际来看，这方面必须重点关注四个要素：第一，培养主人翁意识。只有把集体当家的人，把集体财产当自己财产爱护的人，才能自觉地履行好机械维护职责，这是从思想意识上确保机械得到有效维护，但缺乏强制性；第二，提升职业技能。机械维护其实是一项对人的知识技能要求极高的工作，如关注气候变化、识别地理环境、熟悉机械性能与材料等等，因此，经常进行职业培训、提升相关人员素养是提高机械维护的必修课，这是从本领上确保机械能得到有效维护；第三，加强制度建设。制度是工作的基本保障，严格机械进出制度、存放制度、绩效制度、奖惩制度是确保公平和高效的底线，这是从外部强制确保机械得到有效维护的刚性条件；第四，是普通的因人制宜原则，或广义因人制宜原则。狭义上的因人制宜原则就是将上述广义因人制宜原则具体针对机械维护人员个体的有效实施。由于每个人的道德品质、知识技能和综合素质存在个体性，因此主人翁意思的培养、技能的提升和制度的制定与执行就不能千篇一律，而应因人而异、因材施教，但其根本手段和任务相同，应做到内外手段结合、大小机械好用。

桥梁工程机械因其具有自身独特的作业环境，如气候、地理和人文等，因而在机械维护上具有自身的特殊要求和困境。本节结合自身工作经验和教训，立足中国传统文化，提出"因天制宜、因地制宜、因人制宜"三原则，在这三原则中，因人制宜是最根本性的原则，在实际工作中，牢记"天时不如地利，地利不如人和"（《孟子·公孙丑下》）。

第四节　桥梁工程质量监督

由于我国经济快速发展，导致一些基础建设规模不断提升，特别是关系到国计民生的桥梁建设，其整体规模、数量不断提升，在原有基础上又向前迈进一大步。本节主要通过对桥梁工程质量监督问题的分析，提出科学有效的管理方法，以此有效保证桥梁工程质量。

随着社会快速发展，人们对交通质量要求也越来越高，在经济不断发展的前提下，我国交通基础设施建设也得到了快速发展，全面满足着人们生活需求，推进了社会发展与进步。桥梁建设关系到国计民生，是最为基础的建设项目，随着建设任务逐年增多，其质量问题也层出不穷，为了确保工程质量和进度，需要全面做了质量监督，根据桥梁建设标准、国家有关法规、现行技术规范、质量评定标准等，全面做好桥梁的质量监督与控制，以此提升桥梁建设质量，事实证明，只有全面做好质量监督，才能保证桥梁工程质量。

一、桥梁工程质量监督思考

（一）必须要建立严格的规章制度

要从高起点做好桥梁工程质量监督，从严做好要求，通过高标准要求保证整体工程建设的质量，桥梁质监站需要全面发挥职能作用，根据《公路工程质量监督暂行规定》的基本要求，修订《桥梁工程质量监督实施细则》、《监督工程师岗位责任制》等制度，使桥梁工程质量监督规程和职责更加规范。日常做好材料审核，特别是对相关重点工程的建设单位报送文件及资料，做好严格审查。各站要对受监桥梁做好审核，对不符合要求的建设项目，要及时下达《监督通知书》和《桥梁工程质量监督工作计划书》使被检查单位明确监督计划和目标，通过严格的职责和计划全面指导各项桥梁监督工作，确保监督科学化、合理化、标准化，只有全面执行制度规定，才能从根本上保证整体质量，监督控制好与坏，也对桥梁质量起到决定性作用。

（二）全面做好招投标控制和业主程序

实行桥梁施工公开招投标是当前最主要的项目获取方式，通过良好的招标，全面保证桥梁工程质量。这是基本条件，一定要从源头把好质量关，优选施工单位，严格施工程序。相关质监单位一定要全面负责，有效发挥好质量监督作用，对招标投标工作各个环节做好有效监督，严格审查各投标单位资质，保证招标投标工作合法、依规，通过合理的监督，避免施工单位非法或越级承包。要充分重视业主利益，通过有效的协调沟通，把握好业主关系，尊重业主质量管理程序，全面发挥好监督功能，对不规范、不合理工作程序和行为，及时纠正，确保整体工程质量与安全。

（三）狠抓施工单位建设质量

施工单位与质量有着密切的联系，只有全面加强施工单位质量控制，落实与质量体系建设，才能保证工程建设质量，从根本上提升品质。质监部门要全面抓好质保体系建设，以此为切入点，有效做好各项监督。要对建设单位进行监督控制，从项目经理、技术人员到施工人员，均要层层明确责任，把责任落实到人头，通过严格的岗位管理，使各道工序都有责任人，做到专人专管、责任明晰。要对各道工序进行严格管理，当每一道工序完成后，需要进行必要的自检，然后再经由业主、监理签字确认，这样，才可以进入到下一步工序建设，有效保证各道工序的质量，为整体质量做铺垫。建设单位自检必须要抽调专门人员进行检查，指定具备一定施工经验、技术过硬、熟悉图纸的人员对相关质量进行检查，保证整体建设品质符合设计要求。

（四）严格监督监理工作

要有效发挥好桥梁建设工程监理作用，通过监理功能的发挥，全面确保并提高工程质量，充分发挥出三级质量保证体系环节功能作用，使监理工作真正到位。要充分保证监理人员素质和水平，根据桥梁建设工作计划和监理工作实施细则，有效发挥出职责效能，使监理权限在工程建设过程中发挥作用，严格控制好监理程序，对监理工作做好指导，日常要通过检查、考核，对不合格监理进行及时清退。

（五）巡视监督和驻地监督相结合

为了有效提高质量，需要对各施工现场进行不定期巡视监督，特别是对重点工程、关键标段，需要做好全程检查抽查，抓重点、抓关键、抓主体，通过抽查，及时发现问题并提出整改建议，对相关责任单位与人员进行跟踪，保证整改到位。

（六）积极参与重大方案变更

监督过程中，往往会遇到施工变更的问题，那么就应该积极参与进去，对施工变更的重大方案和关键技术难题做好研讨，不但能够全面了解变更的理由，更便于今后做好工程质量监督与控制，通过更加具有针对性的方式，做好各道工序控制。

（七）狠抓试验检测与工程验收

全面做好各项试验检测，通过检测保证质量，为工程建设提供可靠保障，要求每个工地必须建立工地试验室，增加检测设备、配备专业人员，监理需要全面进行抽查，保证抽检频率不低于20%。竣工验收是对桥梁建设的最后检查，通过各方面数据对项目进行评估。

桥梁竣工后，相关的质监部门要委托有资质单位根据设计、条款及标准进行全面的评估，对桥梁做好客观、公正质量评定，合格后再签发《工程质量鉴定书，确保工程整体质量满足设计需要。

二、存在的问题和建议

（一）存在的问题

一是执法力度不够。桥梁工程关系到国计民生，但质量问题普遍存在，出现质量问题的成因较多，主要是监督执法地位不明确，执法手段单一，也没有力度，一些执法监督单位经常心有余而力不足。二是施工建设标准低。有一些建设单位为了降低施工成本，片面追求进度与工期，节省环节、简化流程，使得质量得不到保障。

（二）质量监督建议

要全面提高行政执法力度，从管理场面改变社会认知，强化管理职能，把量监督工作纳入法制化轨道。上级部门应赋予质监部门执法权限，如授予质监部门否决权和资金停拨权等，提高质监部门地位。不断加强相关管理人员的政策理论水平，提高专业能力，不断完善自身条件。

桥梁质量监督管理至关重要，要不断加强制度建设，及时做好三方监督管控，通过不断提升管理人员综合素质水平，做好桥梁施工监督控制，以及促进社会经济可持续发展。

第五节 桥梁工程监理工作的有效方法

首先介绍了桥梁工程监理工作，随后分析了桥梁工程建设质量现状及桥梁工程建设监理工作中的问题，重点探讨了增强桥梁监理工作的有效性方法，如加强监理人才的培养、完善监理管理组织机构、加强桥梁工程建设中的监理工作等措施，旨在为今后桥梁工程质量监理工作提供参考。

一、桥梁工程监理工作简介

质量控制是工程建设的关键，桥梁工程施工条件复杂，工程质量受多方面因素影响。任何环节出现问题都会对工程整体质量带来严重的后果。工程监理人员必须对影响工程质量的原料、施工工艺等进行全面监理，从而保证工程建设质量与使用效果。

公路桥梁监理是监理单位受建设单位委托，依据法律合同规定，对建设工程进行全过程的监控。工程建设项目的设计、施工技术等都是影响工程质量安全的关键因素。为保证公路桥梁工程的质量安全，必须加强监理管理工作。大型桥梁工程建设任务繁重，监理在施工准备到竣工验收全过程都发挥至关重要的作用，因此，项目的顺利完成必须保证监理在每个环节都参与其中。

工程监理是除建设施工单位外的重要参与主体，履行好安全监理职责是确保工程的基础性工作。监理单位及监理人员在路桥工程中对施工安全及质量严格把控非常重要。

项目管理者要充分利用有限的可支配资源，促进项目活动顺利开展。项目质量管理是围绕项目质量进行的指挥控制等活动，由质量计划、项目活动、组织结构组成，项目质量管理是系统的工程，需建立科学的质量保证系统。项目质量管理的影响因素主要有人员方面，机械设备、物资材料、工艺方法等。项目管理要做好事前到事后的全过程管理，不同阶段管理重点不同，保证其在过程中是有机统一的整体，为实现工程质量目标提供保障。

二、桥梁工程建设质量现状

（一）桥梁工程建设质量问题

当前桥梁工程项目质量管理中存在监理失效的问题，尽管一些项目质量管理做出了大量工作，但部分施工人员在具体实施方面执行力不强，存在一些违规操作等问题，施工中存在违章操作等现象，因此应认真分析桥梁工程项目质量管理中的问题，加强监理管理，保证工程建设质量。

桥梁项目中参与项目相关人员专业素质较低。专业项目质量管理人员较少，大多质量管理人员为技术人员，其对项目质量管理方面的知识了解较少，工作中多靠经验管理。

技术岗位人员配备不齐，对技术跟踪指导不到位，个别技术人员未达到持证上岗的要求，对新材料设备接受能力较差。施工操作人员流动性较大，新进操作人员年轻员工较多，实际操作能力较弱。

材料是影响工程质量的关键因素，桥梁工程项目在材料采购验收等环节把关不严。相关采购法律文件不规范，采购环节一些材料未履行正常的招标程序，就近从周围小型砂石开采生产场地直接采购。供应商审核未综合考虑工程质量技术标准的要求。

进场材料应由现场试验人员与厂家共同取样，材料检验人员分批次检验落实不到位，同生产厂家钢筋材料未做到更换批次。采购大宗材料相应的存放保护措施落实不到位，现场材料堆放密集混乱。

桥梁工程施工工序较多，各环节工艺要求不同，只有按既定的管理程序跟踪控制各环节工序质量，才能保证工程建设整体质量。但一些桥梁工程建设中质量管理人员对各工序管理滞后。质监人员在跟踪控制中未严格遵守每个环节的程序，施工中受天气因素，不同施工机械影响，施工结果与质量存在出入，各检验评定资料未按工程进度及时形成书面材料归档，对是否出现质量问题无法查证。

（二）工程建设问题分析

桥梁工程项目出现质量管理问题有很多方面原因，主要包括施工队伍学习培训机制缺失，项目质量管理制度落实不到位等。项目负责人对项目质量管理培训工作不够重视是导致施工人员专业素质较低的重要因素。专业技术人才流失严重，造成当地各类人才技术力量相对薄弱，项目分包队伍人员流动性较大，导致企业不愿投入过多精力财力培训。

桥梁项目为保证优质高效完成施工任务，确立具体的实现目标，制定各类规章制度，但许多管理制度与措施未有效落实，在具体执行中发生偏差。管理层对执行情况缺乏检查考核，具体操作人员在执行中比较随意，导致出现材料管理把关不严等问题。

虽然项目管理层在会议上强调质量管理问题，但在实际中更注重成本与效益，以至于实际管理中质量控制意识逐级减弱，一线管理人员与操作者过度追求进度降低成本。桥梁工程项目部设置管理人员不能很好发挥作用，项目例会中对工程质量未具体指出问题，一些质量通病未进行追责，质量监督控制弱化。

三、桥梁工程建设监理工作中的问题

桥梁工程建设建立工作中主要存在缺乏市场行为规范，监理人员从业行为缺乏规范性及现场监管落实不到位等问题。监理招投标工作缺乏规范性，个别建设单位未严格按工程监理招标文件获取中标资格，监理单位盲目要求压价中标，忽视对建设单位专业水平的考量。监理企业行为缺乏规范性主要表现在通过不正当方式恶意压价，部分拥有高资质监理企业出卖行业资质，导致一些不具备建设资质的建设单位中标。

当前道桥工程监理主要任务是控制工程施工质量，但实际工程建设中，监理人员并未按相关监理规范要求履行职责。实际施工中存在旁站监理缺失的问题，导致施工环节缺乏质量监控。

四、增强桥梁监理工作的有效性方法

（一）加强监理人才的培养

监理人工作以合同为监理依据，在履行合同时应具有高素质的监理人队伍，监理单位要重视监理人员的素质教育。首先应选派具备较高专业水平，有丰富的施工管理经验的人员担任监理成员的领导，注重培养年轻的人才。其次应注重专门的贯彻标准培训，依据先进有效的质量标准进行控制。监理人员应具有较高的专业水平，通过查阅设计图及时发现施工中的缺陷，避免桥梁工程出现质量问题。

（二）完善监理管理组织机构

完善监理组织机构要强调具备合同要求的相应制度，工程项目中招标文件要求两级监理，在不同的施工单位中成立专门的监理小组，由丰富施工监理人员组建小组。及时监控施工现场环境，及时与施工单位相关技术负责人员沟通。

桥梁工程中监理工作要做到全方位多层次开展，根据工程实际情况制定相应的管理措施，检查施工技术人员是否满足相应资质要求。严格要求施工人员按操作规范操作，对现场监理小组严格按质量标准检查验收，旁站监理隐蔽工程施工全过程。

（三）加强桥梁工程建设中的监理工作

桥梁工程建设中首先要严格控制材料进场，材料物资质量对工程质量有直接的影响。每个项目实施中都需使用很多机械设备及施工材料，监理人员要严格控制入场材料。监督机械设备的使用运转情况，定期对现场操作人员及维修人员进行检查，考核其对质量标准的掌握情况。加强对考核不合格人员的培训力度，加强施工人员的质量意识与专业技术能力。

其次，要明确质量控制的要点，桥梁工程施工前，依据设计文件明确质量控制关键部位，应对施工质量控制重点环节事先做好技术准备，确保施工质量薄弱环节工序衔接落实执行。避免工程建设发生巨大安全事故。

再次，监理工程师必须要求各类人员做好工程建设原始记录，保证落实施工质量目标。明确规定每项工程质量检验合格后方可进入下一环节工序。同时注重监理质保资料的记录。

（四）做好工程质量评价工作

质量评价是桥梁工程质量的基础保证，一些重大质量事故可能因设计施工监理等方面问题引起。桥梁工程建设过程及竣工后检验评价不准是很大的因素，如在工程质量评价中及时发现问题则能避免发生严重的质量事故。

我国公路桥梁工程建设已形成建设，施工与监理单位共同建设的程序，但桥梁工程质量受到很多因素影响。因此，应对桥梁工程质量进行客观准确的评价。

对工程质量问题要注意改进工程质量评价方法。现行的公路工程质量控制评价不够科学完善，评价桥梁工程质量可采用新的技术方法，如监理人机构制定新的评价方式，改进现行工程质量检验评价中分项工程权重分配的缺陷。

桥梁工程是我国公路建设中技术水平最高的工程，提高桥梁工程质量是工程监理的目标与责任，因此，加强桥梁工程监理检测手段，应提升监理队伍专业水平，保证桥梁工程建设质量。

第六节　桥梁工程建设现场管理

目前国内建设现场管理，是工程项目管理中的一个重要内容，建设现场管理贯穿整个施工过程。建筑施工企业的建设现场管理，它促进了建筑工程的发展，建设现场管理工作的好坏，很大程度上决定了企业的经营效益、企业信誉乃至企业的存亡问题。所以现在国内很重视并且注重建设现场管理工作。随着我国现代化建设的不断深入，建筑业的市场竞争也越来越激烈，面对市场经济，适者生存，不适者淘汰。因此中国建筑企业想要发展壮大，就必须运用现代管理的思想和方法，制定企业自己的建设现场管理标准。

一、建设工程现场管理影响因素

（一）建设工程现场管理人的因素

①桥梁工程施工困难，环境条件艰苦，愿意参加桥梁施工的技术工人偏少，桥梁一般分布在偏僻的地区。②桥梁工程，难度高，有高技术的工作人员少。桥梁的水下工程是重中之重，对于水下作业有经验的人员很少，一般的技术工人很难达到施工要求。③桥梁工程量大，人员分配不均衡。桥梁工程分为基座、桥墩、桥身三个部分，工程量颇大，人员分配很难均匀。

（二）建设工程现场管理机械设备因素

桥梁工程现场是陡坡和河流，机械设备很难安放到位。遇见陡坡就得进行场地的开挖，在陡坡上开挖场地实属不易。并且要求机械设备高空作业，条件艰苦，难度高。高空作业得调动大型设备，对大型设备的调动可以说是难上加难。对机械设备的作业要求高，对机械设备的性能要求要达到指标。

（三）建设工程现场管理材料因素

桥梁工程一般近水，对材料的腐蚀严重。桥梁一般近山，对材料的堆放需求高。一般要求堆放在平整的场地，对材料的进出场要进行严格把控。材料应分为高空和遇水施工材料，对材料的性能要求全面，对遇水的和近水的材料要做出明确分析。

（四）建设工程现场管理工艺方法因素

桥梁工程施工，技术要求高，有的工序采用新工艺新技术，还有专利技术，因此每一项工艺过程必须严格按照施工方案执行，不能有任何偏差，差之毫厘，失之千里。任何的失误都可能导致项目失败。

（五）建设工程现场管理环境因素

桥梁工程的环境艰苦，一般分布在遇山，遇水的地区，遇山不好开凿，遇水不好施工。遇山的地方潮湿，遇水的地方多雨，在潮湿多雨的情况下，不好完成水泥的浇注。施工环境的变化也会对施工产生影响。由于环境的变化，不同的施工工艺可能产生不同的效果。例如，在混凝土浇筑中，如在夏季，混凝土的维护时间会很短，在冬季施工时，混凝土浇筑的维护时间需要延长。冬季混凝土浇筑会影响建筑物由于冻结。例如，在高水位地区施工时，当基坑在雨季施工时，由于雨水浸没，基坑会发生塌方，最终影响到工程的承载能力。

二、建设工程现场管理措施

（一）建设工程现场对人的管理措施

保证工人的充足数量，且让工人们有活干，工期就不会延迟，进度就会得到保障。人力分配要均匀，尽量保证不出现窝工，少工，短工，缺工等现象，如此工程的工作量就会均衡，工程能按时完工，工期得到保障。桥梁工程是高精度、高难度工程，因为在质量方面要求高，安全危险性很大，所以在人力因素方面要求特别的高。主要表现在桥梁工程要求操作人员的技能高，所以应引进高素质人才，并且对人员进行培训考核。还有对人员实行信息化智能化管理，如：在每个工人的帽子后面粘贴二维码，以便对每个工人的信息得以核实。

（二）建设工程现场对机械设备的管理措施

首先要确保机械设备的质量是否满足要求，使用方式是否得当，有没有定时保养。其次是看看出厂商是否符合规范要求，设备进场时是否按顺序来，有没有违反项目规定，应对设备运行情况进行检查复核。三是要看设备的安放是否符合生产和现场安装要求。四是在设备运行的过程中，有无异样，注意机械设备的合理使用，比如需要润滑油的地方，千万不能节省，要涂抹到位，让机械能正常运转，并且及时地对设备进行养护和调试。桥梁工程是高难度工程，要求机械设备的性能好，甚至利用新设备新工艺。

（三）建设工程现场对材料的管理措施

可以从进场、验收、和放置三个方面入手来谈谈材料的管理，进场时要提高警惕，对材料进行检查，按相关规章制度执行，材料未经检查不得入场，材料进场时必须提交给相关人员进行检查。验收时，要注意材料的再度检查，不能出现蒙混过关的现象，要一笔一笔的挨个进行检查，不能漏掉一个环节。在放置上一定要注意环境因素，比如：钢筋容易生锈，不易堆放在潮湿的地方，要找个见光不见水的地方进行安置。在放置上还要注意材料本身的存放状态问题，因地制宜进行材料的安置。因为桥梁是百年大计，要求材料品质高，就得对材料验收合格，所以要有专门的验收过程与验收人员。

（四）建设工程现场对工艺方法的管理措施

决策者要制定相应的工艺研制策略与创新激励机制，企业对于产品的开发，具有盲目性、投机性、缺乏方向性，这就需要我们制定相应的工艺研制策略，来进行逐步分解，让问题得以化解。我们可以明确开发和工艺研制的目标，根据市场需求因地制宜研发出符合生产需求的水泥，来实现我们的生产目标。我们还可以对研发人员实行奖励制度，来提高人员对生产工艺的关注，对研发的热爱。从而激励越来越多的人员参与进来，为提高工艺奉献自己的力量。因为桥梁的后续保修难度大，所以得保证施工工艺和方法，每一种施工工艺必须成熟，而且方便施工。

（五）建设工程现场对环境的管理措施

由于桥梁工程施工环境复杂，施工难度大，专项工程就得有专家论证，严格履行专项施工方案。这就要求我们算准工期，在晴天完成施工避开雨季，也要求我们对环境加以改造，把陡坡开凿成平整场地，等河水水位降低一些在进行施工，还要求我们因地制宜进行施工，在水下的施工，尽可能在水面上完成作业，再放入水下，在水面上的施工尽量符合环境要求。

总而言之，提高建设工程现场管理水平，可以很大程度上提升工程项目建设的效益与质量。对此建设单位首要要重视"人、机、料、法、环"的管理，认识到这项工作的意义，在开展过程中提升其有效性与合理性，只有这样建设单位才可以将项目的整体效益提高。由于桥梁工程建设难度大，影响因素多。对此工作人员要根据实际情况来进行分析，采取有效措施来应对，从而明确"人、机、料、法、环"管理工作的有序进行，为企业发展提供重要支持。

第七节　桥梁工程的常见病害与施工处理技术

桥梁的病害问题在其建设使用中直接影响着桥梁的正常运作。所以如果没有及时进行完善的维护，就非常有可能会造成危险，对附近的居民的生活以及生命财产保全造成伤害。对此，这篇文章的内容就是为了阐述桥梁工程中出现的常见病害问题，并且研究了一些相关的处理技术。用此在桥梁工程建设做一下参考，来确保现在的桥梁工程的正常运行。

桥梁是城市互通往来的主要方式，也是我国交通运输体系的重要组成部分，不管是在货物运输还是在人们出行方面都有着紧密的联系。在人们生活水平不断提高下，货物运输与私家车数量不断增多，这给桥梁带来巨大的压力，并在长期荷载作用下出现病害问题。当桥梁出现病害后，需要相关人员做好及时的维修与补救处理，这样才能提高行车舒适性，避免安全事故的发生，同时也有助于桥梁使用寿命的延长。

一、桥梁工程的常见病害

（一）裂缝

裂缝是公路桥梁常见的一种病害现象，其主要表现为公路表面或者桥面出现纵横向裂缝、不规则网状裂缝等。如果情况严重的化还会造成大面积破裂问题，由于造成道路桥梁裂缝的因素较多，只有针对不同病害原因进行分析，才能找出有效的解决对策，从根本上降低裂缝问题的产生。从以往的桥梁裂缝来看，造成这种问题的主要原因是由于桥面刚度不够所造成的，在长期的荷载作用下与重力荷载下桥面逐渐出现变形，而引发铺装层开裂。除此之外，公路桥梁在建设中经常会应用到钢筋混凝土材料，由于自身具有一定的干缩特点，在长期使用中经过时间的推移会产生干缩裂缝，影响整个混凝土结构的强度和稳定性，这也是引发裂缝的一个主要方面。综合来讲裂缝产生的原因主要与设计、施工材料质量、行车荷载等多方面问题。

（二）钢筋锈蚀

钢材腐蚀，混凝土碳化这是现在时常会在道路桥梁工程中的常见问题。其中钢材腐蚀，如果发生腐蚀，钢材就会膨胀，一旦施工人员不小心使用这些钢材，就会造成钢筋的表面的承受压力过大，从而导致道路出现开裂现象，会对道路桥梁的使用年限和安全性造成严重的影响。在恶劣的自然环境下，桥梁内部钢筋容易产生锈蚀等病害现象，除了自然环境的影响，施工人员在作业过程中没有按照钢筋施工流程与工艺技术要求进行现场作业，没有做好刚进的保护措施、钢筋表面防锈蚀镀层不能满足质量标准要求都有可能导致钢筋锈蚀问题。为了降低桥梁中钢筋锈蚀问题，施工单位应该从钢筋运输、存储、施工的全过程考虑，做好钢筋保护工作。

（三）道路桥梁的地基出现不均匀的沉降

经过分析观察之后得出导致道路桥梁低级不均匀沉降是导致结构病害的主要原因之一。如果道路桥梁不均匀下沉之后我们没有加以加固处理，就会使其所受的力不均匀，对桥梁道路的结构产生破坏，久而久之桥梁会出现裂痕，再出现裂痕之后如若继续不去维护，严重之后就会出现坍塌的威胁。为了防止桥梁道路出现坍塌的危险，我们应在施工时就做好准备工作，进行详细的地质勘探，对所处地段的地址进行仔细的分析了解；在对桥梁设计时我们也应要求设计师进行有科学性，有依据的设计；除以上之外我们应要求施工单位在施工时杜绝不合规范的施工操作，严格要求进场材料要符合标准，不允许廉价不合格材料进入场地使道路桥梁产生质量危险；最后对施工场所的环境因素也应该考虑到位，降低环境对工程施工的影响。做到以上几点可以尽可能地减少不均匀沉降。

（四）路面下沉

车辆的行驶舒适度和桥梁结构的持久性和稳定性与道路桥梁工程的基础设施相关联。当道路桥梁工程的基础设施出现问题，如质量问题，施工技术问题，所处地理位置问题，施工质量问题等还有一些其他方面的种种问题，很有可能就会导致道路桥梁在施工和使用中发生路面沉降的危害。施工工艺与施工质量是影响这个道路桥梁工程路面沉降的主要原因，根据调查来看，当施工方案设计里的对施工区域地质勘查不彻底，对地基的处理不到位也有可能会使路面出现问题，从而有可能严重危害桥梁主体结构，使其产生裂缝，让道路桥梁的安全性降低。

三、桥梁工程施工处理技术

（一）裂缝修补技术

在桥梁病害现象中，裂缝是最为常见的一种，采取裂缝补救措施，能够降低裂缝的扩大化发展。在具体的实施过程中应该注意以下几方面问题：第一，桥梁构件表面发生较小的裂缝现象时，必须加以重视，采用耐水性较强的施工材料，进行填充修复，降低裂缝扩大发展对混凝土结构造成的不利影响。当裂缝问题较大的时候，需要采取延展性与伸缩性较好材料，确保修补的合理有效。第二，对于大面积裂缝处理，需要对原有混凝土进行凿除施工，通过加大截面面积的方法进行加固。首先将构件表面的凿毛处理干净，采用同一标号的混凝土进行浇筑填充，从而达到加固效果。第三，当采用钢板材料进行加固的时候，对施工方法及材料要求要有详细的分析，能够有效实现桥梁裂缝的处理，通过裂缝修补技术提高桥梁的整体质量。

（二）钢筋锈蚀管理

在桥梁建设与使用中受到多方面因素的影响钢筋容易发生锈蚀问题。在桥梁养护过程中应该做好定期的检查与养护工作，对钢筋锈蚀情况进行准确的记录，结合工程项目情况合理选择钢筋型号、尺寸，严格按照规范标准要求进行钢筋绑扎等作业，做好表面的涂层保护工作。

（三）路面沉降处理技术

当路面下降的时候就对其进行填补，加固某一处受损的地方，所以利用桥梁加固这个方法可以有效地解决桥梁工程中路面沉降问题。桥梁加固，即指利用高强度粘贴材料覆盖在桥梁的外部，重新计算设计桥梁工程的结构体系与截面积之间的关系以提高混凝土结构的抗压性能，完善处理桥梁的受力状态，改变应力集中的局面。在各种原因下，桥梁路面沉降的程度大不相同，所以我们可以依据路面不均匀沉降的严重程度来重点采取不同的处理方法进行维护。当沉降高度比较低时，就可以采用平时经常采用的常规路面修补办法进行修复；而当沉降高度较大，程度严重时，要采取灌注，置换，压实等技术处理。灌注处理即为在基础设施内加以水泥砂浆，使其与混凝土和地下软土结合用以加固，来改善基础稳定性，提升路面承载能力。置换处理就是说在常规处理方法不见成效的那些不良土质中，在此开挖坑用来填充一些性能较好的矿石，碎石，来确保土地质量。压实处理则为在所施工区域内利用压路机对路面进行碾压，夯实基础，减小路面的坑洼和不均匀沉降，进一步做到让土地的紧密和承受能力得到提高。

（四）锚喷加固技术

锚喷加固技术在近几年得到快速发展，其在公路桥梁中的应用也越来越多。在具体的施工操作中锚喷加固主要用于支护岩体桥梁结构及加固工程中，通过钢筋网的铺设，采取喷射锚杆的方式达到加固效果。在具体的施工中，将相应分量的速凝剂加入施工材料里，提高材料的凝结效果，从而保证路面强度能够满足使用要求，这项技术的应用可以在很大程度上保障施工质量。另外，在使用锚喷支护的时候，还可以结合混凝土浇筑施工，减少公路桥梁加固的施工程序，让桥梁加固更加简单有效，切实提高施工效率与施工质量。

（五）混凝土的后期养护

通常施工方在使用混凝土施工后，必须将其凝固一段时间，使其中的水分逐渐蒸发掉，才能保证混凝土能达到应达到的稳定作用。在这个过程中，由于水分的大量流失，凝固时也会出现裂缝或者色差这些问题，这些问题对道路桥梁的施工质量影响严重。因此，在这种情况下混凝土的后期养护就显得尤为重要。首先，道路桥梁混凝土施工需根据施工时的周围环境和施工时的情况进行模板的拆除工作，拆除时一般采用浇水法和遮盖物覆盖法，再控制好拆模的力度，这样就可以有效地减少混凝土出现裂缝的情况，还可以通过增加混凝土的养护膜、养护剂等来增加混凝土的硬度和轻度。最后要注意养护工作必须超过 12个小时才算完成整个养护工作，达到减少裂缝的可能性。

随着社会各方面的飞速发展，导致对各种设施的要求越来越高。在路面路基方面表现得尤为明显，可是尽管现在质量问题得到高度重视，有关的负面新闻在逐渐地减少，但是还是存在一些例外，在路面路基病害方面，裂痕、塌陷和凹凸是三大主要问题。要解决这些问题首先需要多方面的配合，政府要加强施工的质量监管，不管是在路面施工时还是在病害修补时都要做到政府应该有的作为；此外，各企业也要做好自己的本职工作，不可以因为劣质材料或者是不合理的施工方式而导致路面质量从而让路面病害多发；作为个人来说，那些施工工作人员，既然自己选择做这份工作就一定要做好，一定不可以出现因为偷懒或者其他原因造成质量不佳，还有就是大型货车的车主一定要控制好车子的载货量，不可以超载从而造成路面病害凹凸不平、裂缝或者塌陷的出现。

第八节　桥梁工程施工成本核算和控制

桥梁工程施工中，施工成本占据较大比例，做好施工成本的核算和控制，对企业经济效益、未来发展有着重要作用。下面，本节首先分析桥梁工程成本的影响因素，然后分析成本核算和控制重要性，最后总结施工成本核算和控制措施。

桥梁工程的施工成本，指整个工程施工中的费用总和。为提高单位效益，节约施工成本，需严格控制工程消耗的各成本，将工程总成本控制在规定范围内，从而提高单位的综合效益。下面，本节从以下几点探讨施工成本的核算和控制。

一、桥梁工程成本的影响因素

桥梁工程成本以间接成本、直接成本为主。从间接成本上看，多指为完成工程任务产生的费用，尽管间接成本占总成本比例不大，但仍需要重视这部分成本的控制；从直接成本上看，多包含人工费、材料费、现场管理费等，占据工程总成本的最大比例。另外，桥梁工程施工中，还存在各种影响施工成本的因素，如施工人员操作水平、工程进度、施工方案、工程质量等。为实现工程成本的控制目标，必须从上述方面做着手，制定行之有效措施控制成本，预防不必要的损失，提高施工单位效益。

二、施工成本核算和控制的重要性

由于工程施工中的成本具备延伸性，因此，做好成本的管控处理非常重要。强化对施工成本的控制，尽量减少工程造价，节约资金投入，是工程施工中的研究重点。对施工成本的核算和控制，是一项专业性、技术性的工作，要想保证工作质量，必须有着强烈的成本意识，并加大对各信息的分析力度，及时关注市场变化。只有这样才能在保证成本核算、控制工作质量的同时，节约投入成本，实现效益最大化。

三、桥梁工程施工成本核算和控制措施

（一）施工前制定成本投入计划

工程施工中，对施工成本的核算和控制，被称之为成本管理，通过它来控制工程的成本投入，在工程施工中通过施工进度的加快，施工质量的提高，来减少施工成本。在管理成本时，必须保证精细化。因此，工程施工前期，技术部门需对相关人员进行明确划分。其中，保证技术人员全面了解施工图纸和文件，并进行认真的审核，根据施工合同编制施工方案；材料人员要比对材料价格，检验材料质量；设备人员要做好设备的检修处理，调查油料价格，保证油料充足；造价人员细化分析价格数据、施工计划，编制预算方案，上报至部门审核通过后，再编制材料使用计划、施工进度计划等，交由各部门执行。最后，按相关要求和工程管理部门签订责任书，明确奖罚机制，保证工程在规定工期竣工。

在桥梁工程的分包中，所产生的劳务费是施工人员的费用。一般来讲，分为社会承包、内部承包两方面，在进行绩效考核时，还要考量施工材料消耗度。针对工程中的其他杂工，应使用分项工程中的全部作业，忽略杂工进行控制。分项工程劳务费，可参照以往施工工期、作业等资料确定。对于建筑材料费用而言，包括运输费、主材费等，施工材料费用仍有结余空间。施工材料数量，是工程施工中使用量和消耗量总和，其费用多细化在耗损上，

在量差、价差方面控制。从工程实际看，预应力材料成本比较高，在计算耗损时，可参考施工工艺。对于混凝土耗损度，则按照施工设备、施工工艺计算，该算法条件是混凝土材料必须有着良好的和易性及工程正常施工。机械设备费用以油料、维修、人员奖励等为主，在桥梁工程中，这方面费用的计算比较困难，因为机械设备更新过于频繁，没有租赁经验，未将施工定额的影响考虑在内，所以，机械设备费用比较低。为节约工程的施工成本，在选择大型机械时，可使用专业分包的形式，而小型机械设备则由劳务分包方承担。

（二）材料设备成本的核算和控制

桥梁工程施工中，影响施工成本的因素比较多，其中，设备材料是最为重要的方面，占总成本的 70% 左右。对施工成本的优化，要从设备、材料两方面着手，按对成本产生的影响度，在对成本进行优化时，要从施工材料的控制入手。对于工程材料设备来讲，要对其进行严格的质量检验和审核，保证质量、数量是否符合要求，在保证工程质量的同时，减少施工成本。为预防因材料再次运转增加施工成本，机械设备、材料的存放非常重要。并且，考虑施工环境对成本的影响，比如雨水会损坏施工设备和材料，增加成本浪费。这种情况下，需优化材料设备成本，保证其能在工程施工中合理使用，使用先进的施工技术和工艺；重视施工现场管理，预防材料设备质量问题的出现。从各方面优化材料设备成本，从而优化整个工程的施工成本，以此提高施工单位的经济效益。

（三）重视成本考核

成本考核是成本管理的最后工作，也是工程施工中的主要内容，对工程成本控制意义重大。在对成本进行考核时，要考核竣工后的成本和各环节成本，并做好各部门、各参与人员的考核。只有加大成本考核力度，才能及时发现成本核算不足，及时制定有效措施更正，满足节约施工成本的需求。同时，重视对工程管理人员、项目经理的考核，完善成本管理机构，优化管理人员配置，为日后成本的管控提供保障。

综上所述，做好桥梁工程施工成本的核算和控制工作，在项目工程管理中具有重要作用。在工程施工中完善施工方案和工艺，强化施工成本控制，能减少设备、材料成本，降低工程的投入成本，提高施工单位的经济效益。此外，还要分析影响施工成本控制的因素，选用有效措施来提升单位利益，做到在增强市场竞争的同时，推动社会发展。

第二章　高速公路桥梁设计的基本理论

第一节　高速公路桥梁设计常见问题

随着我国基础设施建设的快速推进，在山区修建的高速公路越来越多，而山区高速公路桥梁隧道比例很大，这就使得桥梁设计显得十分重要。本节通过分析和研究山区高速公路桥梁的特性及设计中常见的问题，从桥梁上部结构、下部结构和基础三个方面强化桥梁设计，对促进山区高速公路的发展具有十分重要的现实意义。

随着我国对交通基础设施建设的持续投入，高速公路建设逐步由干线网向省际连接段和加密线方向发展，逐渐由平原微丘向山岭重丘发展，特别是随着西部大开发战略的实施，山区高速公路的建设工程也越来越多，受山区地形、地貌和地质、水文条件的影响，山区高速公路的设计难度也较大，特别是山区高速公路桥梁隧道的比例较大，桥梁设计成为整个高速公路设计的难点和重点。

一、山区高速公路桥梁设计的特点及原则

山区高速公路桥梁设计的特点。山区高速公路的地形、地质、水文条件复杂，导致路线选择的制约因素很多，山区高速公路线形表现出平曲线多、平面半径小、纵坡大等特点，使得桥梁的设计也受到约束。山区高速公路通常都是沿河布线，导致斜弯桥的数量众多，其多变的地形和较陡的横坡也导致半边桥和高挡墙的数量也很多，使得桥梁设计的工作量剧增。特别是当线路跨越沟壑时需要设置高墩大跨桥，而其形式复杂多样的墩台及繁杂的桥梁基础设计也都使得山区高速公路的桥梁设计显得十分困难。此外，山区高速公路中的小型沟渠更是不计其数，众多的结构形式多样的涵洞、小桥等构造物的设计工作也很烦琐，其成为山区高速公路桥梁的显著特点。

山区高速公路桥梁设计的原则。山区高速公路桥梁设计几乎涵盖了所有的桥梁类型，由于山区地形变化繁多，特别是在一些受地形条件限制较为严格的路段，桥梁有时会采用高墩大跨结构，这对桥墩的力学计算和设计提出了较高的要求。山区桥梁施工受地形的限制，大型施工机具不容易施展，使得大跨径的预制构件在山区桥梁设计中受到很大限制。但对于中、小跨径桥梁设计采用预制构件仍是良好的选择，不仅可以提高施工效率，还可

以节省工程造价。山区高速公路的结构物较多，导致其工程造价远高于平原地区，这是广大欠发达的山岭地区高速公路修建迟缓的重要原因。因此，山区桥梁设计不仅要考虑桥梁技术的可行性，还要从工程所处的地理环境和施工条件等方面综合考虑桥梁建设的经济性。此外，山区桥梁设计时，还要特别注重桥梁与周围自然景观环境相协调及桥梁施工对环境的影响，尽量避免对山体的大填大挖导致地质灾害的发生。

二、山区高速公路桥梁设计的常见问题

山区高速公路桥梁设计的首要任务是通过对桥梁的结构的分析，选择经济合理的结构方案，但在实际工作中常常会由于设计人员经验不足，只注重计算结构满足规范要求，而忽视对桥梁结构体系、构造、材料、维护、耐久性等方面的要求，导致桥梁结构的整体性不高和经济性欠佳。此外，山区高速公路桥梁设计中还常常出现计算图式和受力路线不明确、混凝土等级过低、保护层的厚度太薄、钢筋的直径过小、件截面过薄等问题，尽管能够满足桥梁计规范的要求，但有些桥梁在使用 5 ~ 10 年就会出现多种病害，这严重影响了桥梁结构的安全性和耐久性。随着我国经济的快速发展，高速公路的交通流量和运输量显著增长，这对桥梁设计与建设提出了更高的要求，而我国桥梁设计标准更新速度较慢，特别是针对山区高速公路桥梁设计的内容过于陈旧，因此这也成了桥梁设计的隐患之一。此外，桥梁地基基础作为桥梁荷载的传递载体，其安全可靠性对桥梁结构的正常运行至关重要。但实际工程中由于地区地形地貌的限制，桥梁基础地质钻探资料缺乏或不满足设计要求的情况时有发生，为此设计人员应在得到满足设计要求的地质勘探资料后才能对桥梁结构进行设计，确保桥梁结构体系的合理和安全。

三、山区高速公路桥梁设计要点

桥梁墩台的选择。桥梁的下部结构主要是墩台，墩台是山区桥梁设计的重点，墩台结构的可靠性直接影响上部桥梁结构的稳定。桥墩的形式多样，小于 40 m 的桥墩一般采用柱式墩和 Y 型薄壁墩两种型式。柱式墩主要有圆柱墩和方柱墩两种，当圆柱和方柱截面积相等时，方柱受力特性优于圆柱，而且当体系为连续刚构时，方柱还可以通过调节两个方向的尺度到调整墩柱受力的目的，而方柱与桩基衔接一般需增设桩帽，对于横坡较陡的山区，这会增加了工程的挖方量，容易引起边坡失稳，但圆柱可以与桩基较好地衔接，施工更为简便。因此，平原地区多采用施工方便、外观质量易控制的圆柱墩，而棱角分明、美观的方柱应用较少，因此多是在部分山区道路得到一定的应用。Y 型墩的施工较为复杂，一般用于墩高较高的桥梁结构才能显示出其经济性，特别是用于山区地面横坡差异较大、地面情况受限无法采用双柱桥墩的情况。在山区高速公路的桥梁桥墩的选择上还应根据具体地形、上部结构形式、墩高等综合考虑，一般矮桥墩的设计由强度控制，但当桥墩较高时，桥墩随着构件长细比的增大，高墩的刚度减弱，柔度增加，此时就必须考虑桥墩的稳定问题。

桥梁基础设计要点。由于山区地质的复杂多样性，使得桥梁基础设计常常会遇到各种不良地质条件，不合理的基础设计常常会诱发地质病害，导致防护加固、地基处理的费用增加，导致工程造价偏高。因此，工程设计人员在山区高速公路桥梁基础设计时，应因地制宜地选择最适宜的基础结构型式，尽量减少对自然环境的扰动。钻孔桩基础和明挖扩大基础是山区高速公路桥梁最常用的两种方式，明挖扩大基础一般用于深度不大于 5 米、基岩稳定、山体平缓的地段，钻孔桩基础宜用于荷载较大、地基持力层位置较深的情况。在山区高速公路桥梁基础设计时应先对地基进行综合处理，对于岩溶地区的基础设计应使结构物尽量避开强岩溶地区和地质构造破碎带，对于桩位处的溶洞应进行逐桩钻探，并根据具体情况采用打穿或挤填等处理方法。

山区的地形地质情况复杂，使得高速公路桥梁数量众多、型式多样，桥梁设计的工作量剧增。山区高速公路桥梁设计应遵循结构安全、施工养护方便、经济性好、造型优美与自然相协调的原则，根据具体地形从桥梁横断面、桥墩、基础等方面进行综合分析，选择经济合理的结构方案。

第二节　高速公路桥梁设计要点

针对高速公路桥梁设计原则、方案及其注意要点进行了重点分析。包括与环境高适配性、主梁结构设计、桥墩结构设计，以进一步提升桥梁设计水平、保证设计规范性，为桥梁后期施工的有序开展奠定坚实基础。

随着我国社会经济的快速发展，对交通运输功能的要求日益严格，需要对高速公路桥梁进行优化，提高其性能。因此，需要对高速公路桥梁设计入手，做好基础工作，保证设计科学合理，满足运行要求，在设计过程中对周边环境、地质条件等进行综合考量，保证项目建设顺利进行。

一、高速公路桥梁设计的基本原则

首先，需要保证高速公路桥梁的实际使用效果。高速公路桥梁设计需要在满足承载力的基础上减少伸缩缝，必要路段可释放延长里程，同时对构件刚度进行合理设计，保证行车安全与舒适；其次，要保证工程设计方案的经济性，以减少施工养护的难度，因为高速公路桥梁建设项目一般位于偏远地区，地形地势较为复杂，因此在选线过程中可能会遇到诸多阻碍，同时因为高速公路桥梁的结构形式较多，投资金额较大，所以在选择设计方案时应由可行性以及经济性两个方面进行抉择。由于工程施工现场较为复杂，需要做好大量的前期准备工作，如施工场地的布设和防护措施安置等。在条件允许的情况下，可以在小跨径桥梁中采用预制结构，但是大跨径的桥梁受到施工条件的约束在设计时多采用现浇结构形式。在选用施工材料时，尽量做到就地取材。若区域的天气情况不佳，则需加强桥梁的稳定性设计，避免投入运营之后出现塌陷等损坏，影响行车安全性。

二、高速公路常规桥梁的设计分析

路线起于渝黔交界重庆市南川区福寿场与在建的南川至道真高速公路相接，经道真、正安、绥阳、湄潭、余庆等地至瓮安，顺接在建的省"678 网"之第三纵中段瓮安至马场坪高速公路。本项目路线与德习高速在正安相交，与杭瑞高速思遵段在湄潭相交，在瓮安贵瓮高速公路相交。下面对该工程的设计内容进行阐述。

桩基、承台的设计方案。高速公路桥梁设计的核心在于桩基以及承台的设计，需要选用适宜的成孔施工方法，当前主要分为两种，即机械钻孔和人工挖孔，所以需要对地形、地貌和施工现场等进行全面勘测。一般情况下，对于地形地貌比较复杂的工程来说，如路面地貌复杂且地下水量较少的工程可选用人工挖孔灌注的方式。对于坡度较大的路面来说，可以采用锚索或者锚杆稳定山体，避免桩基坍塌等问题出现。在土方开挖时，若开挖的路面是岩石山体和悬空部分结合，则需要在悬空部分设置半圆模，并做好岩壁的防护工作，安装钢筋网等，也可以浇筑混凝土，在岩壁内模拆除结束后可以在悬空岩壁上加设一个孔口基底，便于后期施工。

立柱、盖梁的设计方案。高速公路桥梁设计中，4 根及以上墩柱可构成一个结构体，立柱和地面的间隔距离较大，可在桥梁的下方设置圆形墩柱，这样可以提高桥梁结构的整体稳定程度。在设计桥面时，需注意施工材料的选择，材料性能需符合设计要求，且满足施工标准。例如，需对模板的强度和刚度进行严格检测，在运输施工材料时也需要做好防护措施，避免材料性能发生变化，埋下质量隐患。对于桥梁的盖梁设计来说，一般会预埋牛腿孔，并对结构受力等进行计算验证。

桥台设计。当前，我国高速公路桥梁设计时使用的桥台形式主要有 3 种，即重力式 U 型台、主板台以及桩柱式台。其中，重力式 U 型台式桥台设计方案应用比较普遍，其主要特征为可以实现桥梁与高速公路的顺利过渡。依据相关设计规范，若采用 U 型台，需对填土范围进行有效控制，一般范围控制在 4 ~ 10cm 左右。在设计桥台时，需对以下几个方面进行考量：其一，因为高速公路建设地域跨度大，地形较为复杂，其中可能会出现横坡或者是起伏较大的路面，因此这种工程桥梁的上部结构设计就十分重要。因其直接与桥台高度设置相关联，为了保证质量，需适当降低桥台高度，也可适当加长桥身；其二，在设计桥台时，若路面情况比较复杂，坡度较大，则可以选用 U 型桥台，且需对桥台的台阶进行合理布设，需严格控制桥台内外高度差，在设计桥台时，为了保证台身不会出现裂缝等问题，可采用填石等措施进行处理。

三、高速公路桥梁设计的注意要点

与环境高适配性。高速公路桥梁工程与环境的适配性需要考虑两个方面，即桥梁桩基础的应用和与环境之间的关系。一方面是桥梁桩基础的应用，当前，桩基成孔技术在高速公路桥梁工程中的应用越来越广泛，该工艺施工操作简便，且可有效降低施工成本，因此多被应用于高强度且不透水的地质环境中。但是因为其在基础施工时需要扩大基础面积，施工周期较长，工程量较大，且容易对周边地质造成扰动，也会对周边环境造成不良影响，因此在设计过程中需要对施工工艺进行调整，通常会调整为嵌岩桩结构挖孔工艺，这样可以有效控制梁式桥梁基础结构的施工。另一方面是与环境的协调关系，对于高速公路桥梁工程来说，因为其占地面积较大，且涉及的地形地貌较为复杂，纵横断面的变化较大，这样就会造成工程实际施工时需扩大开挖面。为了实现对开挖施工的有效控制，在设计过程中需要进行工艺调整，提高施工工艺方案的灵活性，从而可在一定程度上保证桥梁结构的稳定性与安全性。

主梁结构设计。就以往工程的建设情况来说，通常主线桥梁的单孔跨径不超过10cm的工程，主梁结构会采用钢筋混凝土结构，其余跨径桥梁结构则选用预应力混凝土结构；若桥梁结构的总长度不超过100m、单孔跨径不超过20m，则主梁结构可以设计为简直体系空心板结构；若桥梁结构总长度超过100m或者是跨径超过20m，主梁结构可以选用其他形式。需要注意的是，在设计主梁结构形式时，需要对后期施工的难易程度、施工量等进行考量，为了保证工程建设任务的顺利进行，优先考虑选用先简支后连续结构形式。对于跨径比较大的桥梁工程，通常会受到地形地貌和地质条件的影响，对于现浇的要求较高，因此同样会优先考虑采用先简支后连续的结构形式。

桥墩结构设计。桥梁工程桥墩结构形式较多，一般工程中会在柱式墩身上加设梁框架体系，但是需要根据实际情况选用适宜的布置形式，详细内容如下：若桥梁的斜交角小于30°，则可以考虑选用双柱式桥墩；若桥梁的斜交角大于30°，则可以选择三柱式桥墩。对于部分结构设计较为特殊的工程，则需要对墩身结构进行解构，尽量不设计为墩盖梁形式。此外，墩台基础形式也需要根据工程的外部环境进行设置，对结构组成进行统筹优化。如当工程项目的横向起伏变化比较大时，横坡陡峭出桥墩基础则可以设置为桩基形式，而桥台也可以设置为用肋板和挖孔桩，也可设置为桩柱式，这样可以实现对工程开挖面积的有效控制。但是，如果工程施工现场的横坡起伏较小但纵向坡度较大时，一般其基础会设置为重力式墩台或者是明开挖基础形式。

我国当前经济发展处于转型期间，高速公路桥梁作为交通运输系统的主要组成部分，会对地区经济发展和规划造成重要影响。因此需根据工程项目的实际情况制定科学的设计方案，从而提升高速公路桥梁性能并延长其使用寿命。另外，可适当借鉴国外优秀设计案例，以实现安全性和耐久性的提升。

第三节　高速公路桥梁设计的安全因素

高速公路桥梁设计的安全对于其建设施工的安全及其使用寿命都有着至关重要的影响。基于这一情况，本节对高速公路建设施工过程中的桥梁设计安全因素进行分析，希望通过本节的分析，可以对高速公路桥梁设计与建设安全效果的提升有所帮助。

一、高速公路桥梁的安全性构成因素分析

（一）结构构件承载能力的安全性

在高速公路桥梁的使用过程中，无论是负载情况还是超载情况，都会加大桥梁的应力幅度，加剧桥梁的损伤，如果超载严重，甚至会导致桥梁结构的破坏，且破坏的桥梁内部将无法恢复。这样的情况将会导致桥梁在正常荷载条件之下出现工作状态的变化，从而对桥梁使用的安全性造成严重危害。

（二）桥梁结构的整体牢固性

所谓桥梁结构的整体牢固性，就是当桥梁的某处出现损坏情况时，不至于对大范围造成连续性破坏甚至坍塌的一种能力。这种能力主要可以通过良好的结构延续性以及冗余度来进行控制。良好的整体牢固性可以有效应对地震、爆炸、其他自然灾害以及人为因素所酿成的后果，让灾难带来的损失得以显著降低。

（三）桥梁结构的耐久性

无论是结构设计还是施工规范方面，重点关注的都是各项荷载作用之下结构的强度，对于各种环境因素之下的耐久性却缺乏足够的关注。不论是在高速公路桥梁的建设过程中还是使用过程中，都很可能受到环境或者是有害物质的侵蚀，受到车辆、地震、风力、疲劳或人为因素等的作用的破坏，加之建筑材料性能的不断退化，都会导致桥梁部分结构出现损伤恶化情况。虽然我国在 20 世纪 90 年代就开始对高速公路桥梁的耐久性设计加以重视，但大多都是注重于材料方面的耐久性设计，结构设计和施工设计依然有待进一步提升，如注意钢筋保护层厚度、混凝土养护及裂缝控制等。

二、高速公路桥梁设计的安全因素分析

（一）桥梁和路基方案的安全选择

在前期设计阶段，如果路基中心部位的填方高度在 20m 以上，就应该将其与桥梁方案进行比选。但是高速公路桥梁设置选择的界限始终是一个难以把握的问题，而这一问题

也会对高速公路的造价带来很大程度的影响。同时，因为高速公路的建设项目工期通常比较紧，往往会直接选择桥梁方案，但就实际的施工而言，如果地质情况很好，且处于隧道和桥梁连接的地段，相比较桥梁方案而言，路基方案可以更好地利用隧道弃方，安全且经济。不过在宽阔平坦且运距比较远的施工地段，由于填方路基会花费掉很多的资金，所以此时，出于经济性方面考虑，设计施工中应该选择桥梁方案。

（二）注重桥梁上部构件的设计

在高速公路桥梁的施工过程中，大多数的设计都会选择更具经济性且施工方便的标准化和预制装配化结构。从美观角度来说，小箱梁最优，在市政工程中较常采用，但从整体性上讲，T梁优于小箱梁和空心板，且相同跨径的前提下小箱梁自重最大，内膜拆除及吊装都不比T梁方便。因此近些年在高速公路桥梁设计中，均选择T梁或现浇梁，避免采用小箱梁及空心板。

在进行桥梁上部构件的设计过程中，首先应该注意预制构件安装的安全性。如果施工场地不适合预制梁的远距离运输，或受地形条件限制，预制梁吊装的时候反而危险的情况，可以采用支架现浇T梁，或直接现浇箱式梁的方法来提升施工安全性。另外平面处于圆曲线上时不宜采用预制梁，原则上预制梁长应小于曲线半径的1/10以上。

（三）注重桥梁下部的构件设计

1.注重桥墩的设计

就美观的角度来看，方柱棱角分明，且和上构梁体之间十分协调，视线诱导性很强；就受力方面而言，如果圆柱和方柱的横截面积相同，方柱有着更大的抗弯刚度，所以较圆柱墩的受力性能更优越，因此墩高在40米以上时，可采用方柱墩。而墩高40米以下则可选择圆柱墩，因为圆柱的外观质量在施工过程中容易控制，而且更加便于和桩基之间进行衔接，因此在山岭重丘地区的应用十分广泛。

受地形条件限制，有时桥梁下部设计时必须采用独柱墩形式。自从无锡高架桥侧翻事故以后，相关单位开始注意到，当荷载分布较为集中时，偏心荷载引起的失稳效应远超桥梁上部结构稳定效应，造成桥梁支座系统失效，梁体和墩柱之间产生相对滑动和转动，从而导致梁体侧向滑移倾覆触地。城市客货分离后，高速公路上该问题尤其凸显，因此在设计过程中，应该尽量少采用独柱墩形式，或是用墩梁固接的方法进行设计。

2.注重桥梁桥台的设计

在对高速公路的桥梁桥台进行设计的过程中，通常采用的方法是U型台、桩柱式台和肋板台。其中最为常用的一种方式是U型台，通常情况下，U型台在4m～10m的填土范围之内比较适用。桩柱式台因为有着较小的抗推刚度，所以在台后填土高度不超过5m的情况下比较适用，但是在具体的设计与施工过程中，应该将其联长控制在150m以下。

相比较前两者而言，埋置式肋板台有着更广的适用范围，但是在具体的施工过程中应保障其填土高度在 12m 以下。在填土高度过高且基岩较深的情况下，可以采取 U 台接群桩基础的桥台形式，并验算台后填土压力及水平推力，必要时在承台和前墙连接位置增设连接钢筋。

3. 注重附属公用构造的设计

附属构造中的安全因素也不容小觑，自从万州公交车坠桥事件以后，全国加大了桥梁的防撞设施排查。在新建桥梁设计工作中，混凝土防撞护栏的设置应满足最新的交通安全规范细则。一般情况下，横向钢筋及预埋钢筋间距为 20 厘米，有时也可以适当加密。如在城口至开州高速公路设计后续服务中，对沿线跨越高速公路、河流以及高墩桥梁的防撞护栏横向钢筋均加密为 10 厘米，相关设计变更得到业主的大力支持。

综上所述，随着高速公路桥梁建设的不断发展，桥梁设计的安全性也越来越受到人们的关注。因此，在进行高速公路桥梁的设计之中，设计人员不仅仅应该对施工的材料加以高度重视，同时也应该注重其结构体系的设计、构造的设计及其耐久性设计等，并全面考虑各项外在因素对设计与施工质量的影响。只有通过这样的方式，才可以让高速公路桥梁得到合理设计，保障其安全性和使用寿命，促进我国社会经济的进一步发展。

第四节　山区高速公路桥梁设计特点与方法

以山区高速公路桥梁为背景，对其中存在的一些特殊因素展开针对性分析，由此提出可行的设计准则，并以此为指导围绕上部结构、桥墩以及桥台 3 大部分展开设计工作。

通常多数山区高速公路会遇到小桥梁施工情况，其又可细分为上部桥梁以及下部墩柱等多个方面的选型问题，这些均是保障山区高速公路桥梁工程质量的基本前提。因此，有必要围绕山区高速公路中的桥梁设计工作展开探讨，从而确定出可行的桥梁结构形式。

一、工程概况

在本节所探讨的山区高速公路项目中，其所在区域为典型的盆地地形，总体上呈现出中间低四周高的基本特点，相对高差达到了 616m，海拔为 1370m ~ 1900m。工程所在区域有大量的农田、河流，线路所涉及的范围较广，若基于就地浇筑的方法展开，所带来的效果欠佳，且需要花费更多的成本。对此，以预制施工的方式为宜，借助于机械设备进行操作，可显著提升施工效率。在本项目中，桥梁跨越了一些小型河流，为了保障工程质量，需要使用到标准化预制构件，主要有 T 形桥梁以及空心板 2 大部分。在确定桥梁布设方案时，以不影响水面原生态为原则，并对下部基础部分进行扩大处理。

二、山区高速公路的特点

由于山区高速公路所在地形条件较为复杂，有大量的不良地质，为了营造出良好的通行环境，应尽可能绕开障碍物。因此在设计过程中必然会存在大量的平曲线，诸如小半径、坡度陡度等也是需要考虑的问题。此外，山区高速公路建设中涉及大量的挖方以及填方工程，在此过程中极容易对周边环境造成影响，甚至会带来严重的地质灾害。考虑到上述种种问题，应选择大跨径的桥梁，并基于预制装配工艺展开施工作业。

三、山区桥梁的设计原则和理念

考虑到山区高速公路建设的特殊性，在展开桥梁设计工作时应充分考虑到如下几点内容：（1）确保桥梁具有足够的安全性与耐久性，二者都是桥梁建设的最终目的，应在最大程度上降低后续维护工作量，在初期设计阶段需要考虑桥梁的性能要求；（2）注重对生态环境的保护，对于山区高速工程项目而言，其周边普遍存在一些优质的生态系统，因此，在设计时需要考虑到后续施工对环境的影响问题，尽可能做到与自然的协调发展；（3）追求经济效益最大化原则，以不影响工程质量为前提，在此基础上确定出合适的材料以及工艺方法。山区桥梁所处环境复杂，所带来的影响因素较多。因此，耐久性问题需要得到工程人员的高度重视，否则，将会增加后续维护的工作量以及投入成本。对我国的桥梁事业而言，多年来存在计算理论落后的问题，主要围绕桥梁的强度以及承载力这2大指标而展开，并没有考虑到耐久性等方面，因此在设计工作中需尤为注意。对于多数桥梁工程而言，诸如构件连接处疲劳或是钢筋锈蚀等都是尤为普遍的病害，这必然会对结构的耐久性造成不良影响，而引发上述现象的除了外界因素外，还与桥梁的结构形式以及养护措施等密切相关。因此，这些都是设计工作中需要重点考虑的内容。

四、山区高速公路桥梁的设计特点和方法

桥梁上部结构选型设计。在展开桥梁选型时，需要对各类型桥梁进行对比分析，选取合适跨径的桥梁至关重要，这对于控制工程成本尤为关键。在设计工作中，相关人员应对桥梁的经济跨度有深度的认知，无论是地质条件还是工艺方法等都需要充分进行考虑。对于山区高速公路而言，其工程量相对较大，主要表现在中小跨径桥梁这一层面，就我国的实际环境来说，空心板梁是较为可行的一种方式。应当明确的是，当前国内的桥梁设计理论存在不完善之处，对铰缝空心板并没有全面的认知，在实际操作过程中往往使用到横向板梁来完成对桥面铺装与铰缝的连接处理，此时铰缝不仅要发挥出传递弯矩的作用，还需要兼具传递竖向剪力的功能，这必然会加剧铰缝的损耗程度，随着运营时间的延长极容易出现过早开裂现象，由此带来了单板受力问题，在部分特殊情况下还会引发板梁出现倒塌

等事故。考虑到山区的实际特点，T梁与箱梁具有较高的可行性，二者在跨径方面也符合工程要求，基于预制的方法能够有效控制成本，进而提升桥梁建设质量。

支座设计要点。在展开桥梁支座部分的设计时，需要以竖向承载性能为基准，由此展开设计工作，避免因支座变形限制而带来的各类病害。由于桥梁多设置为多跨连续形式，有必要在中间桥墩处增设固定支座，加之纵向滑动支座的辅助，所以需要将桥梁变形控制在合理范围内。而为了确保中间墩具有足够的稳定性，应对其进行适当的横向偏移，从而提升对车辆偏载效应的抵抗力。

下部墩柱设计。山区桥梁工程对于墩柱提出了较高的设计要求，在对下部墩柱进行设计时需要充分考虑到各类型桥梁的差异性问题，综合考虑工程实况，然后在此基础上确定最佳的墩柱形式。

五、本工程中所使用的设计方法

上部结构选型设计。对于中小跨径桥梁而言，以板梁、T梁以及小箱梁3部分结构最为关键。受桥梁使用跨径的影响，加之对周边农田的保护需求，此处对T梁以及小箱梁展开对比分析：在T梁施工中，以后张法为宜，此时吊装重量较轻，具有更强的可操作性，也有助于施工控制工作的展开；而使用小箱梁时，虽然也采用了后张拉法进行施工作业，但吊装重量较大，所涉及的工序较为复杂。从性能上考虑，T梁在长期的发展下已经具有较为成熟的工艺体系，在后续的养护工作中所带来的效果也更为良好，对于山区高速公路项目而言更为适用；若使用的是小箱梁形式，其整体性更为良好，但工艺较为复杂，容易对工程质量造成影响。基于上述分析进行对比得知，在本工程中以T形连续梁的形式为宜。

下部结构选型设计。如果桥墩的数量过多，则会大幅度占据区域内的农田面积，同时也加大了桥墩部分的施工难度。对此，本节以山区实际情况为基本出发点，基于下述原则展开下部结构的设计工作：如果墩高 H≤15m，当所在区域存在河流但不存在净空限制时，以20m连续T梁为宜；如果H值为15m ~ 40m（含40m），此时宜采用30m连续T形桥梁；如果 H > 45m，则需要使用40m连续T形桥梁。就本节所探讨的工程而言，由于存在净空限制，经分析后应确定为16m预应力窄幅空心板桥。

耐久性设计。全面提升桥梁的耐久性必须建立在合理结构形式的基础之上，对此做出了如下设计思考：均设置为梁式结构，如果跨径 > 13m，则需要采取预应力结构的形式，如果该值达到了20m，则以先简支后连续的方式为宜，从而得到预应力混凝土结构形式。由于山区桥梁多为小半径曲线形式，为了全面提升其抗扭性以及整体稳定性，应尽可能避免拼装结构，诸如现浇结构形式的可行性则更高。材料质量会对桥梁的耐久性造成直接影响，因此材料品控工作至关重要，无论是在主梁还是盖梁等区域施工中，都需要使用到高品质混凝土材料，同时混凝土应具有足够的密实性与抗渗水平。还需要注重对环境因素的考虑，做好对沿线自然环境的分析工作，充分考虑到地下水所带来的腐蚀性问题。

综上所述，由于山区高速公路工程具有较强的特殊性，在桥梁工程中设计工作尤为关键，因此工程人员要充分考虑到沿线的自然环境因素，所设计出的结构应达到与自然环境相适宜的原则，注重对桥梁各结构的优化工作，加大力度进行材料质量控制，创设出高质量的山区高速公路桥梁工程。

第五节　高速公路桥梁设计安全性评价

近年来，我国建筑事业蓬勃发展，高速公路建设规模不断扩大，因此其安全性问题被高度重视。本节通过高速公路桥梁设计安全性的评价内容、方法和评价结论的分析，对提高高速公路桥梁设计的安全性提出改善措施。

随着经济的发展，高速公路交通网的范围不断扩大，遇到的地质地形也越来越复杂，高速公路桥梁工程的建设占据的比例也在逐渐增大。高速公路桥梁设计是高速公路建设中的重要环节，桥梁设计的安全性是设计工作需要考虑的主要问题。

高速公路安全性评价又称高速公路安全审计，在我国起步较晚，虽然对高速公路设计方面有了一些探索，但是对具体的评价单元，如路线、桥梁等，缺乏细致系统的研究。尤其是高速公路桥梁项目，更多的是偏向桥梁结构安全性的研究，而对桥梁设计的交通安全性，缺少评价细则，甚至忽视了桥梁设计对交通安全的影响。

一、高速公路桥梁安全性评价办法分析

高速公路桥梁安全性评价的内容主要包括 2 个方面：桥梁结构的安全性和桥梁设计的交通安全性。

桥梁结构的安全性。高速公路桥梁结构的安全性主要是指桥梁结构的整体牢固性和构建的承载能力。桥梁结构的安全性检测和评估，基本理论是对桥梁外观进行检查和通过无损检查结果对桥梁的承载能力进行评定。首先，根据桥梁外观检查结果对其技术状况进行评定；其次，通过对桥梁构件缺损状况的检测评定，了解构件材质强度变异对结构的影响，综合桥梁的技术等级进行评定；然后，从耐久性的角度考虑以上方面对桥梁结构承载能力的影响；最后，运用在役桥梁承载能力评定公式量化评定出桥梁实际承载能力。

桥梁设计的交通安全性。

桥梁自身运行车辆的交通安全性。桥梁自身运行车辆的交通安全是设计阶段桥梁安全性评价的重点，包括桥梁引线和桥梁断面等对车辆运行的影响。

桥梁引线。桥梁设计速度协调性是按桥梁设计速度 V 与桥头路段（引线段）的运行速度的差值进行评价。根据实况分析，检测全线运行平均车速，并与设计速度进行比较，检测运行速度协调性是否良好，线形是否满足运行速度要求等，从而检查评价桥梁引线是

否符合国家标准和设计安全性要求。

桥梁断面。桥梁断面的安全性评价主要从桥梁防护栏、桥面铺装、桥面排水等多个方面进行分析。桥梁防护栏安全性评价主要是看防护栏等级是否与周围路况交通环境相符合，以及桥梁护栏在路基连接段等特定区域的连续性。而桥面铺装的安全性评价主要集中在抗滑性能和耐用性上。此外，桥面排水情况也是桥梁设计安全性评价的一点。

跨桥线对其相交道路、铁路、通航河流等交通的安全性。

桥梁防护网。桥梁防护网是保护桥下交通安全的有效防护手段。防止因桥上物品坠落到地面或相交道路和铁路，造成安全隐患。防护网主要的评价点是：防护网的设置地点和防护网的构造。

桥梁墩台。桥梁墩台的设计要和相交道路、铁路等相关联。桥梁墩台的安全性评价要根据桥墩的位置和稳固性，以及桥墩的防护手段等因素评定。桥梁跨度较大，必须在相交道路或河流中设置桥墩时，要检测桥墩的防撞性，并根据实际情况设置桥墩防护装置。

桥下净空。桥下净空区要根据相交道路、铁路、河流等通过的交通工具类型评定，仔细确认桥下净空区是否满足车辆或轮船通行的安全需要。

桥下视距。桥下视距的安全性主要从 2 方面进行评定：（1）位于凹形竖曲线路段的桥台和桥面对相交道路车辆、轮船视距的影响，因为竖曲线长度一般较大，所以根据竖曲线长度大于规范要求停车视距的具体情况进行评价。（2）位于平曲线路段的桥梁墩台对平曲线内侧车辆视距的影响，一般使用视距包络图的方法来进行评价。

三、针对高速公路桥梁设计安全性的改善建议

对桥梁结构设计安全性的建议。桥梁结构的选择，要综合考虑地质、环境、构架物等因素，根据实际情况确定上下结构，在满足承载能力的前提下，选出最优桥梁结构。上部构造要处理好跨境与墩高的关系，板或梁与平面曲线半径的关系；而下部构造要注意桥墩、桥台、基础，以及桥墩和桥幅的关系。

目前，我国高速公路的建设范围不断扩大，许多山区也在进行高速公路的架设，所以在山区中桥梁的应用更加普遍。由于山区地貌特征的特殊性，要求桥梁在设计和施工中，为保证安全性，要考虑得更加全面细致。要根据地区土质特征和气候条件选择施工材料和桥梁结构，同时要遵循技术过硬、安全稳固、持久耐用的原则。

对桥梁自身运行车辆的交通安全性建议。桥梁自身运行车辆的交通安全性影响因素众多。例如桥梁护栏并非越多越好，要根据桥外交通情况，确定桥梁防护栏的等级；桥梁板面和防护栏的连接要牢固。桥梁中间分隔带防护栏等级的确定与设计速度、行车速度、车型环境等相关，如车型以大型集装箱货车为主，就要提高中央护栏的防撞等级。桥面铺装要根据当地的气候条件、桥面纵横方向等因素，提高桥面的防滑性能；桥面铺装要设立防水层、隔离层，以防止冬季融雪防滑是盐对桥面的腐蚀。桥面铺装要和相结路段相协调。

此外，桥面防水排水系统也很重要。桥面排水不及时，行车进程中会减小车轮与地面的摩擦力，使刹车距离增加，车辆易打滑，进而影响行车安全等。

相交道路安全性建议。在进行桥梁设计时，要考虑相交道路和河流情况，要根据相交道路的路宽调整或设计桥宽。桥面跨度较大，在道路中央防护栏区域设置桥墩时，要注意对桥墩的保护，在周边设置防护栏，同时注意检测桥墩的防撞性是否符合标准。对相交的河流、铁路等，要设置防护网，防护网的长度要尽量长。对河流中桥墩的设置，要考虑河流的流量，水流的冲击性等，对桥下净空高度较低的桥梁和相交道路，设明显的限高提醒标志或限高架。

对桥梁引线段的安全性建议。桥梁引线的速度协调性，对于桥梁的总体安全和规划发展很重要。桥梁引线段的速度要与全线运行速度协调，引线段运行速度与设计速度相差不足 10km/h 时，说明引线速度协调性较好。如果当差值大于 20km/h 时，说明协调性不良，要对引线段的设置和设计进行调整。

高速公路桥梁建设发展中，必然会存在矛盾和问题，我们要做的是发现问题，解决问题，并在下一步的工程建设中预防问题发生。本节对高速公路桥梁设计安全性评价进行分析和总结。总而言之，高速公路桥梁设计的安全性是一个系统时间，我们要结合现实地域情况，在保证安全的基础上，选择经济合理的设计方案，并将后期养护与维修问题考虑到设计中。

第六节 跨越高速公路桥梁设计

利用桥梁跨越高速公路把不同区域的交通进行连通，俨然已经发展为交通建设的热点。于桥梁跨越工程建设时，对其安全性、经济性与高效性有很高的要求，因此需要进行全面的施工设计。同时注意要尽量规避对施工附近的高速造成影响。本节从该项目的设计的要求入手，分别对跨越桥梁总体结构、与区域结构两方面的设计展开相关论述。

伴之我国交通事业的快速进步，人们对高速公路的追求不仅仅局限于已开拓的路线，对舒适度、方便度的需求使跨越高速公路桥梁建设面世。在建设设计中不仅要全面考虑工程项目对质量、安全以及进度的要求，将工程建设的质量、安全指数与成本造价作为设计参考，而且还要减少对现存交通设施的影响。

一、桥梁的设计要求

因跨越高速公路的环境与用途特殊性，对该类型的桥梁设计时具有一定的要求：①对结构的设计需要尽可能精简且功能实用，对后续的工程建造流程进行简化，降低施工难度。②对工程的进度进行控制，工期设计尽可能短，合理加快建设速度，在尽可能短的时间内结束跨越桥梁的建设工作，以免给交通运行带来不便，为建设企业带来不必要的损失。③

设计的重点即对周边建设环境的全面预估，着重对水电供应、尘泥防护、梁柱稳定性等几要素进行评估，制定出科学的建设技术。

二、桥梁的总体结构设计

合理控制桥梁交叉角度。跨高速桥梁的设计的第一步即合理控制桥梁交叉角度的大小。例如，若是选定斜交的交叉方式，通常情况下，则需要使交叉锐角超过70°，如果因为某些不可控因素导致交叉锐角不能达到70°要求，那么最少也要在60°以上。这样做的原因是若在实际中运用高速跨越桥梁，若其交叉角度不足60°，那么将会造成其跨径过长，打破桥梁的数据平衡。如此，一方面因为桥梁质量的不足，容易出现病害，造成桥梁整体建设造价高出设计值，出现不必要的经济损失，同时对损坏桥梁的维修也增加了难度。另一方面，也是更重要的一点是，其影响了桥梁在使用过程中的稳定性与安全性，带来许多安全隐患。

合理选择桥梁交叉路段。跨高速桥梁的设计的第二步，要对交叉路段进行合理的选用，要根据建设路段的真实情况进行选择。其选择的原则即"首选普通地段，避免复杂路段"。若是建造的位点处于高速服务区、减速带等特殊地段，那么对桥梁的跨径数值设计就必须加大，另外，考虑到地段的特殊作用，为了不阻碍其发展，桥梁建造中必须进行大片的安全预留地段。这两方面均使桥梁建设的难度大大提升，且不可控因素较多，造价预算不能很准确，为施工带来许多麻烦。因此，要在进行建造位点的选择时，尽可能选定在普通地段。另外，需要注意的是，无论在什么地方建造，都需在桥梁下空出一定的空间，以便在该路段出现病害时可以及时、高效进行修复完善。

对桥梁净高的合理设计。跨高速桥梁的设计的第三步，即对桥梁净高的合理设计。通常来说，该类型桥梁建设设计中净高标准为5m。然而，于实际建设现场可以发现，某些不可控制的因素会造成路面上升，则会影响桥梁的正常使用。比方说，对投入使用的高速进行养护与修建时，就会引起路面高度上升。因此，该部分工作的设计必须控制上跨桥梁所占的总面积，保证其覆盖区的桥梁底部到现使用的高速区域内随意处的净高均超出至少5.5m。另外，桥梁的结构设计中存在一定的弯度，在桥高设计时必须关注不同弯度处的净高达到最终设计的高度。

适当预留车道与行车视距。现阶段，我国高速公路通常均选用双向8车道形式，因此，在桥梁整体设计中还需进行预留车道的操作。预留车道，即需留出一定的桥下净宽，该操作可以有效将高速公路与桥梁的修建分开来，使进行桥梁或是高速公路的修复、养护的同时，不对另一方的运行造成影响，在一定程度上符合了"可持续"的发展理念，节省了一定的能源，但是其在建造期间造价相对较高。

另外，还需在设计中留出合理的行车视距，从而保障投入使用后的行车安全。例如，若在一些不可控的因素影响下，桥梁选定在特殊地段如急转弯、坡度较大等地方进行建造，该部分行车视线极容易被阻挡，则行驶人员无法清晰掌控所行驶的情况，出现事故的概率极大。则需通过调整跨径与净高，保证行车时驾驶员可以有正常的行车视线，防止因行车的关键视角被阻挡而引发的交通事故。

三、桥梁各部分的分层设计

上部设计。在上部结构设计中需要首先考虑外观是否明快和协调，其结构类型的选择很多，如普通 T 梁桥、板式梁桥、刚构桥、拱桥等等。其次，在跨高速的桥梁上部结构设计中，通常情况下不会于中分带建设桥墩。桥梁的净跨径需要超过 50m，若是将桥梁设计为左右分离式，则当交角增加时跨径即会减少，桥台就需要设计为错位布置；若桥下高速公路是路堑同时深度较小，即可把桥台设计于坡顶之外；反之，则要设计多跨，于边坡上设计墩台，同时要对原高速公路做防护操作，制定合理的上部建设计划。

下部设计。在下部设计中，第一步需对桥梁基形做出选择。若在该工作中选择不合理，则可能会对现运营的交通造成一定的影响，因此需要合理进行选择。桥梁基形大致可分两类，即深、浅之分。其中浅基础又有刚、柔之分，该类型基础具有在承载力达到设定标准的状态下呈现出施工简便性、高稳定性以及高承受度等特点。然而，其还具有开挖面积过大，对周边高速公路的影响较深等缺陷。若是于较坡度较大的地段进行建设，则对基础承台宽度的设定与实现很困难；若是在填方路段，要实现建设目标，就需设计高度较大的桥台。但是当桥台高度过大，则会出现影响行车实现的严重缺陷，这时又需采取另外的措施进行弥补，严重将建设过程复杂化。

附属设施设计。在高速公路上，车辆行驶的速度较大，则加大了安全事故的发生概率，进而出现不必要的损失，甚至威胁生命。因此，对跨高速桥梁设计时，为使其具有高度的安全性，则可以进行一系类的附属设施设计如在其上部结构处进行钢筋混凝土防撞墙结构的建设、在桥梁设施处设置一些防抛网等等。防撞墙的等级为需要达到双 S，根据实际情况还能够在一定程度上加大防撞等级；防抛网数量也可适当加大，防止因小小的坠物引发严重的安全事故，尽可能对交通事故进行规避。

综上所述，对跨高速桥梁的设计需要从多方面入手，整体结构的设计与分部结构的设计均需得到重视，此外，还需关注一些附属设施的设计。经过多方面的综合设计，保证桥梁建设的高质量与高效率。

第三章　高速公路桥梁设计的具体内容

第一节　高速公路改建工程桥梁总体设计

针对高速公路改建工程桥梁总体设计相关内容进行分析，结合改建方案，提出桥梁总体设计应当遵循的原则。结合总体设计性原则，总结了高速公路改建工程桥梁总体设计措施，其内容有：工程总体设计、主桥结构设计、老桥拼宽设计等。通过对这些内容的分析，可以为高速公路改建工程桥梁总体设计提供一定理论依据。

伴随交通运输的不断发展，对高速公路桥梁的要求不断提高，部分使用时间较长的高速公路桥梁等，已经难以满足现代交通运输的需求，因此要对部分高速公路进行改建。在改建过程中，需要对相应桥梁进行总体设计，进而满足当下以及未来交通运输需要。

一、改扩建方案的选择

河北省某高速公路和沿线的主要城市之间相互连接，占据了最大的通道资源，高速公路两侧已经形成现有高速公路产业带。针对现有高速公路改建方案而言，其充分发挥了通道资源的优势，并且在一定程度上减少了占地，吸引了大量的交通量，从而降低了工程造价等。现有高速公路在路面、路基和桥梁方面的使用总体情况较好，但是两侧缺少重要的控制性地物，不具备改扩建条件。

改建之后，高速公路桥梁路面线位和老桥相同，改建桥梁总体长度为1730.58m，采用分离式双幅桥布置方式，针对标准段而言，单幅桥的宽度应为18.25m，和s32砸道相连接位置单幅桥宽为22.25m，桥梁总体面积为65968.5m^2。

二、桥梁总体设计原则

对桥梁进行总体设计，本着"安全、舒适、和谐、美观"的总体设计理念。对桥长和跨径进行布置，应当和水文的设计相符合，尽可能对河床断面进行压缩，从而确保泄洪、排涝和通行、通航的需求等得到满足。对桥头引导和桥台的布置等和地形、地质等情况相互结合，本着对环境破坏少、桥梁结构和台后填土稳定高的方式，规定桥头路基填土高度在8m以下，进而使桥长得以缩短，并且使工程造价得以降低。针对地质条件较好的路段，可以将桥头路基填土的高度进行适当提高。如果桥长在 20m 以下，则不需要为其设置伸缩缝，可以使用桥面连续的形式。对桥面连续形式进行使用的一般是大中桥，结合实际情况，在变形零点附近为桥墩顶设置相对合理的伸缩缝，在桥台位置，对桥面连续方式进行使用，通过这种方式对桥头跳车现象进行有效控制，对结构连续的桥梁，为桥梁桥台位置设置伸缩缝。

除去特殊大桥之外，一般工程通常使用中小跨度的预制装配混凝土梁。如果跨径在 25m 以下，可以先对桥梁设置简支，然后对桥面进行连续设计。如果桥梁跨径在 25m 以上，在对其设置相应简支之后，采用连续结构设计方式。

施工场地对桥梁设计带来一定影响，在立交范围内的主线会变宽，为了使施工更加方便，可以使用预制小箱梁的方式。针对特殊路段，结合地形，选择现浇预应力混凝土连续箱梁。对于柱式墩而言，墩高在 7m 以上时，可以为桥墩设置相应的桩系梁，促使横向的整体刚度有所增加。

三、高速公路改建工程桥梁总体设计措施

工程总体设计。本项目属于一项高速公路改建工程，进行桥梁设计过程中，主要将工作分为主桥部分和引桥部分。其中主桥 $2 \times 75m$ 的连续形式组合箱梁，对其使用分离式双福窍门进行布置，而其中单幅桥总体宽度为 22.25m。针对主桥悬臂下部分位置进行分析，可以为其设置相应的人行通道。第一部分为老桥顶升利用段，桥总长为 524m，可以分为三联实施整体顶升。第二部分为老桥引桥吊开接高利用段，总体长度为 715m，将老桥板调开之后，对桥墩实施接高利用。第三部分属于老桥拼宽路段，在标准段单幅桥外侧拼宽在 2.5m。

主桥结构设计。经过详细比较和选择之后，选择箱梁梁高为 4.0m。为了沿线两侧行人通过需求得到满足，需要在主桥的内侧悬臂下面设置宽 1.25m 的人行道。因为老桥主墩桩基所选择的是 450mm 的截面方桩以及钢管桩成桩方案进行比选，而对于主桥墩而言，可以使用 $\phi 609$ mm 钢管桩基础，进而使基础施工更加方便，桥墩采用实体钢筋混凝土结构，同时不存在分离式防撞墩和橡胶缓冲垫。

为了使槽型钢主梁吊装过程的稳定性得到保障，针对边支点、中支、临时吊点和临时支撑点附近均设有由 $\phi 203 \times 10$ mm 无缝钢管组成的水平联接撑。对混凝土进行分析，对桥面板进行设计，其宽度为 22.05m，而板的顶部位置所存在的横坡单向 2.0%，可以在板的底部位置以及钢箱梁顶部位置设置平坡，其余位置设置斜坡，同时将桥面板厚度控制在 300mm，使用混凝土为 C50 纤维混凝土。设计工作要结合相应原则进行，如桥面开裂和桥面板宽度等。纵方向上，并不需要设置预应力，而是对较为普通的钢结构进行使用。横方向的位置，可以使用 0.45m 标准间距，促使大悬臂产生较大的负弯矩拉应力。桥面板的内侧，不需要设置纵向预应力，从而使施工更加方便。对于主桥而言，围绕中点 12m 范

围内，采用双层组合结构，既能够将顶面混凝土桥面板去除，同时能够在钢梁底板位置，设置厚度为 350 ～ 500mm 的双结合混凝土，然后对剪力钉和钢梁底板结合使用。

老桥拼宽设计。本项目中，高速公路老桥主要分为两幅桥，单幅桥宽度为 16.55m，对其进行改建，结合远期双向 8 车道一次拼宽的方式。其中的单幅桥宽为 18.25m，对每幅桥外侧进行分析，对其进行拼宽，宽度为 2.5m，为了能够和 s32 高速公路所预留出来的两条匝道之间进行连接，需要在分流口位置进行拼宽，宽度为 6.5m。针对老桥进行拼宽，拼宽位置应当是老桥的外侧部分，采用和老桥相一致的桥跨进行布置。老桥以及拼宽的部位进行结合，确保其保持一致。对标准拼宽位置进行分析，上部分结构和老桥之间保持一致，对 20 ～ 22m 的简支空心板梁进行使用。对于其中的铁路老桥而言，其宽度为 35m 简支 T 梁形式，对其进行拼宽，宽度仅为 2.5m，如果仍然使用 T 梁实施拼宽作业，会降低桥梁自身稳定性，因此要使用 35m 跨简支小箱梁实施拼宽。针对 s32 匝道位置的分合流拼宽而言，可以对其进行划分，分为异型结构，然后对简支现浇梁方式进行使用，从而改变复杂的平面线形。针对拼宽为 2.5m 的位置，在下端采用独柱墩，钻孔灌注基础承接台。变宽位置以下部位，使用双柱墩和钻孔灌注桩，对老桥进行拼宽，连接新老结构，比较并选择多个方案，对这一工程使用"上连下不连"的方式，针对老桥外侧的防撞栏进行分析，将其拆除之后，还需要将老桥的边梁进行拆除。

对于部分悬臂，针对板梁内的钢筋以及拼宽板梁，对其进行焊接，并保障一一对应。针对微膨胀纤维而言，对其进行浇筑，从而使混凝土形成一体。同时，在互相拼接的地方，设置相应凸槽，然后在其中嵌入相应的防水密封胶，针对不均匀沉降部位所具备的压力降低。在老桥基础位置，可以使用预制方桩，拼接下部结构，降低小桩基对拉桩基带来的影响，同时对钻孔灌注方式进行科学使用。多选择小桩径，使用压降技术进行桩底处理，科学控制沉降情况。对上部结构进行施工之前，采用基础预压方式，促使工后沉降得以降低。在拼宽独柱墩中，存在较高高度，在横向上，存在较低的稳定性，这种情况下的设计，需要适当限制横向位置，在纵向位置设置老盖梁，并实施"弱连接"，从而对柱墩横向稳定性得以改善。对这一装置进行使用，主要使用锚栓和预埋钢板，螺栓孔形状为长圆端形，并且对其进行纵向位移，但是不能实施横向位移。通过这种方式，对拼宽盖梁做出横向限位，并实现横向沉降的目的。

进行高速公路改建，桥梁的改建是整个项目中最为关键的内容。对改建方案进行选择，不但和桥梁自身结构安全具有直接关系，同时也对改建项目投资进度带来影响。进行高速公路桥梁改建，需要遵循"安全、适用、经济"的原则，对相应的检测资料进行分析，对桥梁整体设计方案进行科学制定。

第二节　高速公路桥梁上部结构设计

高速公路桥梁上部结构设计对于桥梁工程质量、安全、经济性以及美观性会产生较大影响，是桥梁工程设计的重点。本节首先对桥梁上部结构组成部分进行介绍，然后对高速公路桥梁上部结构设计要点进行分析，并以某高速公路桥梁为研究对象，对桥梁上部结构设计方案进行深入研究。

中国交通基础设施项目建设水平不断提升，桥梁工程是十分重要的交通工程，因此桥梁工程所承担的交通功能也越来越大，对于设计水平的要求逐渐增加。在整个桥梁工程设计中，上部结构设计至关重要，通过优化桥梁工程上部结构设计，可促进桥梁工程使用寿命的增加。因此，对桥梁工程上部结构设计要点进行深入研究意义重大。

一、桥梁上部结构组成部分

桥梁工程项目建设为一项系统性工程，在桥梁工程上部结构设计中，首先需要了解桥梁工程上部结构组成，具体包括以下3点：第一，桥面，桥面是供车辆以及行人通行的部分，不同桥梁工程桥面有一定的区别；第二，桥跨结构，在桥梁工程中，桥跨结构为承重结构，是桥梁工程设计的核心内容，桥跨的跨越幅度、承受作用都会对桥梁工程桥跨结构的构造形式产生较大影响。第三，支座，桥梁工程支座的作用是将上部结构所产生的支撑反力传递至桥梁工程墩台的中间节点上。

二、桥型上部结构方案设计原则

（1）在桥梁工程上部结构设计中，需综合考虑桥梁工程建设环境、地形地貌、高速公路工程通航能力、运行能力、高速公路等级等等。比如，如果桥梁工程建设区域地表平缓、河流深度比较浅，则应尽量采用简支梁结构或者先简支后连续梁桥结构，这样有利于简化施工方式，同时保证结构受力明确。有些桥梁工程建设区域地形复杂，运输条件比较差，应尽量采用预制结构形式。

（2）为了尽量缩短桥梁工程建设工期，降低工程造价，同时保证桥梁工程施工质量，应采用桥梁工程标准化结构形式。对桥梁工程上部构造，应用预制拼装结构以及标准跨径，便于施工。在选择桥梁工程上部结构时，还应注意综合考虑桥梁工程施工环境、施工工期要求、施工场地条件等。

（3）在桥型上部结构方案设计时，需要选择多种桥型方案，通过对各个设计方案进行比较分析，进而选择最适宜的桥梁上部结构设计方案。

（4）在桥梁工程设计建设中，需综合考虑桥梁工程抗震性能要求，如果桥梁工程对于抗震性能的要求比较高，则应尽量采用先简支后桥面连续结构，保证桥梁工程结构耐久性。另外，还需综合考虑桥梁工程建设对于周边生态环境的影响，尽量提升桥梁工程上部结构美观性。

三、高速公路桥梁上部结构设计要点

在高速公路桥梁工程设计中，上部结构体系主要有以下3种：

（1）拱式体系。拱式体系桥梁工程建设区域的覆盖土层比较薄，如果基岩承载力比较高，则拱式体系桥梁工程可发挥造价低的优势。

（2）先简支后结构连续体系与简支体系。这类桥梁工程上部结构设计方案能够预制装配，同时可进行标准化施工，造价低廉，是高速公路施工中比较常见的形式。常用跨径有25m、30m、40m 3 种，一般预制空心板的跨径在25m 以内，建筑高度比较小，被广泛应用于中型桥梁工程、小型桥梁工程项目建设中。另外，T 梁的截面受力合理，经济性能较好，但是，其抗震性以及景观效果比较差。因此，如果桥梁工程建设对于抗震性能的要求比较低，则可采用 T 梁结构形式。

（3）连续刚构及连续梁体系。有些桥梁工程需要跨越 U 形深谷，无法采用装配式结构形式，对此，可采用大跨径连续梁体系方案。当桥梁工程桥墩高度在 30m 以上时，需要注意对墩梁进行加固设计，进而改善桥梁工程上部结构受力。

四、高速公路桥梁上部结构设计实例

工程概况。在某高速公路桥梁工程项目建设中，桥梁工程总长度为 20.1km，根据现场勘察，该桥梁工程建设环境地形复杂，周边建筑工程较多，地质变化比较大。对于该桥梁工程上部结构，应采用跨径在 25 ~ 30m 之间的装配式小箱梁、40mT 梁，如果跨径在 20m 以内，则可采用预制空心板。如果采用先简支后连续方式的预制结构方案，能够保证桥梁工程路面通行的稳定性以及舒适性，同时便于桥梁工程与运行维护。如果 T 梁墩高在 35m 以上，则需要采用墩梁固结形式，如果纵坡比较大，也需要应用墩梁设计方案。另外，还需注意，高速公路桥梁工程建设环境复杂，施工难度比较大，在具体的施工过程中，需要对桥梁工程上部结构设计方案进行调整，比如，如果桥墩高度比较大，则应尽量采用 T 梁结构形式，如果桥墩高度比较小，则需采用现浇混凝土连续箱梁。

上部结构设计方案比较。在该高速公路桥梁工程上部结构设计方案比较时，需将跨径为 25m、30m、40m 的结构尺寸进行比较，同时对 T 梁和装配式小箱梁两种上部结构设计方案进行比较，最终确定最符合实际需要的上部结构设计方案。在部结构设计方案比较时，重点需考虑以下 5 点：

施工便利性。在施工方面，小箱梁施工技术比较复杂，在混凝土浇筑施工过程中，必须保证内模板放置平稳，另外，在端头斜交时，处理难度比较大。T 梁施工工艺比较成熟，结构耐久性较高，与小箱梁相比，施工方式便捷，能够有效提升桥梁工程结构耐久性。

经济造价。在对不同跨径小箱梁与 T 梁结构进行比较时，跨径有 3 种，包括 25m、30m、40m。在经济造价方面，40m 的 T 梁和小箱梁造价相同，另外，25m、30m 的小箱梁与 T 梁相比经济性更好。

功能使用优势。通过对各个结构形式的桥梁工程功能方面分析，由于 T 梁跨中横隔板数量比较多，并且横隔板与主梁进行连接，这样就会影响桥梁工程外形美观度。另外，T 梁的跨径的适用范围比较广泛，尤其是在抗弯刚度方面，桥墩大跨的应用优势明显。

结构受力。通过将小箱梁与 T 梁进行比较，T 梁的单幅一孔的整体抗弯刚度比较高。在桥梁工程施工中，如果遇到斜交结构形式，如果采用 T 梁结构形式，则需要设置多个横隔板，因此抵抗受力的效果比较好。另外，在论抗扭刚度方面，单幅一孔的小箱梁的抗扭刚度比较好。由此可见，单片小箱梁的结构稳定性更高，并且施工方式便捷，能够有效提升桥梁工程结构稳定性以及安全性。

墩高影响。在桥梁工程上部结构设计中，桥梁墩高也是十分重要的设计参数。如果桥梁工程墩高比较大，则应尽量采用大跨径上部结构。

上部结构设计方案。在该高速公路桥梁工程上部结构设计中，通过对上述各项影响因素进行综合分析，制定出以下选型原则：如果桥梁工程墩高在 15m 以内，则采用 20m 跨先简支后桥面连续预制空心板结构；如果桥梁工程墩高在 15 ~ 35m 之间，则可采用 25m、30m 跨先简支后桥面连续小箱梁结构；如果桥梁工程墩高在 35 ~ 60m 之间，则可采用 40m 跨先简支后结构连续（或墩梁固结）T 梁；如果桥梁工程墩高在 60m 以上，则应采用 T 梁方案。

综上所述，文章主要对高速桥梁工程上部结构设计要点进行了详细探究。在高速公路桥梁上部结构设计中，需综合考虑地形地貌、交通运输条件等进行设计，选择多个设计方案，并结合实际情况选择经济最优方案。

第三节　高速公路桥梁支座设计

为了提高山区高速公路桥梁支座的使用寿命，在支座设计中从选用、施工与养护等方面进行综合考虑，力求改善其受力状况，提高其使用性能。从山区高速公路桥梁支座的结构特点、选用、施工工艺和养护等方面的优化设计进行详细阐述，有效改善了桥梁支座的受力状态，提高了使用性能，延长了使用寿命。

一、桥梁支座的选用优化

充分考虑周边环境的影响。桥梁支座在设计过程中，应充分考虑温度变化、空气湿度、气候变化等外界因素的影响，优化支座的结构，增加支座的强度和刚度。设计中可以采用提高支座厚度、选用弹性好的橡胶材料、选用抗老化的支座材料等方法提高桥梁支座的强度和刚度，提高其抵抗外界荷载的变形能力。

桥梁线型对支座变形的影响。通常山区高速公路线型变化大，很多桥梁位于平曲线上，且其竖曲线变化量较大。在平曲线上的桥梁支座，容易出现较大的滑动变形。试验证明，平曲线段的桥梁支座滑动变形一般为计算变形量的 1.2 ~ 1.3 倍，为了减少桥梁支座的滑动变形，通常设置限位支座，可对桥梁支座的横向和纵向变形进行控制，使桥梁支座的滑动变形与设计状态一致。

增加桥梁墩梁固结跨的数量。如桥梁上部结构采用连续梁施工，为了减少梁的无规则移动，使桥梁上部结构处于稳定的状态，可适当增加桥梁墩梁固结跨的数量，提高桥梁结构的稳定性。

设置防落梁装置。在山区高速公路小转弯半径，大纵坡的桥梁支座设计时，为了避免支座损坏或产生较大位移，会导致出现落梁现象，应在部分墩、台顶面局部设置防落梁装置，保证桥梁上部结构的稳定性。

通过采用设置防落梁装置，可有效提高桥梁支座的抗变形能力，控制变形位移。在桥梁支座设计中，通常优先选用弹性好的板式橡胶支座，桥梁支座设计计算时多采用墩梁固结结构形式。在桥梁支座承重能力相同的情况下，可以通过提高板式橡胶支座橡胶层厚度，提高支座的抗变形能力。

二、设计中对支座施工工艺的优化

在山区高速公路桥梁支座设计中，应在设计中结合施工工艺，对不同施工条件下的桥梁支座施工工艺进行优化。在桥梁支座安装和调平施工中，应尽可能地减少安装误差。在桥梁支座施工过程中，应尽可能减小施工偏差，预防出现不容许偏差，改善桥梁支座的工作环境。在桥梁支座设计过程中，应结合施工现场的实际情况，对施工工艺进行优化，具体包括以下几点：

桥梁支座设计中，应结合各类不同类型的固定支座、滑动支座的安装工艺，提出合理的安装方式，改进施工方法；在进行桥梁滑动支座安装时，不同的温度区间，安装时的预留变形值不同。同时，在支座定位前，应采用临时设施进行桥梁支座的纠偏施工。在桥梁支座现场施工时，应确定好桥梁其他构件的相对位置，安排好施工工序，预先确定预制构件和预埋构件的安装顺序。桥梁支座完成施工后，需要对支座安装与误差要求进行检验，对存在的误差进行校正。在桥梁支座设计中应进行说明，安装设计说明进行支座安装，对由于安装误差所引起的安全隐患进行预防，保证桥梁支座体系处于最佳状态。

三、设计中对支座养护管理的建议

桥梁支座属于易损件，橡胶材料在使用过程中也容易老化，应选用合格的支座材料，保证在桥梁设计基准期不损坏。为了减少桥梁支座的磨损，减缓支座的老化速度，必须在设计中对桥梁支座的养护管理进行优化。因此在桥梁支座日常管理中，应经常对支座构件进行清理、调教和定期检查、维护。

现阶段高速公路桥梁支座养护，常采用搭设临时支架的方式，提高了养护成本。在桥梁支座设计中，应在桥梁墩台位置设置专门的桥梁检测通道，检测通道可以对桥梁支座进行日常检查和维护，提高养护管理工作效率，降低后期维护成本。

第四节　高速公路桥梁钢结构表面涂装设计

为了改善中国大型桥梁的景观，开展了一种创新的绘画桥梁设计。本节着眼于高速公路分支中的桥梁。首先，简要介绍了钢结构防腐涂层系统在实际结构中的作用以及随后的桥梁使用，在此基础上，给出了钢结构的具体结构方案和桥梁涂层。具体施工过程和施工过程中的各种要求详细说明。希望读者能够通过本节更好地设计高速公路钢结构表面涂层的设计。

随着交通运输业的快速发展，中国已成为世界上一个大桥国，但它不是一个全球性的权力桥梁。其中一个原因是中国的桥梁更注重功能和安全，削弱甚至忽视了景观和美学。桥梁不仅要具有结构稳定性，连续性，强度，强度和跳跃能力，还要具有美观的形式和内涵。这需要桥梁的美化，以保护桥梁的主要部分，丰富环境，突出桥梁的结构美感。桥梁与一般环境的协调已成为该地区的新地标。

一、涂装设计的设计原则

根据使用条件和桥梁钢表面涂漆的不同结构的使用条件，可以定义以下涂层设计原则：材料的选择应考虑到大气腐蚀程度和城市污染，并尝试选择耐大气腐蚀。和抵抗。受污染的优质保护涂层，延长钢结构材料的使用寿命；通常，钢结构涂料的使用寿命可达 20 年；在选择涂层材料和选择涂层解决方案时，他必须确保他能够安装一个共同的桥梁。建筑的审美要求；涂层或涂层设计的选择应设计成最小化成本并确保成本涂装工程的经济效益。

二、钢结构涂装设计

防腐涂装底层。底部防腐涂层是与钢直接接触的涂层材料。因此，应选择涂层材料以确保钝化腐蚀和阴极保护，即当涂有耐腐蚀土壤的钢暴露于侵蚀性环境时。在侵蚀性介质的影响下，钢可能会腐蚀。在实际结构中，涂层材料有以下几种选择：一是热浸镀锌，总厚度为 80 ～ 100 微米，涂层与钢材之间几乎没有黏合；其次，锌的热沉积通常以 100 ～ 300 微米的厚度使用，并且涂层与钢之间的黏附力为 6 ～ 8MPa；第三，铝的热沉积通常以 100-300 微米的厚度使用，并且涂层与钢之间的黏附力为 10 ～ 17MPa；第四，锌含量高的环氧树脂通常 ≤ 80μm 厚，涂层与钢之间的附着力为 2 ～ 3MPa；五，无机富锌，常用厚度 ≤ 80 微米，涂层与钢的附着力为 4 ～ 5MPa；六，富锌水，常用厚度 ≤ 80 微米，涂层与钢的附着力为 2 ～ 3MPa。

封闭涂层和中间涂层。

（1）封闭作用。当将密封涂层施加到钢板上时，即使钢板直接暴露在腐蚀性环境中，由于钢板下层的空隙已经封闭，因此使得钢板上的腐蚀环境的腐蚀速率可以降低，同时还可以降低下部钢板的电化学腐蚀速率。

（2）隔离作用。密封涂层的涂层可以有效地防止外部防腐环境渗入钢板内层，同时增加顶层涂层的附着力，延缓钢板的电化学腐蚀时间，并使钢板具有更高的耐腐蚀性。密封涂层要求涂层太低而不能很好地渗透到底漆的空隙中。在正常情况下，密封涂层的涂层用中间涂层稀释，实际结构中常用的密封涂层主要包括环氧云铁，环氧铁红等。

（3）中间涂层。中间涂层可以支撑下层和上层，上下向层溶液中添加中间涂层增加了涂层的厚度，并且是防腐涂层体系的重要部分。

三、桥梁色彩涂装及创新型色彩涂装要点

第一，规格要求：目前，国内涂料技术比较齐全。铁高速公路桥梁上的钢桥防腐涂层具有行业标准。道路覆盖钢和混凝土桥梁结构，各种涂层适用于溶剂型外墙。还有安装标准，但表面颜色效果没有技术要求；第二，涂层材料：桥梁的彩色涂层应具有二氧化碳渗透性，耐碳化性和防腐蚀因素，以及良好的机械性能，能适应结构变形，具有良好的耐候性和耐碱性，实现 20 年的防腐蚀保护，创新的覆盖范围基于相关技术规范和基本规范的要求。同时，他强调景观设计的要求，并满足其特殊效果。应相应调整覆盖率，层要求和控制标准，第三，结构的涂装：由于彩色涂层构造的多个阶段，对结构本身表面的要求和每层的构造方法是不同的。传统涂装和创新涂装应更准确地了解施工过程，使工程监理和施工工作有效结合在一起。从项目的概念到关键点的转移和控制，有必要逐步确保预期的最终创新效果，第四，适当的控制：在大规模建造彩色涂层之前，应进行适当的测试。在传统的粘附性试验，酸雨等试验的基础上，进行感官控制和上层效果评价，确定具体的验证要求，并检查具体的创新点。涂料必须符合国家质量控制部门的有关要求，严格控制检验过程。土壤保护分为两个阶段：预干燥和干燥后处理。在土壤层干燥之前保护土壤层是非常重要的。如果在干燥之前土壤层被雨水或灰尘大的灰尘损坏，涂膜就不够了。因此，涂料应该能够在涂漆前充分注意天气变化，以减少天气对土壤层的影响，在土壤层干燥后，

天气变化对涂层形成的保护膜的影响相对较小，此时，人为因素对保护膜的影响更大。如果不采取保护措施，就会导致涂层上有划痕。

四、大桥创新型涂装效果控制要点

第一，创新绘画方案的设计需要研究周围建筑物的颜色的色调和纹理，以满足环境的色彩范围和纹理效果，并传达适合或更高的精神价值；第二，创新的配色方案需要与颜色相关的实验对比研究，结果必须符合设计意图；第三，施工前准备阶段必须与涂料制造商对接，以确保样品的准确性。涂料制造商需要根据比例发送新涂料，以进行各种质量测试，满足性能指标。

第一，在开发创新的配色方案时，有必要研究周围建筑物的颜色，色调和纹理，以匹配环境的颜色范围和纹理效果，以及传达匹配或以上的精神价值。第二，创新的配色方案需要对颜色进行实验比较研究，结果应符合设计者的意图。第三，施工准备阶段应与涂料制造商对接，以确保样品的准确性。涂料制造商需要按照比例发送新涂料，以便根据性能指标进行各种质量测试。

本节简要介绍了钢结构表面涂装的设计，随着桥结构涂装技术的进步，出现了越来越多的新技术，新产品和新工艺，这些都将应用于桥梁结构金属结构的表面涂层。作为专业的涂料设计部门，我们可以做的是不断总结过去的施工经验，学习新的涂装知识，以确保涂层技术可以延长桥梁结构的使用寿命。

第五节　高速公路桥梁勘察设计

随着对山区经济发展的重视，山区交通路网也在逐步加以完善，在山区高速公路桥梁的建设中，由于需要考虑更多的自然因素，施工前的勘察设计等环节显得至关重要。论文从山区高速公路桥梁勘察设计的特点出发，分析了山区高速公路现场设计中需要考虑的因素，并探讨了山区高速公路桥梁上部与下部结构设计，从而使勘察结果可以更好地适用于设计方案和施工方案。

随着我国对山区发展的重视，山区高速公路桥梁工程的数量与规模逐步扩大，山区高速公路桥梁建设对于山区经济的发展具有重要的意义。但是在建设中需要考虑更多的因素，由于地形地势条件的复杂性，加剧了工程施工的难度，对于山区高速公路桥梁施工而言，实地勘察对于施工的顺利进行具有重要的作用，能够及时对施工中的不利因素采取必要的处理措施，保证工程施工顺利进行，并确保工程质量。

一、山区高速公路桥梁勘察设计的特点

山区高速公路桥梁勘察设计具有显著的特点：山区地形地势结构的复杂性、气候气象条件的多变性与不稳定性、施工场地较为狭小。具体表现为：山区地势地貌的变化较为频繁，地势垂直高度较大，植被覆盖率极高；山区易发生滑坡、岩崩、岩溶等不良的地质构造；气象条件受到山区地形地势的影响，存在多变性，甚至在强降雨天气下会发生泥石流等现象；山区施工场地有限，施工设备、材料等的运输具有难度。

二、山区高速公路现场设计方案

路线平、纵方案的优化。山区高速公路桥梁施工过程中，复杂的地形地势条件是影响施工顺利进行的关键因素，因此，在勘察设计中，要重视对地形地势的勘察，结合勘察结果，进行整体的工程设计。一方面，要保证山区高速公路桥梁工程的成本；另一方面，又要结合勘察结果，将复杂地势对施工造成的不利影响等加以控制与处理，减少施工中的安全事故。施工开始之前，应该组织专门的人员对施工现场进行实地勘察，结合路基情况，进行路线平、纵方案的优化。优化过程中，要注意以下几点：（1）严格遵循工程的相关要求进行施工，并要符合工程的规范性，选择合适的方案组合；（2）随着交通工程发展速度的加快，勘察技术与设备等也更加先进，勘察设计中要及时发现岩溶等不良地质情况，并对这些不良地质采取必要的处理措施，避免后期对工程施工造成不利影响，如果不是必需的路线，可以及时进行改线等，绕开不良地质路段，分析多种设计方案，得出最优的施工路线方案；（3）施工过程中，要结合勘察情况，使得路线设计的协调性与适应性更强，保证路线平面、纵面等匹配，一旦出现路基不均匀等现象，要及时加以解决与处理，保证交通工程运输的稳定性与安全性。

加强地质调查和现场访问。在山区高速公路桥梁勘察设计中，应该提高地质调查的准确性，尤其是要注重测绘技术的选择与把控，注意岩溶工点的勘测是测绘工作的重点和难点。在山区高速公路施工中，经常会出现采空区，因此，在工程施工设计之前，应事先进行资料的收集与整理，综合分析路线所涉及采空区的具体情况，尤其是要分析采矿的深度与厚度，避免后期由于对采空区了解不充分而对地基的稳定性带来不利影响。另外，对于山区中的一些矿区，应组织专业人员进行实地勘察与了解，尤其是路线中所涉及的建筑物等。此外，山区地形地势结构复杂，且存在诸多不良地质，从而为勘察与测绘工作的顺利实施增加了难度，有时还需要借助专业的设备等来进行钻探。为了提高勘察的准确性，要进行勘察、观测线的设计等，以便掌握更多的采空区信息，为山区高速公路、桥梁路线的优化与处理提供重要的依据。

三、山区高速公路桥梁上部结构设计

主要形式和特点。山区高速公路桥梁设计中，由于工程的纵向与横向所面临的地势地形具有多变性，常常需要跨越沟谷等，加剧了施工布置的难度，尤其是桥梁墩台设计中，更是使得边坡的不稳定性加剧，导致整体工程的设计难度加大。因此，如果工程设计中面临较大的沟谷跨越等，则采用双柱式或者多柱式的桥墩设计，如果墩台较高，则使用实体或空心薄壁。但是，这种多柱式桥墩施工的效果与山体边坡的开挖施工紧密相关，如果桥梁跨径较小，也可以采用独柱独桩的下部结构，避免边坡开挖对工程稳定性、安全性的影响。柱式墩结构根据截面形状有圆形与方形之分，对于圆柱墩而言，其工程施工中的外观控制具有较强的可操作性，且能够与桩基实现良好的衔接效果。但是其与桥梁体的协调性较差，而方柱墩则更具有美观性与协调性，就两者的截面特性来说，方柱墩的效用要远远优于圆柱墩。

装配式预制主梁设计。在对装配式预制主梁设计时，由于曲线桥数量众多，且其分布密集，一旦平曲线半径较大时，装配式预制主梁设计中就要采用以直线代替曲线的设计理念。曲线桥梁设计中，梁体布局的方式很多，但要结合工程的实际情况来进行设计，严格控制主体梁体的预制长度与宽度，还要控制好相关的坡度与角度。在某些特定区域，会使用双支座 T 梁结构，由于双支座施工比较简单，不需要搭建临时支座，因此，施工较容易实现。

小半径曲线现浇箱梁支承设计。在山区高速公路桥梁设计中，现浇箱梁支承设计主要用于小半径曲线桥梁结构中，由于这种设计优势，在预制施工中得到了较为普遍的应用。但在施工中需要加强施工质量的控制，中支点支承采用单点支承，保证预偏心值的准确性，由于这个值往往难以进行预估，需要经过一定的计算来实现。

四、山区高速桥梁下部结构勘察设计

山区高速公路桥梁勘察设计时，必须严格根据施工要求，确保桥墩高度设计的科学性和规范性，一般要通过实地测量与计算才能得到。以某工程为例，桥梁采用双柱式桥墩设计，桥墩高度达到了 60m，结合勘察结果，桥梁墩柱采用突变截面形式，墩顶 40m 直径 2m，下部 20m 墩径 2.5m，上部采用 40m 跨径的 T 梁，实现了良好的工程施工效果，保证了通行的顺利与安全。

山区高速公路桥梁的建设带动了山区经济文化的发展，能够为山区周边等创造较大的经济价值。但是，山区高速公路桥梁施工中面临着较为复杂与恶劣的地形地势条件，加剧了施工的难度，因此，施工之前的勘察设计对于整体工程效果具有重要的意义。通过采用较为先进的勘察技术与测量手段，能够在一定程度上提高工程的质量，克服自然条件对工程施工的不利影响，促进山区高速公路桥梁设计的科学性，保证工程效益的实现。

第四章 高速公路桥梁设计措施

第一节 高速公路桥梁设计与抗震措施

结合实际，本节在分析地震灾害给桥梁结构造成破坏的基础上，对高速公路桥梁设计过程中需要掌握的设计要点进行总结，同时给出了针对性的抗震措施，以提高高速公路桥梁工程的质量、促进交通事业发展。

地震灾害属于一种常见的自然现象，近年来随着地壳的运动地震灾害频繁发生，出现地震灾害在一定的程度上就会影响到高速公路桥梁的稳定性与安全性，严重的还会引起高速公路桥梁坍塌，危害人们的生命。因此，为了预防地震灾害给桥梁工程造成的危害，在高速公路桥梁设计过程中，需要做好抗震设计以保证高速公路桥梁的质量能够满足实际要求。

一、桥梁地震出现的破坏现象

落梁式破坏。落梁破坏的结构形式分为两种，第一种是因为弹性设计理论使用了毛截面刚度，采用该方式就会导致桥梁工程在受到横向地震作用的时候产生移位的情况。同时在活动结束点设置的制作长度不足，就会导致桥梁之间的横向间距不足而引发的相互冲击，最后导致落梁相互之间产生碰撞破坏。而另外一种主要是因为受到地基土作用而形成的一种地震位移，一般情况下，出现这种桥梁震害的位置主要是软土地基与液化地基的桥梁上的。对于软土来说，由于它会影响到桥梁结构的振动反应，使得落梁的性能下降，从而会出现沉陷、倾斜问题。

桥台式沉陷。桥台在受到地震加速的作用下，桥台的纵向土压力会增加，这主要是桥台的填土与桥台不是结合一体的，两者之间会在地震的作用下产生碰撞出现被动压力，导致桥台向着桥跨的位置移动。并且桥面起到的是支撑作用，当桥台出现位移后就会想着竖向的支点旋转，使得基础出现破坏，且在外界压力不断增加的情况下就会使得桥台沉陷。

墩柱式破坏。桥梁工程属于"头重脚轻"结构，通常情况下，桥梁墩柱是桥梁抗侧向力的基本结构，因此，在地震灾害出现时往往墩柱受到破坏最直接，一般情况下，墩柱出现的破坏形式有多种，常见的有：纵筋搭接区的抗弯能力不强、抗剪能力不够、弯曲强度不够等引起的，一旦墩柱结构出现破坏就会产生多米骨效应，引起桥梁坍塌、倾斜严重问题。

盖梁式破坏。对于高速公路桥梁工程来说，盖梁的结构方式有两种，分别为悬臂结构与两端刚结于柱的深梁结构。但是由于盖梁结构较短，因此在地震作用下就会出现抗剪强度不足以及锚固筋抗拉能力不足等问题，进而引起锚固段出现破坏，那么盖梁的结构就会出现大面积破坏。

二、桥梁抗震设计

合理选址。在桥梁工程建设的过程中，前期的主要内容是做好合理的选址，确定在设计过程中需要对桥梁建设场地进行研究，保证桥梁建筑的基础属于稳固的状态。其次，在桥址选择的过程中，主要对地基进行考察，选址位置不能在软土地基上建设，以免由于地基的不稳定影响整体工程的稳定性。

系统规范的结构整体。首先在高速公路桥梁设计过程中，对于桥梁各个部分的设计内容需要保持它的受力，以及受力上处于平衡的状态，并且要求桥梁各个部件与桥梁主体之间有很好的连接度。其次在设计的过程中，对于桥梁主体材料需要选择硬质材料为主，特别是针对一些地震多发的区域，那么在设计的过程中需要避免采用连接式的桥面主体，以减少桥梁主体在受到地震影响下导致坍塌的现象。

高刚度、强度与延性的结构构件。一般情况下，地震产生的结构振动是导致桥梁结构受到破坏的关键因素。所以，在桥梁抗震设计的阶段中，需要将具备高强度、高刚度的结构构件制作出来，使其能够将地震产生的强度传入地基中，以达到抗震的目的。其中在控制桥梁结构变形中，高刚度控制方式起到的优势比较显著，所以设计时相关的设计人员需要格外关注。

三、高速公路桥梁设计抗震设防措施

上部结构抗震设防措施：

尽量采用连续桥跨。在高速公路桥梁设计过程中，需要尽可能地使用连续跨梁取代传统的结构方式，从而能够将伸缩缝的数量减少，降低落梁的可能性，这对提高桥梁上的行车舒适性有重要的作用。

桥跨不宜太长。在设计时针对地震区域强化，不能够设计过程大跨度就会影响到墩柱的轴向压力就会减少墩柱的延伸功能。

简支桥梁加固措施。在设计过程中针对简支梁结构，需要做好桥面连续构造的强度控制，并且在设计过程中，当梁和梁之间桥台和梁之间需要使用钢筋拉杆对齐连接，保证具备足够的运力，减少主梁出现移位时产生的破坏。此外，在设计过程中，还要按照实际的情况增加制作的宽度以及盖梁的宽度，同时还要将相应的格挡装置设置。其次，设计过程中还可以选择防震锚栓，通过该装置的应用能够保证处于平常荷载作用下，梁体能够在预留的空间位置上实现内缩变形和只有滑动；同时，当出现地震荷载时，防震锚栓还能够发挥出限位耗能的功效，将地震产生的能力消除。

支座抗震设防措施。在高速公路桥梁设计过程，对于支座抗震设防的措施主要有三种，分别为：一是在设计时针对使用橡胶支座但是无固定支座的桥梁，需要按照实际情况加设挡轨或者防移角钢，使其按照支座抗震设计的方式进行隔震。二是在高强度抗震区域设计时，需要在纵向位置将一定的消能装置设置，例如采用橡胶支座，铅锌支柱等措施，减少地震产生的影响保证平桥的梁荷载作用能够得到提高。三是在拱桥设计过程中，由于制作水平移位，它的敏感性非常高，因此在设计的过程中，需要研究桥梁产生的惯性引起的反应，所以在选择拱桥墩台基础上，需要将其建筑在地质稳固的场地上保证地震产生作用时，做到各个制作能够实现同步激振。

下部结构抗震设防措施：

下部结构设计。在高速公路桥梁设计过程中，对于桥位的选址，一般情况下是选择在稳定的河段位置上。在实践过程中，如果必须在稳定性不高的软弱体上进行施工，那么需要设计好桥梁中线的位置，这样能够减少地震产生的河岸产生的影响。

墩柱设计。一般情况下，螺旋形箍筋是墩柱设计中常用的方式，由于墩身和基础的纵向钢筋伸入梁盖与承台会存在高估程度，它会增强连接点的性能。所以，在进行墩柱设计的过程中，需要做好抗震措施，使其稳定性得到有效提升，并且在设计中需要将延长振动周期因素纳入考虑范围，以保证在地震灾害发生时能够通过专用的装置将地震的作用散发到基础下。其次，在下结构设计过程中，还需要考虑到桥梁墩柱的埋入深度与直径大小，同时还需要对墩柱的结构进行对比选择，选择符合实际情况的结构形式从而提升桥梁工程的质量。

在高速公路桥梁设计的过程中，可以采用合理的设计手段能够提高高速公路桥梁的质量，而对于抗震措施而言，在设计过程中要结合实际的情况，做好桥梁的选址以及桥梁结构的方式，通过科学的抗震技术应用，提高高速公路桥梁的设计水平。

第二节 桥梁设计可靠性措施

国家的不断发展需要有强大的基础设施作为其发展的坚强后盾。我国经济社会的不断发展也促进了公路、铁路和城市交通体系的建设和整备，带动了交通等基础设施的快速发展和进步。交通等基础设施的发展为桥梁建设提出了更高的要求，因此相关的桥梁建设技术也变得越来越复杂。桥梁建设的关键在于它的可靠性，在设计过程中必须引起工程师们的高度重视，从而确保桥梁在各个方面设计的科学性、合理性。本节对提高桥梁设计可靠性进行了探讨，提出了一些相关措施。

在我国的古代时期，经济水平较低，桥梁建设大部分都是由石块堆砌或者木板组合而成，所以在古代时桥梁承重的能力不足，并且经过时间的冲刷，大多古代的桥梁都存在不同程度的破损，对于现在的使用率也有所降低，严重的甚至不能投入使用。而进入改革开放初期，我国的经济发展虽然有很大的进步，但是在公路建设方面仍然存在严重缺陷，桥梁建设使用材料不够坚固，桥梁建成后的承重能力不达标，而经济的发展又为桥梁的承重方面带来严重的压力，最终导致桥梁自身的可靠性存在问题，甚至威胁到人类的生命健康。

在新中国成立初期，改革开放的前期，我国的经济发展的各方面都处于一个比较落后的阶段，相关的交通设施建设更是没有任何大的突破。但是改革开放以来，我国的经济持续稳定发展，带动了桥梁建设快速发展和进步，建设了许多有特色的悬索桥、斜拉桥和拱桥。短短 20 多年来，其建设成绩有目共睹，无论在数量上、建设速度上和桥梁规模上，是任何国家在同一时期无法比拟的。然而，在这样的快速发展过程中，由于对世界桥梁技术发展历程的认识和把握不充分，某些基础性研究未及时跟上，以及其他方面的原因，所以不可避免地出现了一些认识上的偏向，这是今后我国桥梁建设应予关注的现象。

一、桥梁在建设过程中容易出现问题的主要原因

我国桥梁的施工与管理水平不达标。在我们的现实生活中，刚刚建成的大桥出现突如其来的坍塌事故并造成多方面的损失，这些事故在我们生活中已经出现多次，那么我们就应该深思为什么会出现这种现象。经过多方面的研究及分析，出现这些事故的大多数原因是在桥梁施工的过程中，因为一些工作人员的疏忽大意造成相关施工过程的质量不达标，管理要求不严格等，最终造成严重的后果。

在桥梁建设的过程中更有黑心工程的存在，一些承包商为了从中取得更多的利益，就会发生偷工减料的问题，最终造成不可控制的后果，以上所有的这些问题的出现都是因为管理方面的过错。

我国桥梁建设的要求标准较低。在桥梁建设的过程中，大多数的设计师都会优先考虑桥梁的坚固程度是否能够达到规范要求，而忽略了桥梁建设过程中的整体的合理性和运营后交通增长的适当前瞻性。经济的不断发展也推动了科学技术的前进，但是科技的发展并不能代替设计人员的存在。在建设的过程中，相关的设计人员更是严重的缺乏实践经验，所以就缺少了在建设过程中对桥梁的能动性的设计，导致最终这些设计师设计出来的桥梁建设存在自身可靠性的问题。

桥梁在建设之前的设计存在不合理因素。交通基础设施是经济发展诸多影响因素中非常重要的一个，在区域经济一体化的大趋势下，交通是联系地理空间内社会经济活动的纽带，交通基础设施的建设有利于各种生产要素的有效流动，将城市相连，推进了城市化发展进程。桥梁作为公路系统的关键和控制部位，在现代交通中占有着重要地位和发挥着重要作用，比如各种大城市中的立交桥、跨江跨河桥等。作用越大，责任越大，近些年，桥梁事故时有发生，部分是由于构件的疲劳破坏所致，所以设计阶段要对其进行充分的重视，

采取多种措施来提升桥梁结构的可靠程度，减少桥梁使用初期的质量问题和后期的维护养护费用。

二、提高桥梁设计可靠性的相关措施

重视桥梁性能设计。目前，我国的桥梁建设在设计上存在着很多问题，为了提高桥梁设计的可靠性，设计人员需要引进国外先进的技术，认真探索其设计理念和桥梁建设的成功之处，并吸取其失败的教训，从中总结经验。例如，可以参考欧美国家桥梁设计的数据标准，为我国桥梁设计的安全性提供技术依据。此外，相关从业人员需要注重自身素质和加强专业素养的提高，增强自身责任感，并深刻意识到桥梁设计工作对我国建筑业以及社会经济发展的重要性，同时，应组织他们定期进行专业的知识技术培训，提高他们的专业技术水平。

关注桥梁建造场地的环境因素。在桥梁设计中，采取相应的措施来隔绝或减少周边环境因素对桥梁的影响是一项非常重要的措施，尤其是对桥梁钢筋混凝土结构的影响。例如在沿海地区，氯离子含量多，要特别注意防范氯离子对桥梁结构的影响，一般可以使用海工耐久性混凝土，根据不同结构部件、不同环境作用等级、不同设计要求、不同施工方法分别进行设计混凝土配合比设计，对结构的裂缝宽度进行限制，对主要结构采用防腐设计等措施防止氯离子侵入混凝土内部导致钢筋锈蚀。

重视桥梁结构的耐久性。桥梁在投入使用之后，不只是会受到周边环境和土壤中化学物质的影响，还要承受各种载荷及不可知因素的影响，与此同时，随着桥梁使用年限的延长，它所使用的原材料的各项性能也会出现劣化现象，严重时还可能导致桥梁开裂，笔者通过对桥梁发生损坏的实例调查得出如下结论；影响桥梁耐久性的原因除了建筑材料和施工过程中的质量管理等方面的因素之外，其结构方面的设计缺陷也是其中一个很重要的影响因素，设计人员一般都比较重视桥梁结构计算方法的研究，而往往忽视了总体构造和细节处理等方面的问题，因此，当前相关人员对耐久性的研究应该从定向分析向定量分析过度，加强基础性方面的研究。

正确理解桥梁寿命。目前，我国桥梁设计的可靠性相对较低，为了解决这一问题，相关技术人员应该正确理解桥梁的寿命期限，即努力提高桥梁的建设和管理水平。这就要求技术人员在开展桥梁项目设计时就坚持桥梁的使用寿命最为关键的设计理念，并努力达到国际化设计标准。另一方面，为增强桥梁设计的科学性，相关工作人员应该不断提高自身专业技术水平，加强对桥梁建筑业的学习，积极了解桥梁设计发展动态，这有助于提高设计人员对桥梁使用寿命的掌控。比如，我国的桥梁建筑的设计使用寿命一般为80年左右，在桥梁设计阶段，技术人员无法保证桥梁建造完整后能够达到这个标准，因此，工作人员需要在项目实施的时期，充分考虑与桥梁规划、施工相关的信息数据，并对设计方案进行数据模拟与合理修改，以尽最大可能缩小桥梁实际使用寿命和设计使用寿命之间的差距。

引进先进经验和成果。桥梁结构正常使用时的性能不足是我国的桥梁建设中一个普遍存在的问题，例如桥梁的线形不规则、振动频率过大、变形较大、结构开裂等，同时，桥梁建筑的安全问题也是一个应该被足够重视的问题。目前，我国桥梁的耐久性和安全性方面都存在着一定的问题，从业者应该认真吸取国内外桥梁设计方面先进的技术经验，深入研究国内外一些优秀的设计方案和施工案例，并合理运用到我国的桥梁设计中来。

近年来，我国相继发生了多起较为严重的安全责任事故，比如桥梁坍塌、变形、桥梁结构开裂等等。导致这些事件发生的一个重要原因就是桥梁设计的可靠性不足，桥梁设计的可靠性不足会大大减弱桥梁的荷载能力。因此，桥梁设计的可靠性越来越引起业内人士的关注，本节为桥梁设计的可靠性措施提供一些浅见，希望对相关从业人员具有借鉴意义。

第三节 公路与桥梁连接处的设计措施

在路桥建设过程中，公路与桥梁连接处的设计和处理既是重点也是难点。如果公路与桥梁连接处设计不合理或者处理不当，将引发严重的问题，例如："跳车"现象，严重威胁车辆和行人的安全。因此，要求在设计中，了解工程实际特点，并以此为基础，进行设计和处理，以提高设计的安全性和可靠性。本节主要分析公路与桥梁连接处常出现的质量问题及原因，并从设计的角度，提出其解决措施，以期为我国交通事业的发展添砖加瓦。

一、公路与桥梁连接处常出现的质量问题及原因分析

本身问题。传统桥梁施工中，在桥头与公路的连接处，一般都对桥台进行加固处理，以减少沉降问题。实践证明，这种处理方式在很大程度解决了桥梁的沉降问题；但是公路由于其本身的性质，即使经过一系列的处理，如：压实等措施，也难以解决沉降问题；在公路运行一段时间后，路基趋于稳定，但是在车辆荷载的作用下，路基填料被压缩，孔隙率降低，密实度逐渐增大，进而产生路堤填土沉降。为此，在设计中，应注意桥台后路基的情况，如：地质、填方高度、填料、路堤沉降等，并选择合适的桥涵位置，在充分的勘察和优化设计的基础上，设置桥梁的跨径，尽量增大器跨径，同时注意做好桥台后部的防护，以减少"跳车"现象。

施工设计方面。对于刚性结构的桥梁，其在性能方面与公路存在很大的差异，如：强度、刚度等，且在公路和桥梁的连接处受力集中，在内外力共同作用下，如：车辆载重、结构自重、气候变化等，发生沉降，但桥梁和公路在沉降方面有很大的不同，首先表现在沉降量方面，公路的沉降量明显较大，从而形成错台，导致在桥头产生"跳车"现象。为此，应加强地质勘查，根据不同的地质类型，并结合桥梁的具体情况，进行施工设计，以解决这种问题。

此外，如果在设计中，没有注意路桥连接处的排水问题，导致排水不畅，也会导致沉降问题，具体来说，雨水渗入路桥连接出的缝隙，侵蚀填料，降低了其强度，导致路基变形，于是在外力作用下，产生塌陷问题，对此，应优化排水设计，减少填土流失问题。

二、公路与桥梁连接处的设计要点

增加搭板设计。工程实践证明，在桥梁和公路的连接处设置搭板，是一种减少路桥连接处的"跳车"问题的有效措施。试验表明：搭板设置可以使在柔性路堤产生的较大沉降逐渐过渡至刚性桥台上，使车辆通过时跳跃现象大为减少。因此，在设计中，要注意桥台搭板的设置；同时，为了避免二次"跳车"现象的出现，应在搭板的尾端加设一段浅埋的变厚式埋板，其长度一般取 3 ~ 5 m，对于水泥混凝土路面，也可将与搭板连接处的路面板改为变厚式板。当然，影响路面桥涵连接质量还有许多不确定因素，这还需要根据工程实际施工地点的地质情况判断而定。通过对工程的设计改革，以及应用新型施工方式减少桥头"跳车"现象，例如：搭板在施工方面具有众多优势，如：施工方便、操作简单、工序少等，且是一种比较经济的施工方法。因此，可广泛应用在桥梁和公路连接处的施工中。

台背回填设计。台背回填设计也是一种路桥连接处的"跳车"现象的常见处理方法，其主要原理是：对路桥连接处的情况进行具体分析，如：地质情况、地形情况等；在设计时，首先应注意施工材料的选择，尽量选择砾石、岩渣、沙砾等强度高、透水性好、压实快、摩擦角大、压缩性小的填料；其次，充分考虑当地的气候条件，并以结合地质情况，选择最优的回填方式和施工材料，以在最大程度上减少路桥连接处的沉降问题。

优化排水设计。根据上文分析，排水不畅是导致路桥连接处产生沉降问题一大因素。因此，应在优化路桥设计的同时，注意排水设计问题。做到在设计初期，对路堤情况进行仔细地勘察，并在此基础上进行排水设计，以最大限度地减少填土流失为设计目标，最终减少路堤沉降问题。

修复加固设计。针对后期出现的沉降问题，可通过合理的修复加固设计，并配以科学的施工方法解决沉降问题，如：混凝土注浆加固台背填土快速修复技术，这种修复加固技术是一种比较成熟和实用的处理方式。首先，在施工设计中，应对加固材料慎重选择，工程实践证明，浆液是一种理想的加固材料，这种材料由高分子何水泥搅拌而成，加固效果较好。其次，在路桥连接处产生"跳车"问题的部位（50 ~ 70 m 范围内）打梅花桩式孔，一般间隔为 1.5 ~ 2 m，孔径控制在 7.5 cm 左右，深度控制在十几米至二十几米，再向孔内灌浆，这种加固方式可在很大程度上增强土质以及地基的承载力。值得注意的是，应根据路基的具体情况，和应力计算结果进行修复方案设计，以提升加固效果。

综上分析，在路桥连接处发生的最主要和最严重的问题即"跳车"问题，对该问题的处理即是设计的重点也是设计的难点。导致"跳车"的原因主要是沉降问题，沉降多是由设计不当或者是本身原因导致的。对此，可通过增加搭板设计、台背回填设计、优化排水设计、修复加固设计等方式，增强土质，提升路桥连接处的承载力，减少沉降问题，进而从根本上以减少"跳车"现象。本节仅对公路与桥梁连接处设计方法进行简单的阐述，以供参考。

第四节　高速公路桥梁稳定性设计加强措施

桥梁在现代化建设中发挥的作用显而易见，桥梁也是交通运输事业现代化的标志。安全耐用无疑是桥梁建设的主要追求目标，在设计中应该进行充分的考虑，主要体现在结构是否合理，材料是否合格等几个方面的参数上。笔者通过几年来对桥梁设计案例的研究总结，以及实地的考察，在此对桥梁设计提出了自己的一点看法，为桥梁的安全性提供一定的参考建议。

一、高速公路桥梁稳定性设计的缺陷

在设计高速公路桥梁的时候，不仅要考虑稳定性因素还有其他各个方面的结合。最基本的是结构设计问题，基于此才有结构分析和连接问题。实际中，大多数桥梁的负责人就只考虑到了桥梁的稳定性与美观性问题，轻视了以结构为立足点，还需要注意材质、型号、参数、实施、养护、安全等问题。除此之外，桥梁的结构安全性还受到在实际施工中出现的认为原因的漏洞的影响。例如，有的事先准备不足，规划不明确，缺少目标性；有的欠缺整体性和稳固性的结合；有的因为原材料的质量不过关，造成整体形象有损；有的桥梁冗余性小，这些都会对桥梁的稳固性和结构的安全性产生影响。因为以上原因而建筑的高速公路桥梁，华而不实，大多数的使用寿命都在几年的范围之内。所以，高速公路桥梁的稳定性还有多方面可以进行改造的前景。受实际施工的影响，高速公路桥梁在设计时应结合实际情况的不同采取相应的方法进行改造，以此确保桥梁的稳定性还有结构的设计。

二、加强高速公路桥梁稳定性设计的思路

钢筋混凝土的加厚保护层。钢筋混凝土是在建筑工程中经常会用到的一种复合材料，又叫钢筋砼，指的是钢筋与混凝土的混合体。因为钢筋有一定的强度，而混凝土又适合对一些中空的区域进行填充浇筑，将两者结合到一起，就可以将两者的优点结合在一起。混凝土还可以起到保护钢筋的作用，在一般的情况下，钢筋极容易受到外界环境的腐蚀，比如氧化腐蚀（生锈），氯化腐蚀等等，有了一层混凝土的保护，则会将腐蚀破坏的效果降低一些。但是，混凝土对钢筋也是一把双刃剑，混凝土本身对钢筋的影响也是很大的，如果在混凝土中加入过量的砂石，可能会在钢筋与混凝土发生相对位移时磨损钢筋，也可能由于在混凝土中混有的大量化学物质将钢筋主体腐蚀，这种腐蚀的损伤都是不可逆的。除

此以外，混凝土如果处理不当，会在浇筑之后出现裂缝，或是出现漏雨漏水的现象，这样也会腐蚀钢筋。在施工过程中或是养护过程中，发现钢筋混凝土出现的问题，就要马上给予解决的措施，不能够忽视一些小的事故或问题，这样就很容易养虎为患，到了最后出现大的问题，造成不可挽回的影响。最有效的办法就是加厚混凝土保护层，这样能从根本上解决钢筋受腐蚀的问题，有效的提升桥梁的重力荷载。

防水层。最近几年新建的桥梁数量很多，同时我们也很容易发现，在媒体中报道的一些桥梁通车不长的时间，有的是一年，有的不到一年，还有的正在验收期，就出现了不同程度的塌陷状况或其他的质量问题。我们不禁要问，为什么在施工工艺取得了巨大进步的今天，桥梁的质量却比以前差很多呢？其实最常见的就是水对桥梁的损害。桥梁越建越复杂，可能积水的地方越来越多，但给桥梁清理积水却没有专业的工人，一般都是让积水挥发。这样就会出现很多的不良后果，比如桥面的密度降低，很容易出现车辙，还有的桥梁会出现局部水泥脱落、钢筋裸露等现象。这样看来，在桥梁的设计中加入防水层的设计，或是在设计中加入一些防水元素，对桥梁的安全是大有裨益的。还要在设计时将桥面设计成拱形，一般的拱形度数不超过 5%，将水引向桥面两侧，两侧分别设暗沟和排水管，可以有效地导出雨水或积水。

钢筋混凝土的强度加强。从上述的介绍中，我们能够得出这样的结论。即：桥梁的质量与许多方面有关系，关系最大的有两个方面，一是设计方面，二是材料方面。材料的优劣是钢筋混凝土自身稳定度与荷载的关键因素。提高稳定度的原理是使钢筋不被腐蚀破坏，最基本的方法就是降低混凝土层的渗透性，要达到这样的要求，必须使用高等级的混凝土，密度高且渗透率低，这样既能够加强钢筋混凝土的强度，又能够使钢筋在使用的过程中避免损害。这样的方法也不是百试百灵的，在一些地区，由于环境的要求，必须使用添加一些化学元素的混凝土，这些化学元素会在钢筋混凝土的内部腐蚀钢筋，如果遇到这样的情况，就要将钢筋与混凝土结合之前，做好钢筋的防腐工作，电镀法是最常用的一种防腐办法。

新材料的使用。钢筋砼作为主体结构的材料已经为大多数的桥梁建筑所应用，但是在一些关键部位上，钢筋砼的使用还是很受限制的。比如一些桥梁的桥墩呈现"V"或"W"的结构，这样就会使得在低洼处出现积水，而长年累月的积水，有没有专业的清理人员，积水会通过混凝土表面的裂缝渗入深层去腐蚀钢筋。针对这种情况，施工过程中可以用新材料去解决，比如目前对于钢筋防腐比较成熟的材料环氧树脂系胶结剂，将其涂抹在钢筋上，作为防腐涂层，会有显著的效果，降低发生事故的概率。

计算机技术的应用。计算机作为新兴技术在桥梁设计时也有很广泛的应用。在设计前期进行的计算、绘图、设计等步骤，还有现代为桥梁设计量身而定的软件，都为设计工作提供了很多的方便。使得图纸的信息更加有立体感和可操作性。还有，计算机的虚拟技术越来越发达，事先规划好的建筑图景都可以通过计算机的界面呈现在我们面前，可以借助此功能对建筑提出更多的改造意见。缩小版的桥梁生成以后，可以借助特殊工具的使用去真实的感受。虚拟现实技术也在桥梁设计建筑过程中得到更加广泛的应用。

三、施工材料的保证

在筑路工程中有一句俗语："金洞银桥"，这个俗语不仅说明了桥梁建筑在筑路工程中的重要地位，还说明了桥梁的修筑要花费大量的资金，建筑桥梁所需的物资很多，数量很大，这也为物资的供应商提供了一些所谓的"灰色商机"。即：通过打"擦边球"的方式进行不当的牟利，一些大桥垮塌的事故就印证了这一点。在施工现场或事故现场发现的问题一般都与材料有关，比如钢筋不合格，混凝土中所有的水泥强度不够，一些局部的区域没有进行加固处理等等。

重要的是要把控材料的质量关，设立严格的供应商准入制度，比如对国家级的项目，供应商要具备某些资格，要是厂家直供或是该地区的一级代理商，在三年之内不能有因为销售有质量问题的建筑材料而被处罚的经历等等，从源头上保证工程的质量。严格遵守《桥规 JTGD62》的有关规定，在不同的地区，不同的气候条件下，应用相应的混凝土参数去制作混凝土拌合液及其他一些相关的建筑施工材料进行施工。如果用户单位有特殊说明的，一定要在征得了监理单位同意的情况下方可改变施工的计划或相应的标准，严禁私自由施工单位改变工程过程的标准。

社会主义市场经济飞速发展，高速公路桥梁作为交通运输现代化的重要组成部分，在社会主义建设中发挥着越来越大的作用，为人民提供了越来越优质的服务。因此桥梁的设计者和施工者要时刻想着肩上担负的担子，建设优质工程，为中国的桥梁建筑事业添砖加瓦。

第五节　高速公路桥梁桩基设计处理措施

一、桩基的分类

依据桩的荷载传递方式，通常将其分为两种类型：端承桩与摩擦桩。端承桩是指在桩基础穿透土层后，在坚硬土层或者岩层上桩端可以支承，依靠桩端处坚硬土层或者岩层提供的反力来支承其上部的荷载，这个时候桩侧摩阻力将最大限度地降低。摩擦桩是指如土层过厚时，桩端根本不能达到硬土层或岩层时，承担桩荷载的主要力量为桩身和周围土层间的摩擦力，这个时候桩端处土层或岩层具有较小的反力。在具体施工中，桩基础存在于两者之间，由摩擦力和桩端力进行桩基竖向力的供给，但在桩基竖向力中这两种力的比例有所不同。

一般情况下，只要是嵌岩桩就一定是端承桩，这种桩基通常都不需要进行土层侧阻力的考虑。在具体实践中，上覆土层的性质和厚度、桩长径比、嵌入基岩性质和嵌岩深径比、桩底沉渣厚度等因素直接关系着桩侧阻力、端阻力能否正常发挥。

二、高速公路桥梁桩基设计的原则

桩基沉降的计算。桩基作为高速公路桥梁施工的重要组成部分，其施工质量的优劣将直接影响到整个工程的质量，桩基沉降作为施工中影响其质量的主要因素，在桩基设计中只有对其沉降进行准确计算，才能为后期施工提供一个可靠地依据。在实际施工中，对桩附近土体应力及应变关系之间很难进行详细的观测，因此这种情况下，根本无法进行科学有效地计算。在高速公路桥梁桩基土体观测中，尤其是摩擦桩沉降观测过程中，其主要特点为时间性。也就是说，桩基沉降过程要经过较长一段时间，通常情况下，施工结束后 5 ~ 7 年时间其沉降速率还会下降到每年不超过 4 mm。经大量实践证明，高速公路桥梁桩基沉降与时间之间存在着密切的联系。

其第二个特点为刺入变形。经过大量试验证明：刺入变形是桩基沉降构成的重要组成部分。在桩基沉降产生、发展之中，非线性性质早期就在桩侧和桩端周围土体中体现出来，并非在桩承载力临近极限时才有，此时塑性特征开始在土体中产生。

在桩基侧摩阻力研究中可以得出：当位移情况在桩土之间出现的很小时，摩阻力和相对位移之间的关系为正比。如相对位移与极限值等同时，摩阻力也随之达到极值，此时桩基和土之间将出现滑动位移的情况。这种情况下通常将其极限值叫作最大弹性位移，并将其设定为 2 ~ 5 mm 之间。

桩基沉降另一个特点就是桩端下土体的压缩变形。在应力场的作用下位于桩侧土体和桩端下方的土体，因固结和徐变将会出现变形现象。在整个过程中，最重要的部位为位于桩尖标高上方的桩侧土体的固结压缩和流变。材料的弹性压缩是桩身变形的主要因素。这个时期内，桩侧土体质点向下的位移比同一深度处桩质点的位移要不断加大，在桩的上部，桩身质点向下的位移与相邻土质点之间的位移差会减小，甚至会改变为负向。

桩基承载力的计算。在高速公路桥梁工程施工中，作为高速公路桥梁工程桩基设计的核心内容，在桩基承载力计算中必须严格遵循相关施工规定进行，如《高速公路桥梁地基与基础设计规范手册》中对高速公路桥梁桩基承载力的计算公式进行了明确规定。

通常情况下要对岩石破碎程度、清孔的情况等情况进行充分了解；不包括风化层的桩嵌入基岩深度由 h 代表；在极限范围内由 Ra 表示，桩底横截面总面积由 A 表示；U 代表嵌入基岩部分的桩基横截面周长长度，通常情况下其标准为设计直径。从计算公式可以得出：高速公路桥梁桩基施工中承载力大小将直接影响着桩基施工的整体质量。

三、高速公路桥梁桩基设计的注意事项

在高速公路桥梁桩基设计中，往往会遇到高强度岩层穿越两个软弱岩层的问题，当夹层岩层厚度不能满足承载厚度需求时，必须从夹层进行钻孔桩穿越施工，进而符合持力层

的施工要求。这种情况下，就对施工机械设备和进度提出了更高地要求。在确定桩底基岩厚度，必须符合以下三点：首先，对桩身周围覆盖土层侧阻力不考虑，将完整或较完整的微风化等硬度岩体最小深度嵌入嵌岩灌注桩附近；其次，软弱夹层、断裂带等不能分布在桩底3倍以下的桩径范围内；最后，岩体临空面不能出现在桩端应力扩散范围内。前两个要求一般夹层只有满足就可以作为持力层。由于岩溶地区岩体形状、洞隙等较多，在其位置及大小确定中原有勘察技术无法进行准确确定，可能会出现延长工期、增加成本等情况。

在高速公路桥梁桩基各截面配筋，其计算布置必须依据桩基内力进行，在桩基设计中一般有两种布置钢筋的方式。第一是配筋要按照最大弯矩进行。最大弯矩要从桩顶进行延伸，直到其一半位置，进行锚固长位置的确定，将配筋减少一半，在延伸到弯矩为零下一定锚固长位置，素混凝土段为以下部分，在软土地基处理中，桩主筋必须从软土层中穿过。第二，在桩底要将桩基主筋一半部分延伸进去。从受力、成本等角度考虑，第一种更具有合理性，因此在施工设计中应用的范围更为广泛。

综上所述，随着国民经济发展速度的不断提升，我国路桥事业也得到了极大的发展。高速公路桥梁程作为交通运输的重要形式，其施工质量的优劣直接影响着整个交通运输行业的发展。桩基设计作为工程建设中的重要组成部分，其设计是否符合施工规范将对工程整体质量起到关键性的作用。为此施工企业必须把握桩基设计原则，对其施工注意事项进行分析，规范施工工艺，提高其施工技术水平。只有这样才能确保桩基设计符合施工要求，才能确保工程施工的整体质量，充分实现高速公路桥梁工程的经济效益与社会效益。

第五章　高速公路桥梁设计的实践应用研究

第一节　钢结构在高速公路桥梁中的应用

钢结构技术凭借其良好的强度和自重，被广泛应用在桥梁施工建设中，形成了典型的桥梁结构类型。本节对钢结构在高速公路桥梁中的应用特点和施工技术进行了分析，以便更好地提高钢结构桥梁的施工质量。

科学技术的快速发展，使传统桥梁施工建设已无法匹配当前社会的发展需求，在人们对桥梁的质量要求越来越高的时候，钢结构技术凭借其良好的强度和自重，被广泛应用在桥梁施工建设中，形成了典型的桥梁结构类型。尽管钢结构技术优点很多，但也存在许多问题，限制了钢结构技术的发展，为打破这种局面，本文结合施工经验，探究了钢结构在高速公路桥梁施工中的运用，分析和研究如下所述。

一、钢结构在高速公路桥梁工程中应用的特点

强度高。钢结构体具备钢筋特质，能表现出良好的弹性，其出色的强度对桥梁施工而言，可从整体上显著提升建筑物结构的稳定性和牢固性。同时，钢结构良好的抗压性能使其在承受同等压力强度时的截面积有较大幅度的减小，从而增加桥梁的有效使用空间。

抗震性能好。采用自重较轻的钢结构，在地震来临时，不会产生较大幅度的晃动且稳定性高，能改善桥梁施工建设中的裂痕、沉降等问题，确保了工程质量与梁的安全性。

绿色节能。钢结构最为突出的特点体现在健康环保和绿色节能上。钢结构中的钢梁、钢柱等钢材均可回收重复使用，建筑建设过程与使用过程中产生的建筑垃圾污染少，不会释放大量的有毒有害物质。

二、高速公路桥梁施工中钢结构的施工要点

做好施工前的筹备工作。钢结构施工工序复杂，会影响施工进度和质量，因此务必搞好钢结构的施工筹备工作。筹备工作如下所述。（1）对设计出的图纸进行图纸会审和设计交底，并掌握施工技术，了解设计意图。结合现场实际情况提出合理性的建议，并对施工上有矛盾的部位请设计部门调整设计图纸，调整后方能投入使用。（2）施工人员应就

工程项目设计图纸与设计单位人员、建设单位人员、监理单位人员进行充分沟通，熟知施工中的难点，全面了解设计目的和工程施工质量标准，并结合工作经验和自身技术，解决施工中的难点问题，以此保障施工的顺利进行，提高施工质量。

制定施工计划。编制详尽的桥梁施工计划并严格审查。施工组织计划应建立在施工企业完善的施工技术管理体系和质量、安全管理体系上，对工程实施过程进行周密、合理的计划和安排，对一切可能出现的问题和影响工程施工的因素进行分析，并提出可行的防范措施。

塔吊设备的使用。塔吊设备在桥梁的钢结构施工中作用重大。在桥梁钢结构施工技术中，塔吊设备可应用于不同强度与重量的起重，表现出强大的实际功能，从而节省工程施工成本。在施工工程中，一般采用内爬式塔吊，吊装施工前，应将外架提升至准备施工的桥梁处，对预埋件位置及标高进行复验，使用角钢作为钢梁的临时支撑。在钢梁两端不到1m的地方绑扎高强螺栓安装材料和节点板等，以备吊装至高空后安装使用。钢梁吊装过程中，施工人员要按照塔吊安全使用的要求，利用全站仪对钢柱的垂直度进行全程监控、测量，一旦发生较大偏差应及时校正，钢梁的焊缝收缩量应根据预留试验结果来确定，一般为 2～3mm。运用钢结构施工的塔吊设备技术，从整体上提升了桥梁施工中钢结构的质量，确保了工程施工的安全性，体现了塔吊的使用效能。

钢结构采用的焊接技术。钢结构由大小不一的钢构件构成，钢结构连接需借助焊接技术才能实现。钢结构施工具有工程量庞大、质量要求高、施工周期较短的特点，且焊接进度与质量影响着工程质量。焊接施工与焊接环境需保持一致，焊接速度与温度也要相同，这样才能确保高层建筑施工中钢结构的总体和节点对称，将误差控制在最小范围，保障施工质量和水平。

四、提高钢结构施工质量的对策

由于钢结构施工技术的复杂性，桥梁施工建设务必采取相应的解决方案，以减少安全事故的发生，只有在安全的施工环境中，才能为施工人员的人身安全提供重要保障，并减少施工成本提升施工质量。

注意施工材料的选择。施工材料的选材要按照标准，选用高质量的钢材。钢结构自身特征表现为质量轻、强度高、刚性强、延性好等，可灵活设计，在国内外建筑中被广泛应用。此外，悬臂施工体系在钢结构体系中也是不可缺少的一面，钢结构质量的可靠性、安全性也较为突出，容易掌控结构，便于设计，调整也很方便。

合理构建监督机制。桥梁施工建设为确保施工进度与质量，企业的经济效益，以及人员安全的状况，施工单位基于自身的情况，应建立完备的质量管理体系和安全管理体系，安排施工安全知识讲座、通晓法律法规且熟知施工场地的人员不定期开展质量安全检查，建立检查记录台账，对影响工程质量、安全的所有隐患进行及时整改、验收。保障监督机制的切实执行，逐步提升施工操作人员的安全责任意识，严格依照国家管理规范与要求监管工作，落实各项质量保障措施和安全防范措施。

加大施工操作人员的培训教育工作。施工操作人员多数出身农村，文化水平有限，缺少必要的安全意识，掌握的钢结构技术知识不足。为缩短工程施工进度，提高工程质量，防止施工事故发生，施工单位要定期对施工操作人员进行安全知识的培训，加强这部分人员对钢结构操作技术知识的掌握，强化安全防范意识，严格按照施工操作要求进行施工，保证施工平稳推进，提高施工质量，从而为企业创造更大的经济效益，将安全事故发生率降至最低。

做好钢结构工程冬季施工。钢结构工程冬季施工注意事项如下：（1）环境温度在0℃以下时，钢结构放样切割应将材料的负温收缩量计算在内。对普通碳素钢、低合金钢进行剪切、钻孔时，环境温度应分别高于 -20℃和 -15℃；进行冷弯曲、冷矫正时，环境温度应分别高于 -16℃和 -12℃。（2）钢结构材料在冬季进行运送、现场堆放、起重吊装过程中务必设置防滑设施，如加设防滑垫块等，以保证材料质量和施工过程的安全。钢结构安装完成并校验合格后，应及时进行固定，以形成稳定的空间体系。（3）采取试验的方式确定材料在 0℃以下的焊接伸缩长度。焊接前，应清除材料上附着的冰雪，保持焊缝干燥。焊接厚板时宜分层焊接，焊接顺序为由下向上，焊接过程遵循一次完成的原则。若中途停顿，应在对缺陷进行清理后，方可继续施焊。焊接施工现场应设置防护棚，减少雨雪环境对焊接工序的影响。（4）钢结构在冬季进行焊接施工时，应进行焊前预热和焊后保温。焊前预热的温度应控制在 20℃以上，焊后在材料上安装保温棉，避免其降温过快，降温速度应不超过 10℃ /min。（5）钢结构防腐层冬季施工时，应在开工前进行试涂，以确定材料的干燥温度和干燥所需时长，材料表面若附着雨雪、薄冰则不得施工。

钢结构凭借自身的许多优势，发展较快，并普遍应用在高速公路桥梁施工过程中。在桥梁施工中，需要注意把握钢结构的技术要点，做好钢材选择、吊装、焊接等关键步骤，进而提高桥梁施工质量与工程效益，为社会桥梁建设做出更大的贡献。

第二节　高速公路桥梁软基路堤设计及其施工应用

土质软硬程度直接决定高速公路完工后是否下沉，是保证建筑稳定性的先决条件。针对道路与桥梁衔接路段产生不规则沉降原因进行分析，然后探讨高速公路与桥梁衔接路堤的设计思路和建设施工方法，从而给道路建设项目提供借鉴。

一、造成道路与桥梁连接路段不规则下沉的原因

路堤压实度不符合实际的要求。桥梁、隧道、涵洞等所有道路建造项目，都需要对连

接路段的填土做基本处理。但是由于连接路段的夯实度受到材料、设备、经验、作业面积、具体操作等因素的影响，导致施工方对填土的夯实度难以达到设计和建设要求。同时，道路在正式投入使用后，车辆装载情况、不可抗拒的自然因素都会对路基造成永久变形。因此施工时的技术不足和投入使用后的不受控，造成连接路段发生不均匀的下沉，影响路面平整。

桥梁引导道路地基不牢固没有进行有效处理。一直以来，由于地基沉降沉导致车辆在行驶过程中产生桥头跳车问题，这一现象让施工单位困扰不已，其主要的因素是由于施工图纸设计不严密、计算不够严谨和恶劣自然环境的影响。在图纸设计阶段，由于地层的差异性导致地质打洞布孔的个数和深度没有具体标准，无法明确掌握软土层的具体数据，导致给图纸设计造成限制。在施工计算阶段，因为计算的方法和所用的参数无法符合实际情况，造成路段不能满足设计要求。另外，经过长期日晒雨淋的侵蚀，路基因为填土流失或是夯实度降低而造成路基下沉。

桥梁与道路链接路段结构设计不合理。

连接路段搭板的设计应用，因为在业界没有具体的计算方法，故即便在相关的法律规范中也没有明确的操作规定。

桥梁引导道路往往需要大量填土，导致桥涵、桥头与道路之间产生较大的下沉问题，导致搭板长度不够，无法发挥搭板起到的缓冲作用。

由于长期日晒雨淋导致填土流失，再加上路基本身的下沉，桥梁连接路段容易产生断裂，进而对搭板的强度带来影响，严重的会造成搭板的断裂，从而导致桥梁和道路链接处出现车辆跳跃的现象。

二、桥梁接头处路基的设计

施工单位在实际操作过程中，根据具体施工项目所处的地理特点，利用不同方法对桥梁连接路段的软路基进行处理。对高速公路与桥梁软土路段施工情况进行研究，发现超荷预压法、水泥喷粉桩复合地基法，塑料排水板法、爆破法和强夯法等。超荷预压法施工操作方便，能够利用施工荷载成为软土基预压荷载，但是会延长工期时间，增加工作量。水泥喷粉桩复合地基法能够有效夯实软土路基，同时不影响工程进度，但是由于巨大的施工费用限制了施工单位采用这种方法。塑料排水板法的实施过程较超荷预压法要短，较水泥喷粉桩复合地基法要长。延长桥梁连接路段的施工作业时间，保证软土路基的处理时间，可以有效提高高速公路与桥梁连接路段的排水加固建造质量，减少因软路基不规则下沉导致车辆在行驶过程中出现跳跃现象。延长软土路基的处理时间，主要是保证软土路段能够有充足的时间进行预压处理，增加路基的夯实度。道高速公路桥梁之间连接的软路基往往利用砂土、塑料排水板进行治理，依据土壤的软硬程度、土层的性质、地理条件以及填充建造路基的高度，在相邻的连接路段旁边进行加密处理。在桥梁过渡路基处建造设计泥土软土混合搅拌桩。为了减少路基变形，在搅拌桩尾端和砂土井之间布置砂垫层。

桥梁引导路段的设计。高速公路桥梁的基础填土路基和连接过渡路段的建造，需要根据相同的高度，及时快速地进行桥头路台方面的施工。连接路段的碾压路面与常规道路路面使用相同压力大小的夯实强度进行路面的建造碾压，保证路面的平整。如果在坡度较大的路面或是填土路段，大型设备无法完成碾压操作时，可以采用小型机械设备完成压实工作。

道高速公路桥梁连接路段填料的选择。道高速公路桥梁连接路段的填料要根据建造道路的实际特性进行选择。选择材料之前，必须对施工地的泥土进行对比测验。测验内容主要有土壤粒子、电性、比重测试，夯实特性，土壤可塑状态下含水率特性等，同时，应在同样的夯实设备下，完成同样夯实度是每种土壤达到厚度和夯实打击次数之间的关系。通过测试结果，对每种土壤的具体指标进行详细对比，选取出最合适的土壤作为连接路段的主要填充材料。但总体来说，应选择具有较强渗水性和无水状态下容重较大的砂土，以保证较强的夯实度。

三、道高速公路桥梁连接路段软土路面的施工

连接路段软土路基的施工。水泥粉喷桩复合地基法能够有效夯实软土路基，同时不影响工程进度，但是由于巨大的施工费用限制了施工单位采用这种方法。超荷预压法施工操作方便，能够利用施工荷载成为软土基预压荷载，但是会延长工期时间。塑料排水板法的实施过程，较超荷预压法短，较水泥喷粉桩复合地基法长，除此之外还有爆破法和强夯法。这些施工方法需要施工单位根据地理、工期、资金等因素合理选择。

道高速公路桥梁过渡路段的组织施工。在桥梁路台建造完成后，在既定的时间里进行连接路段和基础路堤的建造。特别是对基础路堤和桥梁路台连接路段进行处理，确保基础填土路面和坡度填土路基的碾压同时进行操作。同时，对于部分发生下沉现象严重的路段，在进行常规施工方法之外，可以使用静置预压的方式保证优先施工，直到该路段符合设计施工标准时再进行后续的施工工作。

道高速公路桥梁连接路段材料的选择。对道高速公路桥梁连接路段进行连接施工时需要合理选择填料。在选择材料前必须对施工地的土壤进行土壤粒子、电性、比重测试，还要对夯实特性，土壤可塑状态下含水率特性等方面进行测试。通过分析测试结果对每种土壤的具体指标进行详细对比，选取出最合适的土壤作为连接路段的主要填充材料。注意需选择具有较强的渗水性和无水状态下容重较大的砂土，以保证较强的夯实度。

连接路段填筑前的排水施工。在雨水、地下水、污水、生活用水等影响下，容易对路基造成倒塌和路面破损、柏油掉落裂开、水泥路段断裂下沉等问题。因此在施工的时候要小心排水处理不当对工程造成危害。施工单位针对排水处理一般采取横向水管布置法和盲沟设置法。假如施工项目的地下水比较充沛、水位较高，不适宜填造的方法，最好用砂土

碎石建造盲沟，才能达到良好的排水效果。

软土路段下沉监测。及时有效地对下沉路段进行监测，有利于加强软土路基的夯实度。在项目建造过程中，根据项目实施标准，分级分阶段的开展建造工作。另外，在填料建造时，注意速度的把控，绝不允许前慢后快的施工方法。对下沉路段的有效监测，能辅助掌握道路建设时间安排。这就要求监测下沉实际计算曲线要小于设计预计值，按照在 100d 内下沉不能超过 6mm 的标准进行。凡是无法达到上述两个标准数据的必须立即采取措施，这样才能减少桥头跳车现象的产生，确保路面平整、保证行驶安全。

在软土路基段，特别是桥梁引导道路处，因为道路硬度差异和路基下沉不规则等因素，使道路产生高度差，导致路面不平整，会引起桥头车辆跳跃等现象。因此在道路和桥梁链接处设置合适长度的过渡段，保证桥梁和道路刚度逐级变化，有利于减少路面下沉和桥头跳车现象的发生。

第三节　设计新理念在山区高速公路桥梁中的应用

随着我国高速公路建设规模的不断扩大，为了实现山区经济的有效开发，党和政府以高速公路施工建设作为切入点，进行山区高速公路项目的规划设计与施工，以缩小区域间的经济差异，进而推动我国经济结构的战略性调整。由于山区地形地质条件、水文特征与平原地区有较大差异，使山区高速公路的线路规划与桥梁设计有着自身的独特性。与山区以往低级高速公路设计工作相比，山区高速公路在进行规划设计与施工建设的过程中，缺乏必要的经验指引，导致开发建设速度较为缓慢，难以满足山区经济开发工作的客观要求。为了切实有效地推进山区高速公路开发建设活动的进行，本节以桥梁设计作为探讨重点，对设计新理念在实践中的应用做出分析。

一、总体原则对山区高速公路桥梁设计的影响

在传统山区高速公路桥梁设计工作开展的过程中，对高速公路桥梁的地面建设较为重视，通过对地形地质以及气候条件的综合考虑，使山区高速公路桥梁呈现出平纵线路的有机结合，保证车辆行驶过程中，司机驾驶人员视野的开阔性，在一定程度上提升了交通运输能力。虽然这种传统的山区高速公路桥梁设计工作有效地推进了山区交通体系科学高效地开展，但是设计规划人员很多时候无法从生态保护的角度出发，对山区高速公路桥梁设计工作进行预案处理，降低在开发建设活动中对周围地区生态环境的破坏和消极影响。因此，为了保证现阶段山区高速公路桥梁设计理念满足高速公路开发建设的实际需求，需要采取总体性的原则，在进行施工区域地质条件、地形因素以及气候条件等基本因素的调查之外，还要专门组织人员对文物古迹、矿产资源分布情况进行全面的调查与分析，以此使

山区高速公路桥梁设计工作满足社会经济发展与生态环境保护的客观要求，推动桥梁设计工作的总体发展。

二、安全、环保、舒适、和谐理念的影响

安全理念在山区高速公路桥梁设计中的体现。针对全国高速公路桥梁设计开发工作开展的实际情况，于2004年9月召开全国勘察设计工作会议。在本次会议上，与会单位与专家提出了"六个坚持，六个树立"的高速公路桥梁勘察设计的全新理念，作为山区高速公路桥梁设计的首要原则，在进行规划设计方案制定、调整与优化的过程中，需要将安全理念引入到设计工作中，以安全理念为指导，实现高速公路桥梁安全结构的有效设置。

环保理念在山区高速公路桥梁设计中的体现。环保理念在山区高速公路桥梁设计工作的体现是一个复杂的过程，一方面要对桥梁地质进行科学的选择，对地质条件不稳定、地形条件复杂的区域进行规避，组织专业技术人员在桥梁设计工作开展前，进行必要的勘察设计工作。坚持地质条件影响高速公路桥梁设计线路的原则，减少水土流失情况，避免地质灾害的发生。同时针对现阶段有些地区存在的山区采空与崩塌现象，需要在环保性原则的指导下，进行预防措施的制定与执行。例如，某山区高速公路在采空区进行桥梁设计施工，针对规划线路中存在的长60m，宽20m，深5m的采空区域，为了保证山区高速公路桥梁设计中环保理念的实现，采用陡崖剥离以及加固措施，在降低对生态环境的影响的同时，压缩了山区高速公路桥梁施工的成本。另一方面要以地形因素为指导，将桥梁线路选择与地形结合起来，使桥梁的走向与山脉基本吻合，避免出现设计线路强行切割地形的情况，以减少高速公路桥梁施工对生态环境的影响，实现环保理念在山区高速地区桥梁设计中的应用。

舒适理念在山区高速公路桥梁设计中的体现。山区高速公路由于受到环境因素的影响，使其施工建设过程中的技术指标无法与平原地区的高速公路相比，交通运行能力也有着显著的区别。为了提升山区高速公路桥梁的使用性能，避免因运行速度较慢引发车辆驾驶人员内心的疲惫感，因此需要桥梁设计人员在开展设计工作的过程中，将舒适理念融入实际设计与规划环节中，通过提升桥梁线性指标的连续性以及桥梁运行的连续性以及从视觉层面上为车辆驾驶人员提供了一种舒适的感觉，有效地降低驾驶的疲劳度，实现山区高速桥梁设计工作的科学性。

和谐理念在山区高速公路桥梁设计中的体现。山区高速公路桥梁设计工作的进行需要与地方高速公路体系及地方经济发展实际情况相结合，在山区高速公路桥梁设计中实现和谐理念。在桥梁设计的过程中，可以采用互通立交、分离式立交以及通道科学设计的方式，将高速公路桥梁设计的方案与桥梁沿线经济发展需求结合起来，提升山区高速公路桥梁设计的经济性，使设计工作能够满足山区高速公路桥梁开发建设的实际需求。

三、设计新理念在山区高速公路桥梁中的应用

设计新理念在山区高速公路桥梁中的应用，需要设计人员立足于总体性原则的客观要求，从安全、环保、舒适、和谐理念出发，从桥梁墩类型的选择、桥梁跨度、路基建设等方面入手，以此推动山区高速公路桥梁设计工作在实践中的顺利开展。

在山区高速公路桥梁设计的过程中，针对山区河谷横坡陡峭对桥梁设计的需求，在进行桥梁墩类型的选择过程中，需要对桥墩的高度进行控制，降低桥台的垂直高度。在这种情况下，虽然会造成高速公路桥梁路面的增长，但桥墩高度的降低，能够降低施工难度，减少施工事故的发生，保障桥梁施工的顺利进行。

山区高速公路桥梁在设计的过程中，通常较多考虑地形因素对设计工作的影响，在这一过程中，可以通过对桥梁跨越方案的制定，降低地形因素对桥梁设计的影响。在桥跨布置过程中，需要根据前后段高速工程废方量及工程造价等因素，对桥梁的位置进行有效调节，实现桥梁跨度在桥梁设计方案中的优化与调整。

在路基建设的过程中，需要根据不同的地质条件，采取针对性的设计方案。对路基施工技术方案进行必要的调整与优化，能使路基施工满足山区高速公路桥梁建设工作的实际需求，从而使路基建设施工方案的设计满足实际的开发建设要求。

为了充分发挥山区高速公路桥梁规划设计工作的重大作用，推动山区交通运输体系的科学构建，本节从总体性原则，安全、环保、舒适、和谐理念等设计新理念出发，从多个角度出发，采取多种方式推动设计新理念在山区高速公路桥梁中的科学应用，提升桥梁设计的效果，促进山区高速公路体系的科学高效构建。

第四节 高速公路桥梁、隧道施工中灌浆技术的应用

高速公路是现代交通中的重要组成部分，高速公路的运行通畅是交通便利的基础，由此，对高速公路整体的工程质量把控成为重点。但同时，在高速公路的桥梁与隧道工程的施工过程中，常受到复杂条件的影响，基于此，论文对灌浆技术在高速公路桥梁及隧道施工中的应用展开分析，以期为高速公路质量提供保障。

交通是现代经济发展的基础，也是衡量国家建设水平的指标，其质量影响着社会经济的发展。高速公路工程是交通建设中的一部分，在进行工程建设的过程中，仍存在一定的问题，尤其是桥梁隧道中的砌石松动、墩台裂缝等问题，导致工程投运后的运行风险、维护成本增加。灌浆施工技术是桥梁隧道结构失衡的解决方案之一，能够对墩台、砌石等起到良好的加固作用，对其应用进行探讨，能够为类似问题的解决提供借鉴。

一、灌浆施工技术原理及作用

灌浆施工技术是压力灌浆类施工技术的统称，主要通过压力的作用，将有固结作用的浆液注入结构缝隙。此类施工技术中，产生压力的设备选用是较为关键的环节。灌浆施工技术在应用过程中，能够对结构中出现的漏洞进行堵漏，防止或阻止结构出现渗漏现象。其次，灌浆施工技术能够使原有材料的属性发生改变，通过新的浆液材料的注入，和原材料形成新的固结体，从而达到对原有结构的加固作用，且可以对结构的倾斜情况进行纠正，从而使结构安全得到保证。

二、高速公路桥梁隧道工程中的裂缝问题

原因分析。高速公路桥梁隧道的施工过程中，裂缝问题比较严重。裂缝问题的原因较为复杂多样，可以统分为自然原因、人为因素以及原材因素。在高速公路的桥梁及隧道施工中，大体积混凝土施工技术应用较为常见，在浇筑完成后的养护工作中，容易受到环境温度的影响。在没有控制措施的情况下，混凝土的水化热反应较为剧烈，因此会使结构出现热胀冷缩现象，容易产生裂缝；人为因素多是施工人员对施工操作不规范，不能合理进行混凝土养护及控制导致。对于混凝土结构的养护，需要对外界施工条件进行勘察，并明确结构内部的水化热反应，从而采取加热或冷却措施进行控制。原材影响也是混凝土成型中的影响条件。不同类型、不同配比的混凝土材料，在固结强度、水化热反应方面也相对不同，混凝土结构较大时，水化热造成的影响相对更为大，由此使混凝土出现裂缝问题。

问题的具体影响。工程中出现结构裂缝问题时，会造成砌浆脱落。桥梁隧道砌浆是较为重要的部分，可以对墙体进行加固。砌浆脱落会影响墙体墙面的整体性，降低墙体的安全性，其次，裂缝问题会造成砌石松动。高速公路隧道的表面砌石出现松动时，会使隧道表面承重能力下降。墩台结构的裂缝问题，会导致桥梁负载结构的平衡被破坏，造成其他墩台承重增加。隧道内部支撑柱体结构出现裂缝时，会造成隧道的运行安全问题。

三、灌浆施工技术原则

针对性原则。应用灌浆法时，需要以针对性原则作为施工指导。高速公路桥梁和隧道工程的范围极广、地理位置存在差异，且出现的问题也不同，所以，进行技术应用时，具有较强的针对性，以保证技术效果达到要求。以道路加固工程中的灌浆法应用为例，在施工过程中，可以通过灌注浆液使土体强度提升。例如，岩层结构进行灌浆加固施工时，需要先对岩层的裂缝进行处理，保证灌浆加固施工能够促使目标区域强度达到要求。所以，在灌浆法的应用过程中，需要根据具体情况针对性地进行施工，进而保证施工技术的作用。

统一性原则。灌浆法具有较多的类别，且高速公路桥梁隧道的范围较大，因此，技术

应用的目的及方式较为多元化，由此容易造成工程维护过程的复杂化。因此，进行技术应用的过程中，要保证技术应用的统一性，进而采用统一的施工标准、施工方式、工程维护策略等，简化施工过程的复杂性，保证施工效果。

四、高速公路桥梁隧道施工中灌浆法的应用

施工方案设计。

施工编制制订。灌浆施工技术的应用，需要有科学合理的标准进行规范。在施工过程中，需要根据相关标准进行施工，从而保证高速公路桥梁隧道的建设质量及水平进行保证。该环节中，设计人员要仔细考察现场实际环境、施工技术局限等因素。

浆材配比。灌浆法在实施过程中，要注重加固浆液配比的合理性。一般情况下，加固浆液中含有灰浆及煤灰、水泥灰等原材料，地理环境相对不同的情况下，水泥及煤灰在强度及性能上也较为不同，其常用配比为：水泥：煤灰＝４：１。

扩散半径。灌浆技术在应用过程中，扩散半径的设计对技术实施的效果影响较大。其设计过程中，需要设计者以实际施工目标的深度、宽度、灌浆压力为依据，使扩散半径的设计符合实际要求。

布孔。在应用过程中，灌浆法的钻孔排布及孔深度对施工效果的影响极大，孔深需要根据地形及环境、工程类别等确定，孔的排布主要根据工程实际需要确定。

注浆压力及注浆量。灌浆施工技术应用效过与灌浆压力及灌浆量有直接关系。通常而言，灌浆压力应设定在 $0.3 \sim 0.45Pa$，需要根据实际情况进行调整；灌浆量则依据作用结构缝隙的尺寸确定。

施工准备。

灌浆方案确定。设计阶段的设计方案要在施工前进行复核，包括复核勘测数据，并对施工控制基准、灌浆方式及浆材配比等进行审核。环境勘测数据是整体设计方案的基础，需要对工程范围中的地质地形、自然气候等进行实地考察，重新记录数据，后期进行数据对比，排除自然因素对其准确性的影响。另一方面，确定浆材配比后，需要对其性能和实际工程要求进行核查，以及对适用性进行确认。

施工浆材及机械设备准备。加固浆液材料及设备是实施注浆施工的基础，因此，在准备过程中，需要合理选择机械设备及浆材配比，所以应在施工前做好准备。只有在设备及浆材做好的准备情况下，才能展开施工。准备机械设备时，要对设备的性能及使用安全进行检查，以保证施工的顺利进行。

灌浆试验。为了确保灌浆施工效果，需要在施工前进行灌浆试验。灌浆试验是指对单一目标或一部分目标进行注浆施工，进行灌浆试验时，试验目标要求具有普遍性，可以根据施工的主要目标进行试验目标的选取，使试验结果具有代表性。

本节主要阐述了高速公路桥梁及隧道工程裂缝问题，灌浆法对裂缝的加固原则及加固

施工方案的设计与准备，为类似工程的技术应用提供借鉴。

第五节　高性能混凝土在高速公路桥梁建设中的应用

首先分析了高性能混凝土的特性及施工工艺，并研究了高性能混凝土在高速公路桥梁工程建设中的应用，以期能够有效提升高速公路桥梁的施工质量，使高速公路桥梁建设施工的稳定性得到保证。

高性能混凝土是具有高强度、高刚度以及高弹性模量和耐久性的特点，它能够弥补普通混凝土无法克服自重过大的缺陷，进一步提高桥梁跨度和载重，并且能够有效避免混凝土道路开裂和桥梁桥面剥落、倒塌等事故的发生。高性能混凝土作为一种能满足特殊性能和特殊用途的混凝土，以其良好的抗渗性和密实性以及长久的稳定性和耐久性在目前的高速公路桥梁建设中得到了广泛的应用。

一、高性能混凝土的特性

高性能混凝土是一种具有高强度、高刚度以及高弹性模量和耐久性的混凝土，它的特性主要表现在以下几个方面。

高性能混凝土具有抗剪切、抗拉、抗压强度高和抗渗透性好的特点。在高速公路桥梁施工中，高性能混凝土可以满足桥体工程结构所需条件，有效提高高速公路桥梁的承载力和跨度。

高性能混凝土具有较高的耐久性。由于高速公路桥梁常年暴露在外，并且承载着巨大的交通负荷，因此受天气和环境变化的影响也比较大，随着雨水的冲刷和磨损，高速公路桥梁的使用寿命会大大降低。高性能混凝土相比普通混凝土其抗老化能力和抗开裂性更强，因此，在高速公路桥梁施工中，应用高性能混凝土能够全面保证整个高速公路桥梁主体不会因外部环境的变化而受到破坏，从而大大提高了高速公路桥梁的使用寿命。

高性能混凝土具有较高的结构稳定性。高性能混凝土结构稳定，密实度高，不易使高速公路桥梁结构产生变形、裂缝、收缩等情况，从而有效保证整个高速公路桥梁工程的施工质量。

二、高性能混凝土的配合比设计

混凝土强度是衡量混凝土性能的重要指标，普通混凝土配合比设计比较简单，只是通过公式将水灰比计算出来后选择合适的用水量和砂率，得出试拌配合比即可。而高性能混凝土具有较高的强度、耐久性、稳定性和工作性，因此它的配合比设计要求也比较高，需要选择合适的参数和材料用量，依照一定的原则和基本原理，采用合适的配制方法，然后通过公式计算得出配合比。通常高性能混凝土配合比具有以下特点。

在配制高性能混凝土时要尽可能采用低水胶比来进行配制。作为混凝土强度的最重要影响因素，水胶比的选择决定了混凝土的强度和耐久性，有效降低混凝土配制的水胶比可以使混凝土的孔隙率或渗透性得到降低和控制，使混凝土具有较高的耐久性和强度。高性能混凝土的水胶比通常要控制在 0.20 ~ 0.40 的范围内。

复合使用多种掺合料。在配制高性能混凝土时，应根据工程耐久性的要求，选用多种掺合料，如将硅灰、粉煤灰、矿渣以及其他掺合料共同使用，以提高混凝土的使用效果。

进行减水并选用流动性保持效果好的减水剂。在配制高性能的混凝土的过程中，要采用复合型外加剂来使减水剂与水泥的相容性得到有效保证，以提高混凝土拌合物的工作性能。注意减水剂的减水率要高于 20%，并且总体掺加量大于等于 1%。

在配制高性能混凝土时，要把握好骨料的粒径。由于骨料粒径的大小决定了骨料与水泥浆界面的应力差大小，所以在配制高性能混凝土时要选择粒径合适的骨料。一般骨料的粒径要控制在 20mm 以内，且骨料中要将针状、片状颗粒控制到最低的水平，只有控制好最大骨料粒径，才能使混凝土的强度增高，有效避免因应力差而引起的裂缝。

三、高性能混凝土的施工工艺及其在高速公路桥梁建设中的应用

高性能混凝土的施工工艺。高性能混凝土与普通混凝土在组分和性能上相比具有较大的差异，因此，对高性能混凝土施工工艺与质量控制的要求要比普通混凝土严格得多。高性能混凝土的施工工艺主要包括以下几个方面。

拌制和运输。高性能混凝土要选用强制搅拌机进行拌制，在拌制过程中要控制好水量、砂、石的用量，并在需要时适当添加高效减水剂，使拌和物出机时具有良好的均匀性和稳定性。高性能混凝土在搅拌完成后需要在 5h 内将其送到浇筑地，拌制好后采用搅拌车进行运输，并且在运输过程考虑好坍落度损失。采用泵送施工时，要在高性能混凝土中掺用一定比例的粉煤灰并调整砂率，以此来提高泵送性能，避免在运输中出现泌水或者离析的现象。采用泵送混凝土时，运输途中拌和物的搅拌入泵时间要控制在 90min 之内，拌筒的运转速度应控制在 1 ~ 3r/min。

浇筑振捣。高性能混凝土要通过分层浇筑振捣的方式进行，分层厚度控制在 0.8m 以内，要采用插入式高频振捣器来进行振捣，或采用插入式和附壁式振捣器共同振捣的方式，在振捣时要快插慢拔，以保证在振捣时间内混凝土表面不会出现浮浆和气泡。

养护。在混凝土浇筑完成后，要加强高性能混凝土后期的养护，通过喷洒养护层使高性能混凝土的表层保持湿润，养护日期要大于 15d，并通过降温处理来有效降低混凝土内外部的温差，避免混凝土表面因暴晒或气温的变化而产生塑性裂纹，出现开裂现象。

高性能混凝土在高速公路桥梁建设中的应用。高性能混凝土因其具有较高的强度、刚

度、弹性模量和耐久性，因此广泛应用于高速公路和离岸结构的长跨桥梁建造中。

在高速公路施工中的应用。高性能混凝土在高速公路施工中，最大限度地发挥了其耐久性和稳定性的特点，使高速公路路面能够有效抵御气温骤变和雨水冲刷、磨耗、冰冻、渗水等恶劣环境对路面的侵蚀和破坏，极大减少了高速公路路基下沉现象的发生，从而提高了高速公路路面的稳定性能和高速公路工程质量，使高速公路的使用寿命得到进一步延长，为整个工程创造出更大的经济效益。

在桥梁建设中的应用。高性能混凝土在桥梁施工中，广泛应用于主梁、墩部、墩基的硅粉混合水泥的拌合物中。因桥梁工程特殊的施工环境，其对混凝土的使用也提出了较高的要求。桥梁的桥墩部位比较容易受到冲刷侵蚀，因而桥墩部分的混凝土要具有较高的耐冲击抗腐蚀性和抗渗透性。而且桥梁的大跨度也要求混凝土在强度和稳定性方面也要具备较高的标准。高性能混凝土所具备的特性完全可以满足桥梁施工的各种要求，它能够有效减轻梁体自重，增大主梁间距和桥梁的跨度，降低桥梁线路标高，减少线路纵坡和引桥的长度以及路基土石方和台后填土的数量，增强桥梁的耐久性，从而使桥梁的跨越能力得到提升，有效延长了桥梁的使用寿命，保证了整个桥梁工程的施工质量。同时将高性能混凝土应用在桥梁建设中，还可以有效减少材料用量，有效控制高速公路桥梁的施工成本。

高性能混凝土是一种具有高强度、高刚度以及高弹性模量和耐久性的混凝土，它具有抗剪切强度高、抗拉和抗压强度高、抗渗透性好、耐久性高、结构稳定、密实度高的特点。随着社会的发展，高性能混凝土满足了现代高层建筑和大跨桥梁的需求，它能够弥补普通混凝土无法克服的自重过大的缺陷，进一步提高桥梁跨度和载重，以及高速公路桥梁的使用寿命，使整个高速公路桥梁的整体结构不会受到环境变化的破坏，并且能够有效避免混凝土道路开裂和桥梁桥面剥落、倒塌等事故的发生，有效保证整个高速公路桥梁的施工质量。

第六节　注浆技术在高速公路桥梁施工中的应用

随着科学技术的进步，注浆技术的不断提高与完善，使其在高速公路工程施工过程中被广泛应用。同时，相关技术人员也加大了对注浆技术的研究力度，使注浆技术更好地服务于高速公路桥梁建设，为桥梁工程建设提供强有力的技术支撑。

一、注浆技术的工作原理

基于整体性、舒适性、耐久性的考虑，高速公路桥梁通常被设计成预应力连续结构，为了满足这种结构的需求，在施工过程中，注浆技术成为一项新型有效的方法，并且得到了广泛的使用。同时，在高速公路桥梁的施工领域，注浆技术也在不断更新注浆的设备、技术、材料以及施工工艺。

注浆技术是指将能固化的浆液，利用注浆泵喷射注入桥梁与桩体之间的空隙，以此来提高桥梁稳固性的技术。在注浆过程中，注浆泵速度快、能量大，经过压力和冲蚀的影响，在集中作用下，颗粒较大的碎石以及颗粒很小的细粒土，会在很小的区域内产生反应，并产生强大的冲击和搅拌效果，使水泥浆与破碎的固体重新凝结成新固体，而新凝结的固体会在高速公路桥梁施工中，起到渗透、填充、压密和固定、加固桩体的作用，因此很好地保证了高速公路桥梁的施工质量。

二、注浆技术的类型

高压喷射注浆和静压注浆为注浆技术的两大类型，根据地质条件的差异，注浆技术可以结合压力土体、浆液和注浆进行，浆液的运动方式分为渗透注浆和压密注浆。

渗透注浆。渗透注浆地基，是通过压浆泵和送浆泵利用浆液的渗透能力，在未受破坏的地层土颗粒排列下，以填充、渗透和挤密等方式，将浆液注入土颗粒的缝隙之间进行填充，继而使土颗粒形成一个抗渗性高和稳定性良好的新的岩土整体。渗透注浆的主要理论分为柱形扩散理论和球形扩散理论，二者都有相应的缺陷和优势。假设条件部分相似，被注入的土层是均质的各向同性无勃性土，浆液是牛顿流体时，球形扩散理论更为适用；而球形扩散理论的局限性在于，在高速公路的桥梁建设中，满足牛顿流体要求的浆液不具有现实性，而注入的介质也不可能全是匀质土。柱形扩散理论是在注入时浆液整体呈圆柱状，以注浆管中的注浆为研究的基点，此理论也存在一定的局限性。

压密注浆。压密注浆即使用挤压的方式对浆液进行注射的方法，压密注浆技术也被称为挤压注浆。压密注浆的浆液一般较为稠密，在工程施工中，注浆通过钻孔时，会在注浆口形成一个球形的浆泡，在不断地扩散的浆液中，因浆液的材质，球形浆泡将对周围土体产生挤压力，不会渗透到土体中，在这样强大的压力作用下，工程土体越发紧密，运用这种方式对土体进行加压的效果相对较好，可以防止水力劈裂的问题产生，这也是压密注浆较劈裂注浆的区别。压密注浆对抬升建筑物的高度、固化基土层等方面有重要作用，但其缺点在于对含水量较大、渗透性较差且透水性差的土质，在建筑物抬升以及固结地基土等方面效果却不明显。

三、注浆技术质量控制措施

浆液材料选择。注浆材料分为化学注浆浆液材料和普通注浆浆液材料两种。注浆材料的性质主要由成分、制作时间、存放温度、渗透的速度等方面决定，应结合现场土质条件、工程的性质、施工的技术以及造价等因素综合考虑选择合适的工程浆液配比和材料。高速公路桥梁的施工注浆技术，要重点采用比较稠密的浆液，用以配合高效的增塑剂及减水剂进行注浆，这也是今后高速公路桥梁注浆的发展趋势。

注浆过程监控。由于后续工程会对注浆工程的监控检测带来阻碍，注浆过程一般都选择在地下进行。施工人员主要通过压力控制与流量控制实现控制注浆，两个压力变量与流量应随着时间的变化而变化，应把两个数值作为参考指标，在控制注浆的过程中若单靠一个数值作为指标，这是不合理的。随着时代的发展，电子技术也在注浆工程中得到了广泛运用，越来越多的新技术被人们使用，在一些发达国家，对注浆工程的监控已经实现了自动化或半自动化。

注意施工环境。桥梁的施工质量与整个高速公路的质量有密切的关系，所以要确保桥梁施工质量符合国家标准。而在桥梁施工中，其环境因素也对其产生着很大的制约。若其附近有通道、空洞，应不提升注浆管继续注浆或拔出注浆管待浆液凝固后重新注浆。若土质松软，出现断续冒浆，此为正常现象，当出现注浆压力较小、吸浆量大时，则改为溶浆进行注浆，必要时采用水泥砂浆或稀浆进行注浆。

加强施工过程的质量控制。加强施工过程的质量控制，需注意以下方面：（1）钻孔放样技术。进行注浆孔的放样需要采用测量工具，设计孔位和实际孔位不能存在太大的误差，并对所有工点钻孔进行放样、编号、管理、参考，地面以下的设施与通道、挡墙、桥台等需要保持一定的距离，尽量远离其他设备。例如某高速公路长 160km，沿线地形起伏陡峭，所在区域年平均降水量 220mm，山坡广泛分布洪积碎石土和坡积角砾土，周围地质以三叠系板岩夹片岩为主，因此，工程施工时需考虑板岩和片岩的节理等。工程施工人员要在标注孔位的基础上，分别在拱顶中心、拱顶两侧拱脚、拱脚距编码，钻孔、封缝、清缝，以及安装注浆管，最后完成回填注浆。（2）成孔工艺在成孔时采用潜孔锤进行钻进桥面结构层，禁止使用冲洗液水钻，注浆孔应与地面呈垂直状态，实际孔深不得小于设计孔深，尽量减小其误差，在桥面发生严重变形时，可以考虑采取二段注浆的方法。（3）压水试验是注浆施工前的一个必要步骤，灌浆前要对注浆工艺的参数进行思考，对地质是否可灌进行分析，然后通过压水试验确定注浆通道是否畅通，这是提高土层介质可灌性的不可替代的方法。

高速公路桥梁施工是一项极其复杂的工程，注浆技术的应用作用至关重要。但是目前，在高速公路桥梁的建设中，注浆技术尚在起步阶段，需要我们提高整体施工技术水平，在对原材料的选择与各细节问题的处理上完善注浆技术。不同的工程，情况有所不同，注浆技术的稳定性也不一定相同，在施工中，要严格地按照工程的施工要求进行施工，必须对施工过程进行实时监控，才能确保注浆施工的质量，同时，还应重视每个施工环节，避免出现误差，确保高速公路桥梁施工的整体质量，以此推动我国高速公路事业的持续发展。

第六章　高速公路桥梁施工的理论研究

第一节　高速公路桥梁施工技术及其特点

为促进高速公路桥梁施工任务顺利完成，应该明确工程特点，结合施工建设实际情况严格落实各项技术措施。因此，本节介绍了高速公路桥梁施工技术措施，探讨了高速公路桥梁施工技术的特点，并就有效落实这些施工技术提出相应对策，可为高速公路桥梁施工提供启示与借鉴。

高速公路桥梁工程的建设在更好满足人们出行需要，便利车辆通行，增进不同地区之间的联系等方面发挥重要作用。为促进工程建设质量提高，减少养护维修费用，确保工程运营效益，因此严格落实各项施工技术措施是十分必要的。

一、高速公路桥梁施工技术

合理应用施工技术，加强每个施工环节质量控制是十分必要的。高速公路桥梁施工内容较多，工序复杂，为顺利完成工程建设任务，保证工程质量，应该严格落实以下技术措施。

施工测量放样。测量放样是基础性工作，对高速公路桥梁后续施工产生重要作用，甚至影响整个工程建设质量，故施工中必须重视测量放样，加强每个步骤的质量控制，严格遵循流程进行测量放样，确保放样的精度和准确度。测量放样前清理施工现场，采用挖掘和填充等方法整平施工现场，为后续测量创造条件。然后根据设计单位提供的水准点与控制点，对高速公路桥梁施工现场进行多次测量；并在水准仪、全站仪的配合下，保证测量放样精度，提高工作效率。还可以适当布置控制网，提高放样精度。最后还应该检查测量放样的精度，如果存在的偏差比较大，未能有效满足施工规范要求，应该重新测量放样，严格将误差控制在允许范围之内。注重桥墩位置的放样，利用高精度仪器测量桥墩长度，并加强边线、轴线、标高控制，确保符合施工规范要求。测量放样完成后让监理工程师检查和验收，对不合格部位及时纠正，合格之后才能进入下道工序。

地基处理。为保证高速公路桥梁工程的稳固可靠，做好地基处理工作是十分必要的，要根据不同的地基类型采取有效处理技术。通过将表面岩石和软土挖除，然后有针对性地采取技术措施，做好相应处理工作。常用帷幕灌浆、固结灌浆、回填灌浆技术进行地基处理。为阻断地下水渗漏，提高高速公路桥梁基础的稳定性与可靠性，可以采用混凝土防渗漏技术进行处理。对于软土地基，可以用换填法、灌浆加固法、排水固结法等技术处理，从而确保路基的稳定可靠，为后续施工奠定基础。

支架搭设与验算。脚手架在施工过程中承担垂直运输任务，尤其是在桥梁墩柱施工时，其作用更加突出。施工前应该搭设支架，进行支架强度和稳定性的验算工作，保证符合施工规范要求，避免施工过程中脚手架出现沉降现象，有效预防安全事故发生。要按照设计标准搭设脚手架，合理设置斜、横、纵向拉杆，提高其稳定性与可靠性，有效满足施工规范要求。还应对脚手架的受力情况进行分析与验算，根据高速公路桥梁施工现场基本情况进行验算，准确掌握传力方式和途径，对立杆底端和受力较大位置重点验算。准确判断高速公路桥梁的恒荷载与活荷载，并分析荷载分布的位置，然后合理搭设脚手架，保证脚手架安全、稳固、可靠。

钢筋工程施工。根据审批合格的方案搭设支架，严格遵循规范标准施工。墩柱塔施工完成后捆扎墩柱钢筋。按照工艺流程加工钢筋，确保调直、切割、焊接等施工质量，对加工完成后的钢筋进行编号，堆放于干燥、整洁的环境当中。将符合要求的钢筋吊装至施工位置，做好捆扎及焊接固定工作，提高钢筋工程质量。要错开墩柱的主焊接头，接头面积应少于钢筋总面积的 25%，捆扎钢筋时应该错开四角位置的箍筋，确保中心点误差距离小于 2cm，促进钢筋工程施工效果提升。

模板工程施工。模板工程施工也是非常重要的内容，并且对高速公路桥梁混凝土工程质量产生重要影响，因而要提高质量控制意识，保证模板工程施工质量。根据设计方案进行模板拼装，加强每个施工环节的质量控制，确保拼装效果。拼装前仔细检查模板表面，清理表面泥浆和残渣，并进行模板表面质量检查，出现变形、弯曲等现象的模板不得使用，避免混凝土浇筑时发生漏浆现象。结合高速公路桥梁的不同位置和施工要求，选择不同材质的模板。墩台位置选用钢质模板，保证墩台施工的稳定性与可靠性，以有效满足工程建设需要。要保证模板高度适宜，通常高度为 1.5m 比较适宜。加强模板拼装质量控制，保证拼装密合严实并且强度合格，为混凝土浇筑创造条件，防止混凝土出现渗漏现象，提高施工效果。

混凝土浇筑。模板拼装完成后进行混凝土浇筑，关键是加强浇筑和振捣质量控制，有效预防裂缝出现。高速公路桥梁结构不同，采用的混凝土浇筑方法略有不同。墩柱混凝土浇筑采用分层浇筑方式，加强每层质量控制，确保施工效果。搭建浇筑平台，常用泵送方式浇筑混凝土，浇筑工作应连续、均匀进行，不得任意停顿，预防裂缝出现。浇筑完成后进行振捣，坚持快插慢拔原则，用力适中，振捣点的分布应该均匀，保证振捣施工到位，防止过振或漏振现象出现，提高混凝土密实度，确保施工效果和工程质量。振捣完成且混凝土强度达到规范要求的 25% 以上时，拆除施工模板，完成施工任务。

二、高速公路桥梁施工技术特点

高速公路桥梁施工建设是一项系统复杂的工作，需要加强每个施工环节的质量控制，并结合工程特点采取有效的质量控制措施。具体来说，其施工技术特点主要体现在以下方面。

技术难度大。高速公路桥梁施工是一项系统、复杂的工作，包括基础工程、钢筋工程、模板工程、混凝土工程等。每一部分施工又包含多方面的内容，施工技术要求高，技术难度比较大。为促进施工技术有效落实，应该结合工程建设需要严格落实各项技术措施，从而实现对工程质量的有效控制。

资金投入多。高速公路桥梁施工建设需要大量资金投入，常见的工程需要投入上百万元、千万元，多则高达几亿元。为合理安排资金，应该做好施工预算工作，完善资金管理控制体系，确保各项资金落实到位。做到在确保工程质量的前提下，实现对资金的有效利用，促进高速公路桥梁施工效益提高。

不确定因素多。高速公路施工建设的技术难度大、资金投入多、工期较长，也存在多种不确定性因素。地形地质条件、气候条件、政策法规等，都可能影响到工程施工技术落实和工程质量的提高。为尽量降低不确定性因素可能带来的不利影响，应该严格落实各项施工技术措施，完善施工管理制度，提高施工人员素质，促进现场施工顺利进行，确保高速公路桥梁工程质量。

三、促进高速公路桥梁施工技术落实的对策

为更好地落实高速公路桥梁施工技术，有效保证工程质量，顺利完成施工任务，除了把握每个施工技术要点之外，还应该采取以下有效对策。

完善施工质量管理控制体系。根据高速公路桥梁工程建设实际情况，制定健全的质量管理控制体系，使各项工作开展都有章可循。建立严格的责任制，使施工技术人员和管理人员明确自己的职责，严格按照规范要求操作，不得违规违章开展施工。建立施工现场动态管理制度，对每个施工环节进行有效管理和控制，从而有效保证高速公路桥梁工程质量。

提高高速公路桥梁施工人员素质。施工单位应该重视引进专业技术强，经验丰富的施工人员，充实高速公路桥梁施工队伍，确保他们能够胜任各项工作，将施工技术严格落实到工程建设之中。加强施工人员管理和培训，采用课堂授课、施工现场学习、合作学习和交流借鉴等方式，使施工人员熟练掌握各项技术措施，并严格按照要求施工，提高责任意识和安全意识，确保高速公路桥梁现场施工顺利进行。

加强施工现场的巡视和检查。配备相应的巡视和检查工作人员，严格按照规范要求巡视和检查高速公路施工现场，采用定期和不定期巡视和检查方式，发现工程施工中存在的缺陷与不足，及时采取预防和修补措施，将质量事故和安全事故消灭在萌芽状态。

为促进高速公路桥梁施工任务顺利完成，应该明确工程特点，结合施工建设实际情况严格落实各项技术措施。同时还要加强施工过程的质量控制，提高施工人员素质，做好现场巡视和检查工作，从多个方面入手，严格落实施工技术措施，确保高速公路桥梁施工顺利完成和工程质量。

第二节　高速公路桥梁施工技术质量控制

高速公路是我国现代陆上交通体系中的重要组成部分，通过高速公路能够快速地完成人员与物资的输送有效地提高了陆上运输的效率。如今，国家提出了完善高速公路网络的长期建设目标，将使得高速公路的建设进入一个崭新的阶段。高速公路桥梁是高速公路建设中的重要组成部分，应当积极做好高速公路桥梁的建设，从高速公路桥梁的设计、施工等多个环节入手最大限度地保证高速公路桥梁的建设质量。本节在分析高速公路桥梁施工中所使用的施工技术的基础上，对如何做好高速公路桥梁施工质量的把控进行了分析介绍。

高速公路桥梁是高速公路的重要组成部分，尤其是现代高速公路日趋复杂，高速公路桥梁在高速公路建设中所占的比重也越来越大，为保证高速公路的建设质量需要积极加强高速公路桥梁施工中的技术管理，应该从技术层面入手保证高速公路桥梁的施工质量。高速公路桥梁施工中所涉及的技术众多，应当积极就高速公路桥梁施工中所使用的技术进行分析确保高速公路桥梁的施工质量。

一、高速公路桥梁的施工技术

高速公路桥梁具有施工难度大、技术要求高、施工工艺复杂等特点。现代高速公路桥梁跨径不断增大，与传统的小跨径高速公路桥梁相比其在高速公路桥梁结构、强度以及桥梁的应力等方面都有着极大的不同，针对新型高速公路桥梁的特点传统的高速公路桥梁施工技术已经无法满足高速公路桥梁的施工要求，所以积极做好各种先进施工技术在高速公路桥梁施工中的应用，是高速公路桥梁施工质量得以保证的关键。在高速公路桥梁施工中有以下几方面的关键技术。

高速公路桥梁施工放样技术。在高速公路桥梁施工之前需要进行场地的平整，并在平整后的场地上进行施工放样，结合高速公路桥梁的设计图纸利用 RTK、全站仪、水准仪等测量设备对高速公路桥梁的基础部分进行精确的定位与划分，以确保高速公路桥梁的施工质量。在对高速公路桥梁进行施工放样的过程中关键是要控制好施工放样的精度，不仅要控制好高速公路桥梁桥墩的位置精度，同时还应采用多种测量手段确定出轴线与边线的位置以及地面标高，为高速公路桥梁的施工打下良好的基础。

做好高速公路桥梁施工中脚手架的搭建。高速公路桥梁墩柱施工中需要搭建脚手架用以满足高速公路桥梁施工对于垂直运输的需求。为确保安全需要使得搭建的脚手架具有足够的强度能够满足纵向、横向、斜向 3 个方面的强度需求。此外，在搭建高速公路桥梁墩柱脚手架时需要做好地基的构建以避免其沉陷过大。在脚手架搭建时，首先需要对高速公路桥梁墩柱周边的基土进行清理、平整、夯实，隔绕墩柱搭设碗扣件支架。出于安全方面的考虑对于所搭建的脚手架需要进行力学计算，以确定脚手架各部分的载荷分布和大小能够满足刚度和强度要求。此外，对于所搭建完成的脚手架需要进行进一步的加固，用以最大限度地保证高速公路桥梁墩柱脚手架的安全性。

高速公路桥梁施工中的钢筋技术。高速公路桥梁施工中需要进行大体积混凝土的浇筑，钢筋骨架作为大体积混凝土结构的骨架核心应当采用合理的技术以满足高速公路桥梁的施工质量要求。高速公路桥梁墩柱所使用的钢筋骨架应当在墩柱搭设完成后进行钢筋的绑扎，绑扎所使用的钢筋应当在统一的加工工棚中对钢筋进行校直、切割、弯折及焊接和绑扎，对于加工完成的钢筋件需要在统一编号后进行统一堆放。钢筋骨架的绑扎可以在地面绑扎成钢筋笼而后吊装上墩柱或是直接在墩柱上进行绑扎或是焊接处理，钢筋绑扎中需要严格按照相关技术要求进行绑扎，确保绑扎具有足够的牢固性。对于钢筋结构中需要进行焊接的部分应将墩柱的主焊接头错开，将墩柱主焊接接头与钢筋的接触面积控制在 1/4 以内，从而确保焊接的质量。钢筋绑扎时需要注意将箍筋接头进行四角错开，绑扎钢筋的弯钩长度以能够满足相关抗震要求，并将绑扎后的钢筋中心点误差控制在 2cm 的误差范围内。

模板技术。模板主要用于混凝土浇筑环节，良好的模板质量有助于提高浇筑后高速公路桥梁墩柱的表面质量。在对高速公路桥梁浇筑模板进行加工时，采用特定型钢板以 1.5m 高程为基准进行模板的加工。高速公路桥梁墩柱所使用的模板将采用半圆形组合结构，加工过程中控制好模板的平整度和尺寸精度，对于配合面需要做好密封，以免在混凝土浇筑中出现漏浆、泡浆的问题。

高速公路桥梁施工中的混凝土浇筑技术。高速公路桥梁施工中大体积混凝土的浇筑施工占据着高速公路桥梁施工总量近 60%，因此在高速公路桥梁混凝土浇筑施工中需要积极做好质量的管控确保混凝土浇筑能够获得良好的施工质量。在对高速公路桥梁墩柱进行大体积混凝土浇筑施工时，由于混凝土浇筑总量较大，难以一次浇筑成型，对于高速公路桥梁墩柱的混凝土浇筑将采用分层浇筑的施工方式。由于受混凝土自身重量与特性的影响每一层浇筑的混凝土厚度应控制在 50cm 以内，对于浇筑完成的混凝土需要进行充分的振捣直至混凝土中不再有气泡产生为止，在对混凝土进行振捣的过程中应尽量避免碰触墩柱中的钢筋骨架，以免振捣损坏钢筋骨架结构，导致大体积混凝土无法获得良好的施工质量，良好的振捣能够使得混凝土饱满、密实且表面光滑。分层浇筑时应当对结合面进行打毛处理，以确保结合面能够获得良好的结合效果。因此应待到浇筑后的混凝土凝固强度达到设计强度的 90% 后即可进行拆模作业。为避免混凝土与模板的粘连造成墩柱表面缺陷，需要在所使用的模板表面涂覆一层防黏剂，以确保高速公路桥梁所使用的模板能够与大体积混凝土进行良好的分离。对于模板的拆除需要按照一定的顺序进行，并轻拿轻放以免模板受到较大外力而导致模板的变形。对于高速公路桥梁墩柱拆除模板的部分需要进行良好的养护，对处于养护阶段的大体积混凝土进行定期洒水与使用养生布包裹保养。

二、高速公路桥梁施工中的质量控制

为确保高速公路桥梁的施工质量需要从施工中的管理、技术、施工工艺、施工材料等多个环节入手，共同做好高速公路桥梁施工中的质量管理。对于高速公路桥梁施工进场材料需要狠抓质量管理，对于检测不合格的材料一律不得进入施工现场。此外还应合理确定高速公路桥梁所使用混凝土的配合比，通过实验检测所使用配合比混凝土的强度，确保其满足高速公路桥梁的建设要求。对于进场材料需要进行合理的规范布置与遮盖，用以最大限度地确保进场材料能够满足高速公路桥梁建设需求。除了从技术层面保证高速公路桥梁的建设质量外，还需要积极加强高速公路桥梁的施工管理，狠抓落实严把质量监察关，从而保证高速公路桥梁施工质量。

高速公路桥梁施工是一项复杂而系统的工程，其施工难度大、技术要求高，为确保高速公路桥梁施工能够获得良好的施工质量，在高速公路桥梁的施工中应当积极做好各项技术措施的落实，并通过加强高速公路桥梁施工中的人员与技术及进场材料质量的管理，最大限度地保证高速公路桥梁施工能够获得良好的施工质量。

第三节　高速公路桥梁施工安全评估及控制

我国幅员辽阔，城市之间的距离比较远，虽然最近几年高铁、飞机的发展速度十分快，但是高速公路运输仍然占有着比较大的比例。本节在论述的过程中介绍了高速公路桥梁施工的安全评估基本标准，并针对具体的施工环境对施工现场进行了适当的安全评价，并从人、物以及环境三个方面入手，对如何控制施工安全进行了阐述，希望对相关单位以及个人的工作起到一定的帮助作用。

随着最近几年我国经济建设发展的脚步不断加快，国家在基础设施建设方面也投入了很多的资金，高速工程的施工总量呈现出明显的增加态势。同时高速公路桥梁的数量以及规模也在逐年扩大，这就为相关的施工工作带来了比较大的困难。虽然我国在这方面取得了比较大的进步，但是还存在着比较多的问题，在施工的过程中，事故发生的频率还是比较大的，这不仅造成了比较大的经济损失，对社会的发展还起到了消极的影响。所以对其施工安全采取有效的措施进行控制就显得十分的必要。

一、高速公路桥梁施工安全评价法

在这里笔者结合日常的工作经验介绍一种高速公路桥梁施工安全评价的方法，具体步骤如下：

（一）指标的选择与确定

首先对相关的指标进行介绍。在这种方法中，安全事故出现的概率可以 L 代表，在确定 L 范围的时候主要还是参考了过去一段时间出现的桥梁安全事故。可以将其范围设定在 1～10 之间，当 L 的值为 1 时，则表明安全事故出现的概率十分的小，而当 L 为 10 时，表明十分容易发生安全事故。

而第二个因素就是不安全区域中人员的密集程度，用 E 表示。同样其范围也可以被设定在 1～10 之间，当 E 为 1 的时候就表明人员密度较低，而当为 10 的时候则表明人员密度比较高。

最后一个因素就是安全事故可能会导致的后果，一般用 C 来表示，范围同样为 1～10。当值为 1 时，就说明所造成的影响比较小，而当值为 10 的时候，就表示可能会造成较大的损失或较多的人员伤亡。

（二）安全评价标准的确定

在计算最终结果的时候，将上述三者的数值进行想乘得到最终的结果，来判断桥梁的安全性是否良好。总分能够在很大程度上反映出桥梁施工的危险系数，如果最终的分数比较高的话，就代表该施工过程中的安全性比较低，必须采取积极的措施进行应对，否则不应当继续进行施工工作。相反如果分数较低的话，就表明安全性较高。这里需要说明的一点就是这种方法只是一个定量分析的方法，并不能作为唯一的标准，在进行具体施工的过程中还应当做具体的考虑。

二、高速公路桥梁施工安全控制措施

（一）人员的安全控制

首先需要做的是要对相关管理人员的安全观念进行培养，在日常的工作就不断地向他们灌输道高速公路桥梁安全施工的重要意义，从而提高管理水平。由于周围环境比较恶劣，任务也比较繁杂，所以管理人员也应当发挥其重要的领导作用，帮助施工人员养成良好的施工习惯。同时还要不断地提高机械化的程度，从而有效地降低施工人员的工作强度，并对工作较为有效的安排，确保施工人员能够以良好的精神状态投入到工作中。这种方式不但能提高工作效率还能降低由于工作人员的操作失误而导致的施工安全事故，而且如果能够合理使用施工机械的时候，也可以为施工人员创造出更多的休息时间，安排一些有意义的教育活动，从根本上改善人们的安全观念，从而最大限度上的提高相关工作人员的热情。最后需要注意的就是要对每名施工人员都进行必要的培训，让他们具有一定的上岗资格，尤其是对于那些之前不常使用的施工机械来说，更要采取措施对工作人员进行安全培训。同时在正式开始施工之前，还要对相关的施工人员进行专门的技术交底工作，让他们对施工过程中可能存在的问题有一定的了解。这里笔者还建议相关单位可以建立一个有效的信息库，将市场上的劳务协作队伍资源都录入到其中，使施工单位能够合理地选择劳务分包企业。

（二）物的安全控制

在施工的过程中将会使用到很多的施工设备，必须采取措施对其安全进行管理。对于设备来说，其在施工过程中发挥着十分重要的作用，尤其是在维护和检修的时候更是如此。在使用这些设备的时候还要注意要对机械进行日常检验工作，一旦发现故障，要进行及时的维修和保养。如果发现施工人员有操作不当的情况要及时制止，并对其进行处罚。对于那些出现老化的设备，应当进行及时的更换，在使用前以及使用后都应当对施工机械的基本情况进行检查，保证在施工过程中以及下一次使用的时候不会出现意外情况。同时在进行的过程中还要协调指挥好不同工序的相关施工人员，让他们能够有效地完成相应的任务。

（三）施工环境的安全控制

1.极端天气下的防护措施

在实际施工的过程中可能会经常遇到一些极端天气的发生，例如暴雪、暴雨。当遇到这种情况时，除非有特殊要求在加设相关安全防护措施之后才能继续施工，否则要立刻停止相关工作，防止意外情况发生。

2.环境温度的变化

通过相关研究显示，工作环境的温度与人身体的温度较为接近的话，可能会对人的身体产生比较大的影响，严重的时候还会出现头晕、恶心的症状，使得他们对危险的判别能力以及躲避危险的能力都大大降低。所以相关单位要对自己的工作时间进行有效的调整，例如结合天气的变化，调整工作时间，减少下午施工的工作量。

高速公路桥梁施工的整个过程是由很多个分部分项工程所组成的，所以对其日常的安全管理以及控制是十分必要的。在施工过程中，其中的各个单位要进行积极的配合，在进行的过程中要时刻具有安全的意识。而且不同的施工环境可能对施工工艺也存在影响，必须结合实际情况对其进行安全性评价。希望通过本节的研究能给相关企业和个人起到一定的帮助作用。

第四节　高速公路桥梁检测和评价

高速公路中，桥梁属于其中非常重要的组成部分，当前我国高速公路的快速发展，使得高速里程中桥梁所占比例越来越大，桥梁的种类也越来越多，所以高速公路桥梁检测的方法与评价越来越重要。而无损检测是全面评定高速公路桥梁工程质量最为常用的方法之一，地质雷达、地震反射、高密度电的测量方法是目前最为常见的无损检测和评定方法，通过应用这些方法能够为施工质量控制提供有效依据，而且还能够有效提升工程质量的控制水平和处理质量事故。在具体的检测和评价过程中，应当积极结合实际的情况来提升高速公路桥梁的工程质量。

对于高速公路桥梁的检测和评定，需要借助对应的检测方法，其中无损检测是高速公路桥梁检测中较为重要的方法之一，由于无损检测本身的特点较为显著，所以当前对其的应用范围也越来越广。具体而言无损检测方法是在不会对工程外形结构以及使用性能产生影响的基础上，借助检测结构的红外辐射、振动频率以及介电常数的物理参数，来判断分析高速公路桥梁的材料和结构的工程质量指标。其测量范围涵盖厚度值、钢筋位置、成分含量以及强度值，并且，全面、真实和准确的判断高速公路桥梁工程的质量状况，后期针对存在质量问题所采取的弥补措施也都将以此为依据。无损检测法在高速公路桥梁的应用能够显著的提升高速公路桥梁工程质量的控制水平。当前无损检测方法随着社会科学技术的快速发展进步，其在高速公路桥梁的检测与施工质量控制方面的地位越来越重要，所应用的范围也越来越广泛。

一、高速公路桥梁检测及评价的作用

在高速公路桥梁建设过程中，对其质量的评定与检测是其中非常重要的组成部分。所以在施工的过程中，应当根据及时的需求来确定作为合适的高速公路桥梁的检测和评定方法，并且对于各项操作严格要求，以确保有效控制高速公路桥梁工程质量，提高高速公路桥梁工程建设的效益，适应新形势下高速公路桥梁工程建设的发展需求。

（1）作为控制依据促进高速公路桥梁施工开展质量控制工作。通过确定合理的检测与评定技术、按照相关规定严格执行操作步骤、对每个步骤加强检验工作，以此来实现对高速公路桥梁工程质量的有效控制，通过此形式来获取高速公路桥梁工程全面的质量信息，并就所获得的相关数据做好记录与分析工作，未来其将会成为高速公路桥梁工程质量控制的参考与依据。而且应用无损检测方法除了可以检测试块真实性之外，还可以把高速公路桥梁工程的质量状况详细和全面的体现出来。所以在评定工程质量的时候，可以根据高速公路桥梁工程的实际情况确定最为合适的部位作为无损检测的检测对象，通过此形式对高速公路桥梁工程的质量有所了解，并且通过检测结果来确定工程质量的实际情况。

（2）能够提高对于高速公路桥梁存在质量问题的应对效率。通过合理应用无损检测方法，可以使得所获得的高速公路桥梁工程的基本信息更加的详细与全面，一旦出现质量事故，则可以及时的开展质量补救措施，有效的预防和处理高速公路桥梁质量事故，切实提升工程建设的效益。除此之外，如果对于试件结果不信任，则可以借助无损检测方法或者从构建钻芯取样，遵循相关的规范和标准开展检测试验，从而了解高速公路桥梁工程的实际质量情况，并有效处理质量事故问题，切实提升高速公路桥梁工程的质量。

（3）能够促进高速公路桥梁提升其质量控制水平。应用无损检测方式可以避免出现由于检测而对桥梁工程造成的损坏问题，而且无损检测能够显著提升检测的结果准确和可靠性，从而达到帮助高速公路桥梁工程提升质量控制水平的目的。无损检测方法的结果能够用来判断高速公路桥梁工程的质量状况，同时还可以借助无损检测方法来开展高速公路桥梁工程质量的控制工作，实现全面监理和控制高速公路桥梁工程的施工质量，这也是预控和监理高速公路桥梁工程质量的重要措施。

二、高速公路桥梁检测方法及评定的具体分类

当前，由于科学技术的快速发展以及高速公路桥梁检测方法的不断更新，无损检测方法的具体分类在不断增加，其所应用的范围也越来越广泛。由于高速公路桥梁工程建设数量的显著上升，对于工程质量的要求也越来越高，在此背景下，应当积极应用无损检测方式，从而达到对高速公路桥梁工程的质量状况进行全面掌握的目的。整体而言，高速公路检测方法和评定所使用的无损检测方法具体有如下分类。

（1）地质雷达。无损检测方法中的地质雷达其本质上是属于电磁波，通过发射天线相位检测物体结构发射高频宽带短脉冲电磁波，电磁波会在不同介电常数结构物的分界面发生反射情况，形成反射波，并由天线接收。由主机记录电磁波的走时，根据走时的时间确定结构物的位置、电磁波的速度以及介电常数。高速公路桥梁的结构分层、结构物几何尺寸以及病害方面常使用地质雷达进行检测。

（2）地震反射。无损检测方法中的地震反射其本质是属于弹性波，通过锤击震源发射出高频地震波，弹性性质界面都会反射地震波，反射来的地震波由检波器进行接收，不同的弹性限制界面所反射的地震波存在差异。所以对弹性波的速度和反射界面进行推算后可以确定结构物的强度以及缺陷界面，在高速公路桥梁混凝土基桩的检测中对于地震反射检测方法应用较为广泛。

（3）高密度电。无损检测方法中的高密度电其本质是直流电，工作原理与电阻率法相同，通过设置多种装置组合观测水平和垂直方向的电性变化，从而基本了解水平和垂直方向的路面情况。作为最为常见的传统检测方法，高速公路桥梁的基础病害检测对于高密度电法的使用较为广泛。

（4）瞬变电磁。无损检测方法中的瞬变电磁其本质是电磁波，高速公路桥梁的基础部位病害检测对于瞬变电磁法的应用较为广泛。即通过不接地回线供给脉冲电磁波作为场源，在脉冲的间歇测量不同时间二次场所发生的变化。瞬变电磁法使用设备的发射回线线圈大小和匝数直接影响到高速公路桥梁的检测深度，并且在实际的检测过程中通过其中发射功率能够使得检测精度提高。

（5）瑞雷面波。无损检测法中的瑞雷面波其本质是弹性波，质点沿地表传播运动，轨迹为椭圆形。高速公路桥梁施工质量检测中的混凝土强度以及桥梁基础病害等方面的检测对于瑞雷面波的应用较为广泛，可以通过对于瑞雷面波的合理应用能够显著提升检测效

果，从而可以更加全面的了解高速公路桥梁工程的质量状况。

（6）其他检测形式。高速公路桥梁质量控制所使用的无损检测方法中，除上述几种之外还包括核子射线法、声波法以及 EVD 动态平板载荷试验法等，通过对于上述方法的应用也能够实现对高速公路桥梁的质量检测的目的。所以在高速公路桥梁工程的检测和质量控制中应当合理选择最为适当的无损检测方式，并且严格遵守相关的操作流程，达到全面详细的掌握高速公路桥梁工程质量状况的目的，从而能够及时弥补质量上存在的缺陷，尽可能减少出现风险的概率，为高速公路桥梁的稳定运行提供保障。

三、提升高速公路桥梁的检测方法与评价水平的具体措施

当前高速公路桥梁检测相关工作人员中有一部分自身的专业素质能力较低，所以在开展检测和评价工作的时候无法保证完全遵守相关的规定，进而影响工程质量控制工作。所以为了切实提高高速公路桥梁的检测与评价水平，笔者结合高速公路桥梁的实际情况认为可以采取如下的措施：

（1）积极完善高速公路桥梁的检测制度。只有及时完善高速公路桥梁的检测制度，才能够有效开展相关检测工作，为相关工作的有序开展提供保障。首先需要按照高速公路桥梁工程的整体规模最为合适的等级检测机构以及质量保证体系，从制度上切实保障高速公路桥梁工程的质量；其次，需要及时完善诸如技术文件管理和保密相关制度、样品检测和抽样检测相关制度以及质量管理执行情况检测制度等各项检测工作制度；第三，要详细制定高速公路桥梁的检测细则，并且对检测人员的操作程序进行规范，以此确保高速公路桥梁的检测工作能够有序稳定开展。

（2）对于高速公路桥梁检测设备和相关工作人员进行合理的配置安排。要按照高速公路桥梁工程的整体规模以及实际需求合理确定工地的检测实验室数量，并布置中心实验室，对于检测数据要及时跟踪和汇总，从而能够准确地掌握高速公路桥梁的检测数据。此外，还需要对高速公路桥梁检测和评价相关人员进行合理的配置，注重提升检测工作人员的自身专业能力素质与水平，以持证上岗的方式保障检测结果的质量。同时还需要及时保养和更新相关的仪器设备，确保仪器的准确。

（3）逐渐落实高速公路桥梁检测和评价的规范化管理工作。首先，对于相关的规范和流程需要严格执行，以此来为高速公路桥梁的检测结果准确以及评价结论的科学合理性提供保障，确保其能够有效指导实际工作的开展，同时还需要严格执行所出台的新的标准、方法以及规程；其次，对于读数、记录、计算以及报告等内容也需要进行规范，确保正确读取每一次的检测数据，尽量减少没能准确读数而使得结果出现偏差。要清楚填写计量单位所采用的国际标准单位制，并且确保所有的记录完整。要按照相关标准处理数据，并按照相关技术要求对计算所得数据进行保留处理。完整填写检测报告，对于高速公路桥梁检

测和评价的最后结论必须要明确清晰。

（4）加强管理高速公路桥梁检测试验操作及数据。首先对于检测过程中的每一个检测项目更需要明确其来样、取样、试样、检测过程以及操作人员等信息，并且及时纠正所出现的问题。对于能够对结果产生影响的问题，则需要对其进行重新检测和说明；其次需要对数据进行严格处理。认真细致确定原始数据的记录以及计算方法得采用和数据计算。针对标准数据和检测数据之间存在过的输入的情况，需要对检测数据进行认真分析，寻找其中所存在的问题；第三警方对于检测结论的反馈重视程度，应及时将结果通知有关部门，确保能够有效地指导高速公路桥梁工程开展质量评定工作。

随着社会的不断发展，对于高速公路桥梁的质量要求也越来越高，所以针对这种情况应当积极采取控制措施，全面掌握和评价高速公路桥梁工程的质量情况，及时处理所发现的问题和缺陷，避免未来的使用过程中发生事故，并提升高速公路桥梁的工程质量。

第五节　高速公路桥梁标准化施工要点

针对目前高速公路桥梁工程进行标准化施工过程存在的问题，从实践角度出发，分析了标准化施工现状，提出了工程标准化的施工控制要点，其目的是为相关建设者提供一些理论依据。结果表明，工程建设者要想实现施工控制的标准化，需与设计图纸要求和规范标准作业环境进行结合，以找出与之匹配的施工控制方法。

高速公路桥梁作为系统运行的重要组成部分，其施工建设的标准化效果会对交通运输业发展带来直接影响。在实际建设过程中，相关建设者并未将标准化施工作为手段方法，这就导致各项施工环节的建设质量未达到预期。此工程建设背景下，相关人员应在掌握标准化施工问题现状基础上，对实际施工控制要点进行调整与改进。如此，就可对当前高速公路桥梁工程的施工技术环境进行优化，进而促进所处交通运输系统的健康快速发展。

一、研究高速公路桥梁标准化施工要点的现实意义

当前阶段，高速公路是交通运输系统中等级较高的高速公路类型，其建设运营效果直接反映了涉及地区的现代化经济建设水平。然而，在高速公路实际建设过程中，因地域性差异，使得规范标准的运用缺乏统一性。此建设背景下，工程施工标准化主要是指，工地标准化、施工标准化与管理标准化。其中，工地标准化，是指按照既定的规范标准进行驻地与拌和场设置；施工标准化，是指与工程项目的实际情况结合，选取最具适用性的施工工艺，以满足高速公路桥梁工程的建设使用要求。管理标准化，则是指对各个施工环节采取的管理控制措施，以保证施工措施运用的可靠性。为推动所处行业健康稳定发展，研究人员应对工程实际建设的标准化施工现状进行分析，以采取相应的措施进行优化控制。如

此，高速公路桥梁工程的建设就能满足涉及地区现代化经济发展背景下，各行各业快速建设所提出的交通运输业安全可靠需求。

二、高速公路桥梁工程的标准化施工现状

研究表明，高速公路桥梁工程的施工建设具有技术复杂、结构新颖以及施工质量要求等特点。越来越多的大跨径钢筋混凝土悬索桥、斜拉桥，被运用于交通运输市场环境。此发展建设背景下，对各项结构施工的质量与稳定性需求不断增加。然而，经调查统计发现，标准化施工实践过程中，并未遵循"因地制宜"原则进行质量效果控制，即未对标准化施工这一长期系统的动态功能进行全面掌控。此时，各类高速公路桥梁工程的建设耐久性无法达到预期，在很大程度上阻碍了行业发展进程。

因而，工程施工建设者应对高速公路桥梁施工阶段，每个分项工程建设情况进行全面分析，即保证每道施工工序实践的标准化，进而保证整个桥梁工程质量控制措施运用的整体性。如此，高速公路桥梁不仅能达到其耐久性要求，也符合安全文明施工的要求，能够促进所属地区经济的发展，进而提高当地人们的物质生活水平。

三、高速公路桥梁标准化施工控制要点

混凝土施工标准化控制。季节性，作为影响混凝土标准化施工的重要因素，相关人员应按照季节对混凝土入模温度进行控制。如冬季，混凝土入模温度应控制在5℃以内；夏季，则应将入模温度控制在30℃以上。对于施工温度未达到要求的情况，应立即停止搅拌，然后通过处理来保证混凝土施工质量不受影响。对于混凝土的浇筑作业，应在初凝前进行。在对大体积混凝土进行浇筑施工时，标准化控制人员应将温度作为关键点，即通过包裹、覆盖等方式来强化混凝土结构作用的稳定性。

桥梁基础标准化控制。高速公路桥梁工程建设者应根据结构类型采用相应的施工方法进行处理控制。对于采用扩大基础方法进行施工的情况，应结合实践采用机械开挖浇筑与人工开挖基坑结合的方式，来保证基坑浇筑作业的质量。标准化施工控制首先要进行开挖的测量放样，而后，再进行基础处理、垫层以及钢筋绑扎等操作。此过程，施工应遵循标准化施工规范，在开挖基坑顶面前，做好防排水设施，并对3m以上的深基坑进行支护处理。为保证扩大基础施工质量，应结合实际作业环境，从放坡开挖与明挖方式中，选取最具适用性的施工方法。这里的明挖作业适用于土质结构均匀与湿度正常环境，即采用垂直开挖，从上自下完成立模、混凝土灌注等作业。放坡开挖则应与基坑坑壁的坡度控制要求结合，可以通过坑壁加固处理来强化挡板支撑与混凝土围圈效果。

当桥梁基础处在水环境中，基坑的开挖应采用围堰方式，即在满足施工要求情况下进行标准化控制。这里的围堰建设要求为堰顶超出水位0.5m。此方式可运用于、土石围堰、木笼围堰以及钢板桩围堰等。这里的土围堰主要运用在水深小于2m且河床渗水影响范围

较小的作业环境。钢板桩围堰，则运用于软岩，或是水深在 4 ~ 8m 之间的基础结构施工环境。如此，不仅能够保证桥梁基础结构的强度，还能具备一定的防水性能。标准化施工控制人员应沿着基坑边缘设置防护围栏，并将栏杆柱打入地面至少 50cm 深，并将与基坑边缘的距离控制在 50cm 以上，对于立柱间距，应控制在 3m 以内。

下部构造标准化控制。高速公路桥梁工程的下部构造是指，盖梁、墩柱以及桥台等施工内容。以盖梁与墩柱的施工标准化控制为例，盖梁底板应支设在支架上，并采用抱箍法来使墩柱混凝土强度达到 100%。此过程中为防止混凝土表面受损，应通过夹垫土工布与橡胶条进行保护设置。当墩柱盖梁不高时，应采用塔设满堂支架方式，即在施工前，通过地表碾压夯实与硬化来强化排水效果。为规避基础结构沉陷，应在支架下进行木垫梁的设置，并将支架布局与横距控制在 1m 以内。对于抱箍法的应用控制，应在墩柱混凝土达到强度要去后，将墩柱顶部多余的混凝土与浮浆进行凿除，并利用水进行冲洗。如此，就可将抱箍安装至柱顶以下部位。此时，抱箍内侧应贴有橡胶皮，并根据墩柱直径来确定抱箍大小。

其模板应采用定型钢膜，此过程，对于模板表面的厚度，应控制在 5mm 以上，并将具有高强性能的砂浆垫块作为保护垫层块。此过程，圆柱应按照一圈 2m，每圈 4 个的状态进行重点部位加密。对于下部结构桥台的施工，应在浇筑侧墙混凝土时，将防撞护栏钢筋预埋作为关键，即保证其与预制梁防撞护栏处于同一水平线上。值得注意的是，桥台背面的伸缩缝钢筋，其预埋间距与高度应按照设计图纸要求进行严格控制，以达到施工标准化的目标。

梁板预制标准化控制。由于梁板预制属于高速公路桥梁工程的上部构造，因此，标准化施工控制人员应将现浇箱梁、悬臂梁挂篮以及安装等作业内容作为重点。其中 T 梁预制与小箱梁的预制，相关人员应通过定型模板来进行厚度与刚度的确定。此过程，梁板预制人员应对内膜进行固定，以避免出现下沉或是上浮现象。对于钢筋骨架的预制，应采用胎架法与拉线法来保证顶板横向钢筋的作用稳定性。值得注意的是，架设预制梁期间，施工该技术人员应遵循《河北省高速公路施工标准化管理指南》中的要求，在运梁通道上停止其他施工作业，并通过设置运行标线、标志、警告标志。如此，就可使高速公路桥梁工程的梁板架设以安全可靠的状态作用于实践。

桥面系施工标准化控制。实际施工前期，工程建设者应对桥面上较为松散的混凝土进行清除。浇筑作业，也应规避气候条件恶劣的施工环境来保证混凝土浇筑的连续性。桥面护栏，则应采用钢模板，并按照设计要求对诱导缝与断缝进行设置。当模板拆除完毕后，才可对诱导缝进行切割。对于高速公路桥梁顶面的浇筑作业，应通过抹面修正来提高护栏成型后的光洁与顺畅效果。如此，就可达到工程项目的建设预期。

综上所述，高速公路桥梁工程的标准化施工，不仅要结合工程项目所处的环境，还应按照既定的规范标准，将各项施工环节进行稳定性与可持续性控制。事实证明，只有如此，才能使高速公路桥梁工程建设朝着施工标准化方向向前发展。

第七章　高速公路桥梁施工技术

第一节　高速公路桥梁加固施工技术

本节对高速公路桥梁当前的使用现状及需要加固处理的原因进行分析，探讨了高速公路桥梁加固施工技术，包括增加桥梁各部分的截面面积、体外预应力加固方法、利用辅助构件提升桥梁抗力、塞缝灌浆法、有黏结预应力加固技术，以供参考。

在我国高速公路交通网络中，桥梁起到了重要的作用。受到传统施工技术以及理念的影响，我国早期的高速公路桥梁结构整体质量以及承载性能不高，加之自然环境等外部因素的影响，所以高速公路桥梁很容易出现损坏或者裂缝问题。处理这些问题的主要手段就是对高速公路桥梁进行加固，重视养护工作。通过加固施工技术的应用，高速公路的破损和裂缝问题就可以得到解决，从而使承载能力和运输能力得以恢复，其使用寿命也有了可靠的保障。同时，还有很重要的一点就是做到提高高速公路桥梁的经济效益，降低各项成本开支，从而缓解政府财政压力。

一、高速公路桥梁使用现状及需要加固处理的原因

高速公路桥梁当前的使用现状。高速公路桥梁在投入使用后，应制定合理的维护计划，定期进行维修保养。因为高速公路桥梁基本都是在室外建造，自然环境会对高速公路桥梁造成影响，同时高速公路桥梁在施工中会受到车辆的反复碾压，因此桥梁表面和结构容易出现损坏。其中，比较常见的问题就是路面裂缝、不平整、桥梁局部破损等问题，这些问题会直接影响到车辆的正常行驶，不仅会影响车辆行驶的舒适度，严重地还会因为桥梁路面平整度较差而出现跳车现象，从而引发安全事故。这也是当前我国高速公路桥梁施工中常见的问题，如果这些问题能够得到及时的解决，就可以将影响降到最低。但是，由于目前我国高速公路桥梁维修养护方面仍然存在一定的问题，加之车辆不断增加，高速公路桥梁受到车辆跳车现象的不断影响，日积月累就会使桥梁内部构件稳定性出现问题。从而使高速公路桥梁整体的稳定性受到影响，桥梁的使用寿命就会严重缩短。尤其是一些小型的高速公路桥梁，不仅没有得到很好的维修养护，甚至日常的清扫工作都没有做到位，导致了桥梁泄水孔发生堵塞问题，如果遇到降雨天气，桥面上就会产生大量积水，一方面使桥

梁受到侵蚀，另一方面也不利于车辆的安全行驶。

高速公路桥梁需要加固处理的原因。随着高速公路上行驶的车辆数量不断增加，交通事故也十分常见，通常高速公路桥梁上发生交通事故后，桥梁的栏杆等就会出现局部破损，这些破损实际上能够影响车辆驾驶员，使其在驾驶中缺乏安全感，同时高速公路桥梁的整体美观度也会受到很大影响。上文中提高了高速公路桥梁如果桥面平整度不够，就会造成车辆出现跳车现象，从而对车辆的安全以及桥梁的整体结构造成不同程度的影响，这也是高速公路桥梁需要进行加固处理的主要原因之一。其次，现代高速公路桥梁内部有很多的钢筋，桥梁表面的破损或者自然环境的影响都有可能使桥梁内部的钢筋受到侵蚀而发生锈蚀现象，如果这种问题长期得不到解决，桥梁中的钢筋质量就会受到严重影响，从而引发一系列的问题。其实现代高速公路桥梁出现的很多问题最初都只是一些小问题，很容易就可以解决，但是由于缺乏维修保养意识或者加固施工技术应用不合理，导致这些问题没有得到及时的解决而不断恶化，最终导致高速公路桥梁出现严重的质量问题。

二、高速公路桥梁加固施工技术

增加桥梁各部分的截面面积。增加桥梁各部分的截面面积的方法对于桥梁的情况有一定的要求，如果高速公路桥梁的桥下净空较低，横截面较小就可以采用这种方法增加主梁的横截面积进行加固。这种加固技术限制条件较少，通常只需要进行接长箍筋的施工就能够达到要求。还有一种方法是可以先增加主梁的高度然后再进行加固，这种方法会对桥梁的外观造成影响，因此如果对桥梁的美观程度有很高的要求，不建议采用这种方法。因此，在增加桥梁横截面加固施工技术应用时要对桥梁的状况进行分析，合理选择相应的加固施工技术。

体外预应力加固方法。体外预应力加固方法主要是通过在桥梁结构的受拉区添加体外预应力达到桥梁的加固目的。这种方法的原理就是使桥梁产生与原桥相反轴向压力与弯矩，这样桥梁的部分自重应力就会被替代，桥梁的承载力就能够得到提升，从而增加桥梁整体结构的稳定性和使用寿命。目前，我国高速公路桥梁中使用的体外预应力加固方法中的撑式预应力拉杆加固法与外部预应力钢丝束加固法是应用最广泛的两种方法。在应用过程中一定要严格按照相关的流程规范进行施工，这样才能够防止出现交通拥堵问题，甚至可以做到在开放交通的情况下正常施工，同时还能够保证高速公路桥梁加固的施工质量。

利用辅助构件提升桥梁抗力。如果高速公路桥梁结构完整但是承载力不高，这种情况下就可以采用增加辅助构件的方法提高桥梁抗力，也就是可以加装第二主梁。这种方法施工工艺复杂，而且对于施工环境要求很高，在施工过程中需要阻断交通，同时工程量较大，也会对原来桥梁的结构造成损害，因此这种方法在高速公路桥梁加固技术中并不常用。

塞缝灌浆法。塞缝灌浆法主要是针对高速公路桥梁出现裂缝问题的情况，在具体施工中要根据桥梁裂缝的不同采用不同的砂浆，例如砂浆、水泥砂浆、水泥浆等。通常情况下，桥梁石墩位置出现的裂缝需要用水泥浆进行施工加固，在施工中还需要根据裂缝的大小确定是否添加砂，这种方法操作简单，施工成本较低，而且加固效果良好。塞缝灌浆法在施工过程中首先要对水泥砂浆进行配比，通常是采用1：1比例的水泥砂浆，在勾缝时要保留出灌浆孔，直径大概在7mm左右，具体宽度要根据具体情况而定。其次就是进行灌浆，在施工过程中要有专业的技术人员进行监督，以此确保灌浆施工的质量。

有黏结预应力加固技术。有黏结预应力加固技术在具体施工时，首先要将小直径预应力筋在梁体上进行锚固，然后对梁体施加预应力，完成后进行喷注砂浆施工。这种方法对采用的砂浆要求很高，必须是具有高抗拉强度的复合砂浆，这样才能够使预应力筋牢固地黏结在梁体上，从而达到良好的加固效果。这种加固技术适用于高速公路中采用的中等跨径钢筋混凝土连续箱梁桥的加固，通过在梁体底部添加预应力筋，然后用高抗强度的复合砂浆进行喷注，使预应力筋与梁体紧密地黏结在一起，从而达到高速公路桥梁的加固目的。

综上所述，随着我国交通事业的不断发展，高速公路桥梁的数量和规模不断增加，逐渐成为我国交通基础设施建设中不可或缺的一部分。因此，高速公路桥梁的整体质量至关重要。通过对高速公路桥梁采取合理的加固技术，不仅可以提高桥梁的整体稳定性，也能够确保高速公路的正常通行，增加桥梁的使用寿命。所以，应该不断研究高速公路桥梁的加固技术，同时在桥梁运行过程中加强定期维修养护工作，从而推动我国交通事业的可持续发展。

第二节　高速公路桥梁溶洞桩基施工技术

从地质地形图上来看，我国多山区地貌，加上国家对山区的不断扶持，山区高速公路建设成为解决山区交通问题的有效措施。通过高速公路的修建，不但方便山区居民的出行，还能够改善山区的经济状况。在对山区高速公路进行施工过程中，桥梁的施工是重点和难点。基于此，文章以京源口特大桥为例，针对山区高速公路桥梁施工中的桩基溶洞处理技术进行简要分析，希望给山区高速公路桥梁建设带来一点帮助。

一、工程概况

京源口特大桥分左、右两线，左线40跨为预应力混凝土连续T梁，右线13跨为预应力混凝土连续T梁。桥梁全长为1561.5m。桥梁下部结构为柱式墩、空心墩＋桩基础，0#、40#台分别为柱式台和板凳台，均采用桩基础。通过地质勘测单位进场逐桩钻孔勘测，发现该桥桥位区属低山区坡地间夹山间小盆地沟谷地貌，桥址区地质层以含砾粉质黏土（Qal+pl）为主，层间土洞分布较多。局部地层多分布碎块状强风化石英砂岩（C1L），裂隙发育明显。且左线1#桥墩-3#桥墩地址处于蚀变破碎带（F）及流沙层贯穿区。依据京源口特大桥地质勘测报告，同时结合现场实际情况，决定对该桥桩基采取相应措施对溶洞进行处理。现围绕本工程实际情况，对岩溶地区桩基础施工技术作相关分析。

二、工程难点

岩溶地区桩基础施工过程中，最常见的问题同时也是工程的难点内容：钻孔击穿溶洞，桩孔内泥浆随即流失，泥浆面迅速下降，孔壁内外应力失衡，最终造成塌孔，严重会导致桩位处地表大范围塌陷。如果施工过程中遇到大型溶洞或串珠型溶洞，且当地表土质较差时，经常发生这类现象。此外，在施工过程中还会出现完成钻孔击穿工作后，因操作不当造成钻头卡住或者钻头掉入溶洞内部等情况。

三、孔桩遇溶洞的形式与处理技术

孔桩遇单层型溶洞形式处理技术。钻孔过程中，遇到单层溶洞时，依据地质勘测报告及现场实际情况，视所遇溶洞溶腔的大小，高度分情况采取相应措施进行处理。综合本桥桩基处理方式及结果，大致可以分为如下几类情况进行：

（1）当地层中存在小型溶洞（高度小于1m）时，可采用注浆加固的方法。通过对照地质柱状图，对桩穿过的溶洞进行填充和加固。为防止浆液流失太远造成浪费，应先注入浆液与沙子（或碎石）初步达到胶结后再注浆，循环注浆多次，直至达到规定的注浆量和注浆压力控制值为止。注浆完成后，应在桩基范围取芯检验填充效果，待溶洞完全填充且强度达到要求后方可进行桩基施工。

（2）当所遇溶洞高度小于3m时，可采用片石回填的方法。孔桩钻进，钻穿溶洞漏浆时，反复投入黄土和片石，利用钻头冲击将黄土和片石挤入溶洞和岩溶裂隙中，还可掺入水泥、烧碱和锯末，以增大孔壁的自稳能力。

（3）对于大型溶洞（溶洞高度3米以上），先向孔内回灌浓泥浆，同时抛填片石和黏土，以此固壁，直至漏浆现象消失。

孔桩遇多层型溶洞形式处理技术。孔桩遇多层溶洞时，先对溶洞大小和是否为串珠状溶洞进行判定，如为串珠状溶洞且漏水，则可以直接采用钢护筒跟进措施通过，如不存在这种情况，则采取向溶洞内直接充填片石和黏土，泥浆护壁措施通过。

成桩施工。首先，结合场地的实际情况决定钢筋笼制作方式。因为山区陡坡的特殊性，桩基钢筋笼的制作常采用预制场制作、孔外制作以及孔内制作等方式。可以结合具体的施工条件来确定制作方法。如果制桩处施工平台较好，但不方便运输材料，这时往往使用孔外制作，制作完后借助吊车安放，注意安放时必须确保钢筋笼是垂直的。对于施工条件好、便于机械施工的地方，往往在预制场制作钢筋笼。若施工场地交通运输不便，施工平台又狭窄，则需使用孔内制作法。其次，控制桩基混凝土的质量，确保桥梁质量和后期安全。合理确定混凝土的各项指标，使用性能优良、粗细适当的骨料，并在其中适当添加硅微粉、矿渣以及粉煤灰来调节混凝土的致密性；可以通过降低混凝土水灰比来提高混凝土的耐久性和强度，确保使用数量恰当的胶凝材料以提高混凝土的密实性。对于人工挖孔灌注桩，当积水很少时往往采用"干灌法"浇筑混凝土；当积水较多不好排出时，要结合积水情况使用水泥砂浆封底，再快速分层浇筑混凝土。灌注时首先要保证混凝土搅拌均匀，并且动作要连续；其次要保证灌注桩顶标高高于设计标高，凿除高出部分的混凝土和浮浆，以保证成桩质量。

四、孔桩遇溶洞卡钻、吊锤相关处理技术

钻孔中钻穿溶洞，钻头卡住时，可采取如下方法：①慢试法：钻头卡在中间任何部位时，应将主绳徐放—收紧—徐放—收紧，反复进行使钻头旋转从原位槽道提出；②冲击法：将主绳放松3～5m，用钻头副绳吊一重物向下冲击钻头，使之产生松动，主绳重复慢试法；③辅助提升法：用吊机、千斤顶或钻机副绳穿滑车组加力提升；④水下松动爆破法：测准钻头被卡高度后，迅速将乳化防水炸药捆成两组，加配重对称放入钻头刃脚部位，之后将钻机主绳带紧或以吊机辅助紧提，采用电雷管起爆。

钻孔中钻穿溶洞，钻绳断裂，锤体掉入孔洞中时，可选用打捞钩、冲抓锥等合适的打捞工具，或采用潜水员下孔内进行打捞。如果确实无法捞起时，应强行冲击，将钻头冲碎。施工单位可以在施工过程中根据工程施工情况和施工进度要求合理选择施工技术。

我国高速公路运输量逐年增加并且存在车辆超载现象，这对于高速公路工程施工的质量及安全性是一项很大的挑战。因此，在高速公路工程施工中，对桥梁工程桩基础施工技术的要求将会越来越高。本节在高速公路工程施工中，对桥梁溶洞桩基施工及桩基钻孔所遇相关事故处理技术的研究，有利于提高桥梁工程质量和使用寿命，从而为我国的高速公路交通事业的健康发展提供了有力的保障。

第三节　高速公路桥梁高墩施工技术

高墩施工技术是现代高速公路桥梁施工中的一种常用技术，通过对该技术的有效应用，能够有效提升高速公路的线型质量。但是从实际施工情况来看，由于所处的施工环境较为恶劣，在定位施工上显得较为困难，致使高墩施工质量难以得到有效控制。对此，文章以某高速公路桥梁工程为背景，对其中的高墩施工技术展开探讨，并提出可行的技术应用措施，以期给相关工程提供可行参考。

现代城市化建设和发展下，高速公路交通运输业快速发展，高速公路工程规模不断扩大，成为社会经济持续增长的基础保障。为了满足社会发展需要，政府对高速公路桥梁工程建设重视程度不断提升，为了保证施工质量，应做到合理应用高墩施工技术，根据施工

技术标准进行实践，在保证施工质量和安全的同时，最大程度上降低施工成本，创造更大的经济效益和社会效益。通过高速公路桥梁施工中高墩施工技术应用研究，推动技术创新和完善的同时，积累丰富施工经验，为后续高速公路桥梁施工提供参考依据。

一、高速公路桥梁高墩施工技术的主要特点

施工周期较长、难度较大。高速公路桥梁高墩施工具有施工周期较长、难度较大的特点，其实际施工作业多数是在高空中进行，危险程度较高。相比普通高速公路而言，修建高速公路的难度更大，在高墩桥梁施工过程中会受到很多外界因素的影响，人力和物力的损耗相对较多。

施工技术要求较高。高速公路桥梁高墩在实际承重过程中，会由于受力不均而出现开裂或倾斜等现象。为了预防这种不良现象，需要采取较为先进的高墩桥梁施工技术以保障高墩的整体稳定性和施工质量，因此，其对桥梁高墩施工技术的要求也较高。

施工成本比较高。由于高速公路桥梁高墩的修建周期比较长，大多数施工单位为了更好更快地完成工程修建任务，选择平行作业。但这种施工方式需要更多的施工人员进行施工，容易导致人力资源浪费，做在实际施工时，还需要为每一个高墩配备模板，因此设备的需求量也比较大，导致资金需求量更多。

二、高墩施工技术要点

某高速公路桥梁整体长度为1965m，采用双向四车道设计，桥面宽度22.3m，在施工过程中需要使用到高墩施工技术，所有桥墩都设计成为矩形实心墩，最低墩高38m，最高墩高46m，基础为钻孔灌注桩。横桥架设距离桥墩的上部位置约5m，随弧圈适当增大到所需的宽度数值（与箱梁底部宽度一致）。

放样测量及前期准备工作。放样测量、桩顶清理、脚手架搭设等都属于施工前期的准备工作，对高墩施工整体质量有较大的影响。在该环节中主要需注意以下几点：（1）针对桥墩支柱的中心线、结构线测量放样。控制墩柱四周边缘距离中心线的偏差，偏差数值应≤10mm，且保证墩柱的倾斜角度小于高度的1‰，同时确保整体偏差数值在30mm以内。（2）对桩顶进行清理，在进行钢筋安装工程施工之前，应保证桩顶达到施工标准，清除桩顶异物，将表面浮浆凿除，为后期钢筋安装施工提供便利。（3）选择脚手架搭设点，夯实搭设点基础，并对支架的受力情况展开分析计算，确保所搭设支架的刚度能够满足使用的需求。这些都属于高墩施工前的重要准备工作，对后期高墩施工顺利开展有较大的影响。

翻模的安装。需要放出墩身外轮廓线，此后使用砂浆对其进行抄平处理，以便在砂浆顶面设置支立模板，围绕墩身调整段展开浇筑施工。以所得到的调整段墩身模板为基础，进一步展开翻模的安装作业，当施工距离达到4.5m后方可进行翻模平台的安装作业，在

此过程中应密切关注平台中线及激光接收靶的位置，确保其不出现误差。在进行激光铅直仪器的安装作业时，需要将其置于平台之上，确保其与墩身内两圆端的圆心投影点达到相重复的状态，以免在后续的施工中出现扰动现象。当结束平台的安装作业后便可以展开千斤顶的安装，此后置入顶杆套管，基于合适的措施对套管进行保护，避免其与砼出现粘连现象。

模板工程。在本工程高墩模板安装时主要采用塔吊起吊的方式来进行装运，同时在装运的过程中为避免钢模发生形变，需先为其系风缆绳，形成对钢模板的保护。在模板安装时应遵循相应的施工工艺，先小面后大面，找准模板安装的中心轴，然后对其进行安放。在此过程中应充分保证模板的安装垂直度和稳固性，避免混凝土浇筑施工时出现泄浆漏浆的情况。在完成模板安装后，应结合施工设计要求，对模板安装质量做全面检查。如检验预埋件是否埋设到位，检验设置防护层的厚度是否得到标准，检验预设深度是否满足该工程要求等。在确保各项指标无误之后，才能进入到混凝土浇筑环节。

支架验算与搭设。首先，支架验算和搭设之前，要明确支架的作用是为垂直运输和施工操作等提供支撑，为了保证浇筑过程中桥梁不发生变形，需要保障支架在纵、横、斜方向均具有充足的刚度、强度及稳固性，将其沉降值控制在允许范围内。其次，在支架搭设过程中，要清平基土并夯实处理，之后将脚手架与墩柱承台紧密连接在一起。然后，搭设碗扣件支架（单排或双排任意选择）。在这一过程中，需要将横杆与立杆间的距离控制在1.2m左右，注意横杆和立杆的排间距以0.9m为宜。最后，在扣件搭设前完成支架受力验算。支架体的力传导是操作平台中各种荷载横向传至水平杆后所产生的，在传至纵向的水平杆之后需要有效传至地基中。

综上所述，应结合高速公路桥梁工程项目的实际情况，分析其采用的高墩施工技术，提高施工方案的科学性和合理性，以保障高墩施工质量，促进我国高速公路桥梁建设事业的健康发展。

第四节　高速公路桥梁挂篮施工技术

总结了挂篮施工技术的特点，并以实际工程为例，对高速公路桥梁挂篮施工方案、挂篮拼装、挂篮试压以及悬臂浇筑技术进行了分析。实践证明，此施工方案和施工技术的应用，有效地降低了施工成本，提高了施工质量，加快了工程进度，从而提升了高速公路桥梁的整体性能。

一、篮施工技术的特点分析

在进行跨径较大的悬臂桥梁建设时，为了加快施工速度、确保施工安全，常常会采用挂篮施工技术。挂篮是悬臂施工的关键设备，根据结构形式可将挂篮分为以下几种：桁架式挂篮、斜拉式挂篮、型钢式挂篮和混合式挂篮。由于挂篮施工无须搭设支架，也不需要使用大型的起重设备，从而使施工流程得以简化。挂篮可在工厂内加工制作，运至施工作业现场后进行安装和预压，并在确认安全性和导梁挠度全部合格后，便可进行悬臂段施工。大体上可将挂篮施工的特点归纳为以下几个方面：①挂篮除了能够承受梁端自身的重量之外，还能承受一定的施工荷载；②挂篮本身的刚度较大，在使用过程中基本不会出现变形的问题；③挂篮的结构较为轻巧，在导轨上便于向前移动；④挂篮的适用范围较大，底模架可以自由升降，能满足不同梁高的要求。由于挂篮施工所具备的上述特点，使其在高速公路桥梁施工中得到了广泛应用。

二、高速公路桥梁挂篮施工方案

以某大桥工程悬浇箱梁为例，跨径布置为 116m+220m+116m，单箱单室箱形截面，箱梁梁高、底板厚度均按 1.8 次抛物线变化。箱梁根部梁高（箱梁中心线）为 1340cm，跨中梁高（箱梁中心线）为 400cm，箱梁顶板全宽为 1200cm，厚度为 30cm，刚构根部顶板加厚至 60cm，设有 2% 的单向横坡，底板宽度为 650cm，厚度为 12 ~ 32cm，腹板厚度分别为 105cm、95cm、80cm、65cm 及 50cm。箱梁在墩顶处设两个厚 100cm 的横隔板，在边墩墩顶梁端处设 200cm 厚的横隔板，在四分点位置和主跨跨中位置设置 40cm 厚的横隔板。本工程采用挂篮施工方案进行悬臂浇筑，下面重点对挂篮施工中挂篮的选取与计算进行分析。

挂篮的基本构造。结合工程特点，对几种挂篮形式进行综合比选后，最终选定了桁架式挂篮。其基本构造如下：挂篮主桁架（是主要承重结构，由两片纵梁组成）；吊杆及锚固系统（轨道、主桁架的锚固，模板系统的前、后吊杆的锚固）；走行系统（包括主桁架、外模板、内模板和底模板的走行）；模板系统（包括外模板、内模板和底模板）。

主桁架试压。由于主桁架是在工厂内加工制作并运至施工现场的，因此在使用前，需要对挂篮主桁架的性能及安全性进行检验。通过试压的方法，了解其结构的非线性变形情况。本次试压采用对称反顶法，在加载和卸载的过程中，用钢尺测量挂篮主桁架测点的挠度值，根据实测数据得出挠度变化曲线。试验结果表明，挂篮主桁架的各方面性能及安全性全部符合规范和标准的要求。

挂篮计算。采用 ANSYS 通用有限元程序，按照挂篮实际结构建立空间模型进行整体分析计算。外模系统则另外建立模型整体计算。根据模拟计算结果，判断挂篮是否满足施工要求。如果局部杆件变形过大，则根据实际情况予以加强，以确保挂篮使用安全，同时在监控立模标高控制计算时，注意监控单位应根据挂篮的实际参数进行计算。

三、挂篮拼装技术要点

轨道安装。可将箱梁的中心线定为基准点，根据挂篮设计图中给出的轨道位置，在施工现场进行准确定位，随后铺设钢枕，并将轨道布设在钢枕上，通过适当调整使钢枕处于水平状态。安装轨道系统时，必须控制好轨道间的中心距，使其与设计图纸一致，并借助箱梁竖向螺纹钢筋，将轨道压紧。如果钢筋的长度不足，可用连接器加长，在安装完毕后，应当用长尺对轨道间距进行复核。

主桁架安装。本工程中挂篮的主桁架是以焊接的方式制作而成的整体性钢结构，单片主桁架用缆索吊运至桥面，主桁架与前后支座采用焊接的方式连接，与横向连杆之间则采用插销的方式连接。注意安装过程中必须保证主桁架的平整度。

前吊横梁安装。在主桁架安装就位后，便可进行前吊横梁安装，同时在其上放置吊杆、扁担梁及千斤顶，以为底篮和外侧模的安装做准备。前吊横梁与主桁架的前吊支座应采用焊接的方式进行可靠连接。

外模安装。根据挂篮设计图中给出的位置，先在地面上将外模行走梁吊至框架内部对应位置处，并进行适当固定，同时在箱梁翼缘板的预留孔上安装吊耳，将外模与行走梁一并起吊。另外，利用吊杆可将行走梁的前端与前吊横梁连接，也可借助吊耳将行走梁的后端悬挂在箱梁的翼缘板上。

底篮安装。在地面将底篮的前后横梁、纵向桁架梁、工字钢梁、横肋、面板连接成为一个整体，一并起吊安装。当底模吊至设计位置附近时，使底篮的前横梁处于前吊横梁的下方位置处，并将预先穿插好的吊杆拧入前横梁上部吊杆座的连接螺母中，底篮的后横梁也可采用相同的方法安装。

内模安装。在安装内模系统前，应当先绑扎箱梁底板及腹板的钢筋，随后安装两根内模行走梁，并在其上加装骨架，最后拼装内模板。在安装挂篮的过程中，应注意如下事项：挂篮安装时要控制好挂篮的结构尺寸，以确保桥梁混凝土浇筑的线形；待挂篮安装完成后，要根据最大施工荷载对挂篮进行试压，检验挂篮的承载能力、稳定性及安全可靠性，以消除非弹性变形，并测试其弹性性能，以便能为施工控制计算提供准确数据。挂篮试压后，如果符合设计要求，需经监理工程师批准后，方可投入使用。挂篮作业时，主桁架后锚吊杆和轨道锚固钢筋的锚固力要调试均匀。挂篮就位后，对于所有关键的受力部位，特别是前后吊杆（吊带），要派专人全面检查。同时，每个环节和部位的检查情况均经验收合格签证后，方可进行下一道工序。安装作业平台及栏杆时，要确保其安全性和可靠性。

四、挂篮试压技术要点

挂篮安装完毕后，需要进行试压，以此检验其各方面的性能及安全性，并通过试压得出箱梁浇筑的修正值。挂篮主桁架的测试方法为：在0#块上用千斤顶分级加载，用水准仪测量其挠度，并目测焊缝情况。挂篮底篮的测试也采用千斤顶分级加载。为模拟施工各阶段的实际情况，并尽可能简化加载程序，且保证测试数据的连续性，纵桁在混凝土荷载下分十一级，空载情况下分六级加载，底篮在荷载下分十一级加载，加载重量根据最不利受力重量控制，挂篮试压分两个工作日进行。经过测试，挂篮的各项参数均符合要求。

五、挂篮悬臂浇筑技术要点

挂篮安装完毕并经过全面质量与安全检查验收后，便可进行悬臂浇筑施工。具体的施工技术要点如下：在悬臂段的吊架上对第一节段的模板进行拼装调整，模板为钢模，在内模就位前，需要先完成底板和腹板钢筋的绑扎工作，并埋设好预应力管道和挂篮锚固用的预留孔，在布置预埋件及预留孔时，必须确保质量合格、位置准确。浇筑施工前，应当对模板、钢筋、预应力管道进行质检验收，并将模板内的杂物清除干净，之后便可进行混凝土浇筑。在浇筑过程中，应遵循由前往后的原则，分别浇筑底板、腹板和顶板，并采用振捣棒将浇筑完毕的混凝土振捣密实。浇筑振捣后，要根据规范的要求及时进行混凝土养生，防止裂缝的产生。当混凝土的强度达到设计强度的 85% 以上时，便可开始进行预应力张拉施工。张拉完毕后，应及时进行灌浆封锚。另外，待梁端混凝土拆模后，应当进行凿毛处理，以确保混凝土施工接缝的质量，在挂篮前移的过程中，应当在原有轨道系统前加铺新的轨道并进行锚固，然后拆除内外模对拉螺杆，同时将内模固定在已经浇筑完毕的箱梁上，同时安装主桁架后锚固装置，并重复上述挂篮安装步骤，即可完成挂篮前移。

综上所述，挂篮因其自身的特点在高速公路桥梁工程中得到广泛的应用。由于挂篮施工涉及的内容较多，因此必须了解并掌握挂篮施工的技术要点，并将之合理运用到实际工程中，这样才能在发挥挂篮施工优势的同时，进一步提高工程的质量和安全。

第五节　高速公路桥梁加宽拼接技术

改革开放的不断深入推动了我国社会经济的发展，同时为我国交通运输业的发展带来了良好的发展机遇。人们生活水平的提高使得人均汽车保有量逐年上升，高速公路运输面临着巨大的压力。原有的高速公路桥梁已无法满足现代交通运输量增长的现状，因此，需要采用先进的技术对高速公路桥梁进行加宽拼接处理，以提高高速公路的通行能力。

高速公路桥梁一般架设在江河湖海上，使车辆行人能够顺利通行，是高速公路结构的重要组成部分，主要由上部结构、下部结构以及附属构造物组成。以往监造的高速公路桥梁已经很难适应现实交通量上涨的需要，因此需要对其进行扩建改造，以增强高速公路桥梁的荷载能力以及通行能力，缓解我国交通紧张的现状。本节通过总结多年的学习与实践经验，对高速公路桥梁加宽拼接前的准备工作进行了论述，并详细阐述了高速公路桥梁加宽拼接技术的应用，希望可以为高速公路桥梁加宽改造工程的顺利开展奠定坚实的理论基础。

一、高速公路桥梁加宽改造前的准备工作

熟练地掌握原有高速公路的运输情况。在高速公路桥梁加宽改造前，工作人员必须清楚的了解原有高速公路的交通情况，包括月通行量等基本情况，以免因为加宽改造施工而影响车辆的正常通行。同时还应充分的考虑高速公路桥梁的实际承载力，为后续的高速公路桥梁加宽拼接处理提供重要的参考依据。

详细了解施工环境状况。施工环境状况可以直接影响高速公路桥梁加宽改造施工的进度和质量。因此，在高速公路桥梁加宽改造施工之前，需要派遣专业的技术人员对施工环境进行实地考察，并切实了解施工现场的地质地貌特征，做好施工前的准备工作。此外，还要根据施工环境情况选择合适的施工工艺和施工材料，以保障高速公路桥梁加宽改造的施工质量。

做好桥梁整体结构设计工作。设计工作是高速公路桥梁改造拼接工程实施前的必要工作，设计人员应该详细的了解原有高速公路桥梁的整体结构特征，结合实际施工的需要，制定合理的设计方案。并对高速公路桥梁改造拼接过程中可能出现的变形、沉降问题进行预测和分析，同时制定科学的应对措施，以免影响高速公路桥梁改造拼接过程施工的进度和质量。

二、高速公路桥梁加宽拼接技术

上下部均不连接加宽技术。上下部均不连接加宽技术主要是指在新高速公路桥梁与旧高速公路桥梁之间预留一定的空隙，使得新旧高速公路桥梁上下部之间均不连接，然后再根据现有的施工方案对高速公路桥梁的桥面进行沥青混凝土铺装工作。在采用这种加宽拼接技术对高速公路桥梁进行改造时，由于新旧桥梁的铺装层均不连接，使得二者之间的受力独立，可以有效地避免地基沉降差异性而导致的桥梁结构变形问题的产生。但是这种技术最大的不足就是在汽车载重作用影响下，新旧桥梁之间的主梁会发生不均匀沉静问题，导致新旧桥梁连接部位的沥青混凝土铺装层产生纵向裂缝，进而使得桥梁发生错台，不仅影响高速公路桥梁的美观度和舒适度，同时加大了后续桥梁维护的难度。

上下部均连接加宽技术。这种加宽技术主要是指在对高速公路桥梁进行加宽处理时，同时将新高速公路桥梁与旧高速公路桥梁上下部桥梁结构之间进行有效的连接。在连接新旧桥梁的上部时，可以采用横向植筋以及浇筑湿接缝的方式将新旧桥梁结构各部件之间进行相应的连接。在连接新旧桥梁的下部时，也可以采用植筋的方式将新旧桥梁的墩台帽以及系梁进行相应的连接，然后在通过浇筑混凝土的方式实现新旧桥梁整体结构的有效连接。上下部均连接加宽技术可以使新旧桥梁连接成为一个统一的整体，增强了桥梁结构的整体

承载能力，同时减小了桥梁变形问题的发生的概率。但是在采用这种加宽拼接技术施工时，不需要在桥面设置隔离带，待旧桥梁的人行道和栏杆拆除后，加宽后的桥梁的荷载量增大，桥梁承载力很难达到规定的要求。同时在进行新高速公路桥梁主梁施工时，混凝土收缩以及地基沉降问题等导致的桥梁变形会在一定程度上受到旧桥梁的束缚，进而使得新旧桥梁间的相互作用增大，超出新旧桥梁连接面的实际承载能力，最终导致新旧桥梁连接面产生裂缝，对高速公路通行安全性构成严重的威胁。此外，在新旧桥梁下部进行植筋施工，不仅增大了施工难度，同时还增加了施工成本。

上部连接而下部不连接加宽技术。这种加宽改造技术主要是将新高速公路桥梁与旧高速公路桥梁的上部结构进行相应的连接，而对二者的下部结构不再做连接处理。采用上部连接而下部不连接加宽技术可以将新桥梁与旧桥梁之间的桥梁基础进行有效的分离，而将新旧桥梁上部结构中的梁板进行相互的连接。然后对旧桥梁边梁的挑臂混凝土进行切割处理，同时将旧桥梁的钢筋与新桥梁的钢筋进行连接。最后对新旧桥梁之间的湿接缝进行浇筑处理，同时对加宽后的桥面铺设沥青混凝土，从而实现高速公路桥梁加宽的目的。但是在采用这种技术时，由于只对新旧桥梁的上部进行了连接而没有对其下部进行连接，使得新旧桥梁的连接面只能靠桥面板连接并承担巨大的作用力，导致连接面之间的连接力减弱。一旦新旧桥梁的挠度差增大，那么新旧桥梁的连接面将遭受损坏，出现纵向裂缝，影响桥梁的美观度和安全性，此外，新旧桥梁的上部结构不均匀沉降以及施工材料等问题的存在一定的差异，使得连接后的新旧桥梁上部结构的附加内力增加，从而加大了桥梁通行的危险性。

三、高速公路桥梁加宽拼接施工中应注意的问题

规范加宽拼接施工操作。对原有高速公路桥梁进行加宽改造处理不同于新建桥梁施工，加宽改造施工的难度更大，不仅要考虑原有桥梁的实际桥梁，还要科学部署加宽桥梁的施工工作。因此，在实际的高速公路桥梁加宽拼接施工中，一定要严格规范工作人员的施工操作，选择合适的加宽拼接技术，准确操作各种施工设备，切实确保施工的质量。同时，加强施工人员的安全防范工作，为施工人员发放必要的安全装备，避免在施工过程中发生人员伤亡事故。

做好盖梁施工工作。盖梁是将桥梁上部荷载传递给桥梁下部的重要基础，同时也是承担桥梁上部荷载的重要结构。由于不同的加宽拼接方式对旧桥梁的受力影响不同，同时对盖梁的受力也会产生一定的影响。当采用上下部均不连接是加宽方式时，一般新旧盖梁的施工是分开进行的，因此，对旧桥的盖梁不会产生影响。而当采用植筋连接或者是角钢连接时，应避免植筋施工对新旧桥梁的整体性产生影响，减少桥梁连接部位产生变形的概率。尤其是利用角钢连接时，一定要用螺栓将新旧桥的盖梁上的角钢进行固定，确保新旧桥盖梁的稳固性。此外，还要做好桥梁维护工作，避免高速公路桥梁加宽拼接施工出现质量问题。

随着交通运输工具类型以及数量的增加，高速公路运输压力将会不断增大。相应的高速公路桥梁加宽改造工程的数量和规模也会不断增加和扩大。因此，相关技术人员应该继续加大对高速公路桥梁加宽拼接技术的研究力度，在实践中不断总结经验，逐步丰富和优化高速公路桥梁加宽拼接技术体系，切实确保高速公路桥梁加宽改造工程的质量。

第六节　高速公路桥梁沥青路面接缝施工技术

高速公路桥梁作为我国高速公路运输体系的重要组成部分。为了能够全面提高高速公路施工质量，通常都要在沥青路面上设置接缝，从而缓解沥青混凝土材料的应力变化。接缝施工技术水平决定了沥青路面的施工质量，如果接缝处理不当，会造成路面不平等现象，甚至产生交通安全事故。基于此，本节首先提出几种常见的沥青路面接缝施工技术，进而提出横、纵接缝的处理方法。

一、高速公路桥梁沥青路面接缝常规处理技术

热接缝技术。热接缝作为沥青路面最为常见的处理方案，顾名思义是在高温条件下，对接缝处理的一种方法。通过高温让沥青软化，进而对沥青料进行碾压处理。为了避免产生过大的温度差，需要多台压路机同时开工，严格控制摊铺过程中沥青料的温度，特别是临近摊铺带的沥青料，必须要保证温度的稳定性。在碾压过程中，碾压机的碾轮要放到热料车道中，在没有压实的车道上摊铺较厚的沥青料，保证接缝部位的压实度。该项技术在实际应用中很少出现离析情况，其纵向裂缝生成率也有所降低。

冷接缝技术。冷接缝技术与热接缝技术方法相反，无须加热施工，主要是沥青料进行压实、重复搭接、再碾压。冷接缝施工中需要随时修正铺筑完成的沥青料，为了保证搭接紧实度，还需要做好搭接面的清洁工作，并涂抹粘层沥青，反复搭接、重叠最终完成施工。还需要将碾压、搭接溢出的沥青料清除，保持平整度，完成接缝处理工作。

切削技术。在压路机在对路面压实过程中，边缘会产生低密度的沥青层，此时要对低密度沥青进行切削。切削施工中必须要控制好切削长度，通常不到超过50cm。准备好压路机，安装好碾压轮，切削完成后会出现道路垂面，需要在此部位增加黏层，并用压路机碾压，提高纵缝紧实度，保持抗拉强度不变。

二、接缝的处理方法

横向接缝。横向接缝作为一种十分常见的接缝形式，必须要做好接缝处理工作，避免路面凹凸不平。沥青混合料在拌和到碾压完成过程中，温度会随之降低，而温度降低会产生冷缩现象，内部产生较大的聚合应力，所以要设置接缝缓解这种应力变化。在沥青料摊

铺过程中，如果因为客观因素影响导致施工中断，会导致路面产生断续、病害等问题。随着沥青料的温度逐渐降低，一旦温度低于 50℃，则要横向压实接缝难度非常大，重度碾压还可能破坏其他部位。所以在横向接缝处理当中，需要在较高的温度下进行，高温时沥青料强度低、可塑性强，更容易推移，可以更好将横缝压实，注意要求摊铺完成后混合料温度下降幅度不超过 10℃。在横向接缝处理中，需要从以下几点出发：

（1）接缝位置。在碾压过程中，由于压轮较重，因此在碾压过程中会产生沥青向前推移产生一个斜面，无法满足路面施工标准。所以要在压路机尾部相隔 1m 位置半提升熨平，在摊铺机离开后进行相对位置找平，直尺紧贴沥青面，不得出现缝隙，否则会影响平整度，需要重新找平施工。切割工作要在沥青料温度下降前完成，在切口部位涂抹一层乳化沥青料，之后再进行摊铺施工。

（2）接缝方法。横向接缝可以分为两种形式，即平接缝、斜接缝。对于高速公路桥梁工程来说，通常都是上面层采用平接缝、下面层采用斜接缝方法，并通过碾压完成施工。接缝混合料搭接长度不得超过 0.8m。摊铺厚度会直接影响斜接缝搭接长度，因此在搭接厚度较大的情况下，建议采用平接缝处理手段。

在实际施工当中，混合料和路面基层黏结度较高时，会增加接缝处理难度，为了能够保证接缝处理工作顺利进行，可以在待铲除部位喷洒一些水，便于后续操作。在混合料冷却后，铲除末端多余的混合料，切割要保持垂直度和干燥性。下部混合料处理当中，要切除边缘的多余料，保持清洁工作，确保新旧沥青之间黏合度，配合预热、软化压实方案效果更好。在横接缝碾压当中，必须要严格控制沥青料温差，如果沥青料温度较低，会增加横向接缝处理难度，甚至是造成路面损坏；如果混合料温度较高，会增加碾压推移量，增加路面裂缝量。所以必须要控制好沥青料温度，通常在 80～120℃ 之内。

切割时要保证接缝部位有一定摩擦度，不能过于平齐，避免结构下层接缝部位，这样才能够保持黏合度。为了避免接缝位置、摊铺料密度失衡，要同步运行摊铺机、振捣器，并保持施工连续性。为了不影响后续碾压质量，可以在制作部位增加一个垫片，通过在螺母位置固定千斤顶，打开油泵挂篮行走。

纵向接缝处理。由于沥青路面摊铺衔接部位一定会有搭接的沥青料，这样可以保证沥青料连接的紧密度以及前后铺筑路面保持一致。在纵向接缝处理中，主要是采用冷接茬处理和热接茬处理两种方法。其主要表现在：

（1）冷接茬处理。冷接茬处理是与压实好的摊铺层进行新层搭接，之后再压实。在半幅沥青路面铺筑当中，不得采用热接缝处理工艺，此时可以在半幅部位增设挡板，用切刀将边缘切割整齐。在另半幅路面铺筑当中，要先清除半幅边缘的颗粒，并涂抹一定量的粘层沥青，这样可以保证半幅路面的铺筑质量。混合料铺筑中，边幅搭接长度控制在 5-10cm，摊铺完成后，将多余的摊铺料去除，再进行碾压施工。在施工当中需要保证摊铺厚度与前一条摊铺带厚度相同，保持平整度。

（2）热接茬处理。热接茬处理工艺主要是采用 2 台以上摊铺机展开梯队作业形式，同时对路面进行摊铺、碾压。热接茬处理需要采用高温沥青料，也正是由于相邻摊铺带沥青料温度较高，所以纵向接缝处理更加容易，接缝处理之后的强度较高。在施工过程中，铺筑要预留 10 ~ 20cm 的混合料，该部位在摊铺完成后先不碾压，将预留面作为混合料的基准面，在后续摊铺工作完成之后再进行压实处理。

综上所述，随着我国高速公路桥梁事业不断发展，新建高速公路桥梁工程数量也不断增多，沥青路面由于耐久性强、施工技术成熟、行车舒适等优势，因此使用也更加广泛。为了能够发挥高速公路桥梁工程效益，必须要高速公路桥梁沥青路面接缝处理工作，掌握各项施工技术要点，针对不同接缝种类采用不同施工方案，从而提高高速公路桥梁沥青路面的施工质量。

第七节　高速公路桥梁钻孔灌注桩关键施工技术

因为高速公路桥梁规模庞大，所以面临的地质环境十分复杂，其中不乏一些力学性能低下，不满足施工要求的地质环境。那么为了对此进行改善，现代高速公路桥梁施工单位常使用高速公路桥梁钻孔灌注桩技术，此项技术可以有效提高土体力学性能，相应提高工程质量。本节主要对高速公路桥梁钻孔灌注桩进行了分析，了解其中关键施工技术以及作用原理。

虽然理论上，高速公路桥梁钻孔灌注桩具有较高应用价值，但实际角度上，如果其关键施工技术出现规范性问题，必然会导致质量问题，所以施工人员应当了解其中关键施工技术的规范性要求，并围绕要求对施工结果进行检查。因为现代高速公路桥梁钻孔灌注桩应用广泛，而施工中又经常出现规范性问题，所以对此进行研究具有实践意义。

一、高速公路桥梁钻孔灌注桩准备工作

灌注桩材料制备设计。高速公路桥梁钻孔灌注桩是一种利用泥浆护壁，对土体内部结构进行保护的施工技术，因此为了保障其能效发挥，在正式施工之前，需要做好泥浆制备工作。灌注桩当中所采用的泥浆，通常由黏土、水等组成，在准备当中，首先需要结合施工要求以及土体强度，对各种原材料凝固后的强度进行设计，再对不同等级的原材料进行选择，其次要进行灌注桩材料制备设计工作，主要对各种原材料的配比进行规划，以供之后制备拌和工作正确开展。此外在制备设计工作当中，要严格对所有进场材料的质量进行检查，一旦发现不符合要求的材料，应当立刻要求相关厂家进行更换。

施工设备检查。高速公路桥梁钻孔灌注桩当中的关键设备为泵类设备，主要将关注材料泵入土体，并破坏不良地质表面土体，使泥浆更容易与土体融合，但如果泵类设备存在参数或机械故障，就会导致施工质量问题，因此有必要在施工之前对泵类设备进行检查。

设备检查工作项目大致分为两个部分，即设备参数、设备运作状态。设备参数检查方面，应当根据施工要求，对当前设备泵入参数进行核查。如果参数过高或者过低，就需要进行调整；设备运作状态方面，应当在参数正常的条件下，对设备各项功能进行简单操作，确认设备可以正常运作，如果发现某功能存在问题，需要及时维修或直接更换。此外，施工设备检查时间一般在正式施工前 2 天开展，如有必要可以提前。

放样工作。为了尽可能保障高速公路桥梁钻孔灌注桩与设计要求一致，在准备工作阶段，需要做好放样工作。放样工作当中，围绕设计要求先对地面钻孔以及护筒位置、方向进行标识，后对每个钻孔的规格进行标识。综上，在两个放样工作完成之后需要进行检查，不能出现太大误差，以免正式施工时出现质量问题。

二、高速公路桥梁钻孔灌注桩施工关键技术

施工场地处理。在高速公路桥梁钻孔灌注桩正式施工阶段，需要先做好施工场地处理工作，主要内容包括场地平整、场地夯实以及泥浆池设置。在场地平整方面，因为实际施工环境的地表平整度难免存在凹凸现象，在这种条件下，施工设备安置、泥浆池设置等都会受到影响。所以要进行整平，整平工作对于平整度的要求并不高，只要肉眼观测没有太多凹凸即可；场地夯实方面，因为实际地质环境可能存在软土土体，这种土体力学性能表现差，且存在很多空隙，所以施工设备在应用当中容易出现突然的倾斜，或泥浆池内泥浆渗入空隙，所以要采用夯实法对土体进行处理，提高其强度与密实度；泥浆池设置，因为高速公路桥梁钻孔灌注桩施工面积较大，所以泥浆用量较大，对此有必要设置泥浆池来囤积泥浆，设置当中为了避免泥浆渗入土体，应当在其下方铺垫防水层。

护筒埋设。护筒埋设对于高速公路桥梁钻孔灌注桩而言具有保护作用，所以其重要性较高。在埋设过程当中，首先围绕放样结果对埋设位置进行确认，同时根据桩体横截面大小，对护筒横截面大小进行判断，如果护筒横截面小于桩体横截面，就说明护筒规格存在问题，通常情况下护筒横截面要大于桩体横截面 20cm。其次在埋设过程当中，应当重视护筒与桩体的垂直水平关系，因为很多护筒埋设工作当中，因为地质条件等因素，其埋设完成后都出现了护筒倾斜、位移的现象，使得高速公路桥梁钻孔灌注桩质量受到负面影响，因此在质量原则上，应当对此进行控制，一旦在埋设过程中发现此类问题，就应当及时改正。

泥浆制备。结合上述泥浆制备设计工作，在正式制备工作当中，首先围绕设计工作当中的配比，挑选出相应比例的黏土与水，此举主要是为了保障泥浆浓度的合理，否则容易造成泥浆护壁质量问题。其次在制备工艺上，主要将黏土放入搅拌设备当中，借助设备将泥浆变成细小的颗粒，随之将其与一定比例的水混合之后，将其放入护筒当中进行冲击，最终完成泥浆制备。此外，泥浆制备工作应当在泥浆池附近进行，以便于泥浆进入泥浆池。

钻孔工艺。在钻孔工艺当中，首先要采用相应方法对地质土体进行处理，提高土体稳定性，因为土体稳定性存在缺陷，会因为钻进操作的扰动力而出现塌孔，随之依照放样工

作，采用钻孔设备对每个钻孔点开始钻孔，但在操作当中要注意两个要点，即钻孔设备安装位置是否正确、钻进路径是否存在倾斜，如果出现了其中任意问题，都需要及时停止钻进作业，采用修复手段来进行改善，同时在钻孔完成之后，有必要对孔壁进行检查，如果出现裂缝现象就需要回填钻孔，夯实后重新钻孔。其次在所有钻孔完成之后，需要对每个钻孔进行清理，清理主要针对孔内的大颗粒物体、植物等进行清理，因为此类物体会阻隔泥浆土体的融合，所以这一点很重要。此外，还需要对完成的钻孔内的泥浆护壁的含沙率进行检查，一般情况下每50cm护壁的含沙率不能超过8%。

泵入设备安装。首先对泵入设备的导管进行检查，确保导管上没有漏洞或者杂物，其次将泵入设备的导管一端放置于混凝土集料处，此时开启泵入设备即可泵抽混凝土进入导管，完成泵入操作，但是为了保障泵入灌注质量，需要人工对导管进行控制。此外，在每个钻孔灌注完成之后，都需要及时采用密封材料进行封孔，避免灌注料溢出。

三、高速公路桥梁钻孔灌注桩质量控制要点

围绕实际高速公路桥梁钻孔灌注桩施工来看，其普遍在钻孔、灌注两个施工工序当中出现质量问题，因此本节将围绕这两个问题，对其中质量控制要点进行分析。

钻孔质量控制要点。在钻孔工作当中，针对不同地质条件，需要重视钻头与钻孔技术的选择。如果实际地质环境为软土土体，就需要选择小冲程钻孔方式，这种方式的土体扰动力较小，所以不容易引起塌孔问题，另外为了配合小冲程钻孔，也要选择长度偏短的钻头；如果施工土体较为坚硬，则需要先进行爆破处理，在进行钻孔时，相应应当选择硬度大、冲程大的钻头。

灌注质量控制要点。在灌注操作当中，应当在完成后对灌注体的泥浆、沉淀厚度进行检测，后将检测结果与设计要求来进行对比，如存在较大误差，则需要进行改善。此外，在导管安装时，要确保导管与孔底的间距在0.4m左右，埋深位置需要保持在2m～6m。

本节主要分析了高速公路桥梁钻孔灌注桩关键施工技术进行了分析，主要围绕灌注桩施工的准备工作以及正式施工工序，对其中各项关键技术，介绍了应用方法、注意事项等，可以对高速公路桥梁钻孔灌注桩施工起到质量保障作用。围绕实际钻孔、灌注施工中的普遍问题，对各项问题的质量控制要点进行了阐述。

第八章 高速公路桥涵施工研究

第一节 提高高速公路桥涵的施工质量

如今，随着国家经济体制的不断改革和发展，道路建设也随着当代的社会发展过程逐渐进步，道路的发展又加速了桥梁工程的建设。在公路建设中，许多相关单位对项目早期阶段的总体质量进行监管，但对于之后产生的许多重要问题却非常容易忽略，在施工阶段没有建立一个科学、合理的操作程序，没有引起足够的重视，因而会造成严重质量问题。对于桥梁和涵洞的建设，必须要有一个高度的意识来确保解决整体控制问题的能力，而提高这些质量问题的解决方案是很重要的。

在未来道路发展建设的持续过程中，桥涵的建设一直处于重要的地位，桥梁和涵洞的建设决定了公路整体施工的质量，是确保公路能够成功建设的最重要的组成部分。在施工过程中，每增加一座桥涵，就多了一个建设工程，且该工程还具有操作比较复杂、不容易返工等一些区别于其他工程的主要特征。然而，由于公路建设的范围越来越大，也出现了许多以次充好的现象，有些严重的施工建设甚至已经影响到了正常的使用。桥梁和涵洞的施工质量管理将直接影响到公路道路建设工期的长短，直接关系到经济利益和社会价值。因此在外观上保证桥梁和涵洞美观的同时，施工质量也要保证好、控制好，确保不发生高速公路桥涵的施工质量问题。

一、高速公路桥涵施工中存在的问题

施工前期的准备不足。桥梁建设在公路建设中占据着非常重要的地位，是保证公路项目工程建设施工质量的核心问题。桥梁对于道路安全来说起着非常重要的贡献，扮演着重要的角色。但是，也正是因为高速公路桥涵的建设，导致产生的路面质量因素问题多而复杂，对于施工质量控制的把握非常困难。因此在桥涵道路建设期间，我们需要安排监管工程师对道路的建设进行适当的测试，根据所反馈出来的数据完成相应的测试过程，对于涉及填筑施工的数据部分要对结果进行反馈。对于施工项目团队来说，其所建设的工程平台应该确保达到国家建筑的规范和施工要求，在此基础上再进行一定的扩展和延伸，确保道路施工的所有方面都具有一定的数据监管。

路基平台的建设不够好。在公路建设施工的过程中，我们还必须确保每个路基平台后面都有相应的路拱，确保道路和桥梁都能够对雨水进行疏导，防止雨水发生沉积对路堤和桥梁质量产生一定的负面影响。当在山坡上进行路基填充的建设过程中，应该及时地制定措施进行开山、挖掘等山体作业，保证路基平台的建设质量。在建设中，也可以使用压路机对填充料进行压实处理，从而使路基具有非常稳定的基础构造。在进行路基填充操作的过程中，对于正在进行填充的路基平台部分的每一侧应该留出一定的宽度，以确保它可以大于所设计的路基宽度，为之后的施工作业保证施工宽度，保证路基两侧有足够的空间使得后期大型机械能够顺利进入现场进行施工操作。

路堑平台的建设宽度不够规范。在路堑开挖的过程中，无论是采用机械作业还是人工作业，我们都要注意严格控制平台宽度的设计，保证平台建设的基本面积成型。如果由于技术上的错误导致施工超出了路基的整体轮廓，则必须将它们用同一种土壤进行填充弥补，并且还要按照原先规定的内容完成相关的工作任务，对后填土部分进行压实，保证相应的施工要求。如果建筑物不能满足相应的平整度要求，我们就应该找到一个更合适压实建筑材料的设备进行工作，由于在道路和桥梁施工过程中建筑结构较为复杂，因此需要充分考虑由于桥梁建设所带来的问题，主要包括桥梁大小的管理、建设项目后期的扩展以及对于管涵的双侧及其顶部、锥体斜坡和挡土墙等结构的建设，对其进行分层压实作业建设。同时，我们还必须做出对称的材料压实。施工过程中应尽可能地使用小型的振动压路机，而对于拱涵的顶部应采取使用轻型压路机的方案。

二、提高高速公路桥涵的施工质量的措施

加强桥涵工程的施工管理。在当前阶段的公路建设中，会出现大量的桥梁钢体结构。对于小型桥涵的建设来说，一般都在建设前期通过招标的形式将其分担给相应的承包商来负责管理，这种情况下就会产生一部分施工队在没有能力承接公路桥梁建设工作时却硬要去接受。而且许多建设单位的工作人员缺乏职业道德，在追求经济利益的同时非常冷漠，对于施工和质量流程的安全控制经常是偷工减料、玩忽职守、欺上瞒下，出现大量由于质量问题产生的建设危机，这对于我国巨大的市场发展来说是非常不利的。因此在进行高速公路桥涵施工前，必须选择具备能够保证施工质量和能力的团队来负责建设，对施工队伍的施工人员进行严格的审查，保证施工质量。

加强提高桥涵的基础质量要求。在进行桥涵基础施工的建设中，有关部门必须要严格执行标准设计图纸的规范，符合施工规范的尺寸要求。在开挖至设计标高之后，要及时地检查地质以及地面情况并做好检查记录，以确定是否符合设计要求。建筑公司确认之后，再进行建筑审查程序和审批手续的办理。在沉井接高时，每一个部分的中轴线都应该与第一部分的垂直轴重合。如果垂直轴是倾斜的，就应该尝试纠正这种情况。在沉井下沉到设计的高程时，就要必须检查基板是否符合设计的要求。如果有必要的话，还

需要潜水工检查记录无误后进行封底，对于水下的混凝土封底工程一定要做到细致，必须确保无渗漏现象。

加强回填工程的质量控制。回填工程指的就是对桥涵的斜坡、挡土墙等部位进行土体的回填操作。回填工程主要适用于渗水性良好的土壤，要避免回填含杂草多，或处于多年冻土状态的土块、泥土和腐蚀之类的产品。在压实工作准备完毕后，对于土体回填操作必须要选择在接近最佳含水量要求的土壤中进行灌装作业，并对土壤进行分层压实操作。如果需要对支撑桥梁的水平底面上方进行填充操作，也需要将混凝土混合到一定的比例之后才能进行施工操作，具体的要求需要根据实际的使用情况来定。对于控制台背面的回填工程操作来说，就需要按照所设计的宽度进行填足，以避免工程完毕后再进行灌装处理，这样会增加不必要的难度。因此在进行拱桥台背的回填操作时，要在工程建设程序的操作配合下逐步来完成，保证桥梁两侧的压力和推力能够处于平衡状态。

总之，在现阶段的道路施工过程中，桥梁和涵洞施工建设得到了非常广泛的使用，而与此同时对于桥涵质量的要求也受到了社会的广泛关注。桥涵建筑的质量问题能够直接影响到所有施工的进一步工期进度，要想做好公路桥梁建设的工程质量控制，就必须事先对建筑材料进行检查，充分发挥质量保证体系，确保质量控制工程的有效作用，保证施工的安全和标准。在桥涵施工的过程中随处可见因为追求美观而严重影响到结构的耐用性和安全性问题。所以加强道路桥梁建设的质量，就要加强管理在施工的各个阶段不同方面对于施工质量的要求，我们只有真正、有效地将控制管理应用到实际的项目建设中，才可以实现良好的目标。

第二节　高速公路桥涵施工中需要注意的问题

改革开放以来，我国社会各方面事业都取得了举世瞩目的成就。近年来，随着经济的发展和时代的进步，我国公路建设事业也获得了长足的发展，与此同时，道路桥梁的建设也获得突飞猛进的发展。本节将针对高速公路桥涵施工中要注意的问题进行分析探讨，旨在促进我国道路桥梁建设事业的发展与完善，成为我国社会主义现代化建设的有力保障。

在公路的施工建设中，桥梁建设是占有重要地位的，对于行车安全和方便做出了很大的贡献。另外，一个国家的公路桥梁建设也代表了一个国家的经济实力和技术实力，是一个国家综合国力的体现。而道路桥涵的安全性是建设中最为重要的问题，因此，解决好道路桥涵建设中一些问题是尤为重要的，不仅仅是我国综合国力的体现，更是人们工作、生活安全的有力保障。

一、混凝土外观质量应注意的问题

混凝土搅拌的质量和水泥的质量是影响混凝土外观质量的两个决定性条件。一旦出现质量不达标、质量低劣的原材料就会大大影响混凝土外观的质量，质量不过关的原材料存在砂率过大、砂石级配较差和水灰比的控制不好等问题。另外，混凝土搅拌的不充分也是影响混凝土外观质量的一个重要原因。混凝土的搅拌有严格的规定和技术指标，搅拌不充分会造成不均匀和不密实，而如果搅拌时间过长，又会导致模板漏浆和造成离析等问题。因此，在搅拌混凝土时，一定要严格按照相应的标准进行操作，避免不必要损失的发生。以上两点如果没有按照相应的要求去做，就会破坏构造整体的性能，也会减少构造的抗击打能力，从而减少构造的使用寿命。

二、施工队伍应该注意的问题

目前，我国社会主义现代化建设正在如火如荼地进行着，城市中有很多桥涵结构物，因此，对于一些小型的桥涵一般都是采取承包的形式进行划分施工。这种现状的实行就会造成一部分没有相应施工能力的施工队伍进入，导致这种施工队伍建造出来的道路桥涵都是存在很大安全隐患的。经过长期的实践和调查显示，对于这部分没有施工能力的施工队建造出来的建筑都是非常危险的。这部分施工队伍通常缺乏职业道德、安全意识薄弱、追求经济的利益同时不顾工程质量，对自身所承担的施工责任和职业道德都不重视，甚至会出现以次充好、偷工减料等现象，对国家和人民都造成了相当大损失，更是对人民的安全构成了威胁。这类施工队伍的施工属于粗放型施工，不考虑资源的节约以及合理利用，一味地靠成本的提升来完成工程。因此，在进行道路桥涵施工时，一定要选择那些具备施工资质、正规大型的施工队伍来进行建设，这样才能够确保工程的质量，保障国家财产不受损失，保证人民的安全。

三、施工基础和台身应该注意的问题

道路桥涵施工的基础和台身对其自身的功能以及使用年限都是有很大影响的。因此，可以在小型桥涵的基坑开始施工以后，认真核实检验其他地基原状的土质是否相同，另外，地基的承载能力也是必须要确定的因素之一，这样通过加强对基础的处理，可以防范出现基础不均匀的沉陷变形。这种工程的施工情况一般都很复杂，要根据实际情况进行适当的解决办法，在实际施工中，如果没有足够的地基，就一定要通过测算来确定安全基础换填的宽度和深度。总之，在施工过程当中，一定要慎之又慎，严格各项工序的执行，必须有效地预防由于地基承载力的不均匀而造成的基础不均匀沉陷，做到万无一失。

四、桩基的位移和沉降应该注意的问题

桥台和软基的处理因为没有充足预压的时间，沉降在前期没有完成，但是桥台和上部的结构已经建成，而软土下沉速度会超出桩基的下沉速度。所以，桩基会在偏压荷载的作

用下产生很大的负摩擦力，因此，就会产生桩基滑移以及竖向的沉降，从而使道路桥涵产生安全隐患，在安全性方面直接造成威胁。因此，在道路桥涵的施工过程中，必须严格按照操作步骤规范施工。而如果施工是在特殊地区，例如软土地区施工，则必须要等路基经过处理后才可以对道路桥涵施工，以保证施工的安全以及工程竣工后使用的安全。

近年来，随着我国经济的高速发展，道路桥涵的承载能力明显和经济发展的速度不相符了，因此，我国目前正在大力建设道路桥涵以适应经济的发展，而对于道路桥涵的施工更是建设工作中的重中之重。道路桥涵不仅承担着经济建设的使命，也是保证我国人民出行安全的根本保障。因此，对道路桥涵施工过程中问题的解决是一项关乎国计民生的大事，解决好施工中存在的问题是当前我国政府工作中亟待解决的问题。虽然目道路桥涵建设中还有诸多问题存在，但相信，在我党的正确领导下，在全体施工人员的努力下，我国道路桥涵的建设一定会成为世界该领域中一颗璀璨的新星。

第三节　高速公路桥涵施工技术的重点

伴随着我国的交通运输数量的不断增加，对于我国交通运输业的发展也提出了新的机遇与挑战，公路桥梁施工工程技术的发展决定着我国的行车安全和交通的畅通。所以，为了更好地保障我国交通车辆的行车安全和重载行驶的要求，我们对高速公路桥涵施工技术的要点问题做出了新的要求，因此，该文就公路桥梁的施工要求做出了简要探讨和分析，并着重阐述了在当今新的发展形势下如何提高高速公路桥涵施工技术的措施和方法。

伴随着我国近几年的国民经济水平的不断提高和发展，我国的市场经济体制也是在不断地进步中逐步达到了完善，因为公路桥梁工程是我国社会经济发展过程中的基础行业之一，它的完善决定着我国的基础设施的重要建设的完成度，公路桥梁工程在我国的国民经济中发挥着极其重要的作用，因为公路桥梁施工技术是一项复杂的经济技术活动，包含着复杂的知识理论和及时应变的时世变换特点，受环境及自然灾害和人为的影响作用较大，长期得工作在户外，流动作业性质强和需要工作人员高度的配合性等要求，我国目前的公路桥梁工程也处于一个飞速发展的状态中，组成成分之一的高速公路桥涵施工技术也处于飞速发展状态，公路桥梁施工工程技术的地位越来越高，也就要求我们当今社会对于高速公路桥涵施工质量的要求也越来越高。

一、公路桥梁的施工技术特点

结构施工难度大、专业技术水平高、工艺复杂，需要的专业机械设备也较多，尤其对于施工人员的专业素质提出了更高层次的要求。同时，还需要建设单位、监理单位等参与单位的交流合作，从而促使施工方案最优化，确保工程项目在满足经济技术合理性原则的前提下如期完成。

工程涉及内容多、精度要求高。混凝土的外观关系到整个桥梁工程的质量，要确保混凝土的质量满足工程项目精度要求，就应考虑到混凝土钻孔桩的排渣、建材运输过程中的环境污染、施工噪声等问题，这一系列问题的存在都有可能影响公路桥梁工程施工项目的顺利开展。

二、高速公路桥涵施工技术出现的问题和原因

在高速公路桥涵使用的过程中，时常会出现桩基沉降、桥台裂缝等问题，其出现问题的原因大抵有 3 个：一是在高速公路桥涵的实际运营过程中，时常发生荷载；二是桥台和路基施工时连接技术上出现问题；三是在高速公路桥涵施工的过程中，工人没有按规定进行施工。

三、公路桥梁施工技术的改进措施

明确技术管理的职责，注重技术水平的提升：

以法治企，强化落实。建立和健全各级技术管理机构和技术责任制，明确各级人员的权、职、责。组织全体员工，特别是技术干部学习现行规范。尤其是对施工及验收规范的学习，明确施工中各个分项、分部施工技术要求、施工方法和质量标准等要求，并以此来组织施工、检查、评定和验收。通过学习先进的管理方法和管理经验，组织技术学习、技术培训、技术交流。不断提高企业管理水平和员工技术业务素质，从而预见性地发现和处理问题，把技术和质量事故隐患消灭在萌芽之中，保证工程施工质量。

钢筋施工技术要点。在进行钢筋施工时，必须要做好施工准备。施工人员必须要根据设计图纸的要求，在施工现场进行一个较为深入地勘测，务必把施工现场的地质结构和土质成分弄清楚，选择并采购好适合施工使用的不同类型、不同规格的钢筋。与此同时，施工人员还必须要根据设计图纸的要求，对钢筋的位置和高度进行严格测量，并且做到对其位置有个大概的印象。

加强路桥过渡段施工技术管理。在路桥工程使用过程中，过渡段容易出现结构变形情况，出现桥头跳车等现象，因此路桥过渡段施工技术的管理具有重要意义。造成这种现象的原因主要是因为桥台桩基施工技术不规范。解决这一问题首先应该解决软土基问题，减少成桩后地基沉降现象的发生。针对这一点，首先应该选择合适的施工方法解决软土路基不均匀沉降现象。在对施工技术进行管理时，一方面可以选择降低公路桥梁过渡段的台帽式桥台结构；另一方面还可以根据工程施工具体情况，将桥台段施工时间提前。

混凝土施工技术要点。混凝土施工技术在一个工程中处于一个十分重要的位置，对工程的质量有着重要的决定作用，而该技术要点的使用必须要按照不同的工程设计的变化而变化。具体而言，必须要做好以下几点。

使用M10的砂浆在台身模板与基底的接口堵漏，避免在振捣时出现砂浆崩漏的状况。

在拌料的过程中，必须要按照机械设备的操作做好，不但要严格控制好水灰比，还要按照规定控制好搅拌机。还要在保障施工人员人身安全的情况下，生产出质量上乘的混凝土。

在进行浇筑混凝土时，必须要分层振捣，确保混凝土的浇筑质量，避免发生离析的状况，也能避免混凝土溅到模板上。

振捣时使用的振动棒必须要符合桥涵台身的高度，确保混凝土能够得到更加均匀地搅拌。

综上所述，我们根据我国近几年的交通运输业的快速发展与相关要求，我国的交通运输数量及车辆的荷重量不断增加，这一发展不仅预示着我国人民生产生活水平的不断发展，也预示着我国的社会主义市场经济的不断完善和飞速进步。所以各种社会功能的完善要求我国人民对于当前公路桥梁施工工程技术的发展提出了越来越高的要求，同时，以高速公路桥涵施工工程质量的要求越来越突出，因为这一质量的完善标志着公路适应功能的完善，这是一个重要的标志。我们在探讨我国的高速公路桥涵施工工程技术的质量完善要求过程中，我们发现我国的高速公路桥涵质量要求与施工工艺包括一定的耐久性、美观性和行车安全性与舒适性等，因此我们公路桥梁施工工程的每一位人员都应该从每一个环节入手，争取做到每一个环节的完善，将结构物质中的粗制滥造现象削减，认真积极地做好每一个环节，保证工程施工质量，最大限度地保障我国的工路桥涵施工质量。

第四节　高速公路桥涵施工监理的初步探讨

在高速公路桥涵施工中，监理有着巨大的作用，充分发挥监理的监管职能，将监理工作贯穿于高速公路桥涵施工的全过程，可以保证高速公路桥涵工程在规定期限内按质按量地完成。本节就高速公路桥涵施工中的监理作了相关分析。

一、高速公路桥涵施工中监理的作用

高速公路桥涵作为公路工程建设的重要组成部分，在高速公路桥涵施工中，监理贯穿于桥涵施工的始末，在施工过程中起着决定性的作用。监理肩负着工程施工质量和安全监管工作，在高速公路桥涵施工中，由于桥涵施工工艺复杂，施工要求高，很容易出现质量和安全问题，而发挥监理的作用，可以保证高速公路桥涵施工质量和施工进度，避免施工过程中出现质量以及安全问题，从而确保高速公路桥涵能够在最短的期限内高质量地完成。

二、监理程序及工作内容

交接桩的监理工作程序。首先，监理人员必须根据施工设计图纸要求，对施工现场的交接桩的位置进行确认，确保交接桩导线和水准点位置与设计图纸相符；其次，对个路线导线进行复测，采用科学的计算犯法，判断各桩点坐标值的精度，一旦发现问题，要监理人员立即做好记录工作，并要求相关部门进行重新测量。

控制测量监理程序。首先，监理人员要协同施工单位负责埋桩和测量工作，并计算桩位坐标，同时做好测量记录工作。其次，要对测量报告进行审核，保证计算无误，测量记录符合规范要求。再者，要做好水准点布设的监管，监理人员要对施工单位的全部测量记录进行符合，并现场复测核准无误后批准使用。

定位测量的监理内容。在定位测量前，施工单位要提高测量方案，监理工程师要对施工单位提交的测量方案进行审核，检查路线点位放样、基点应用控制网点以及基线桩点是否符合设计要求，一旦发现问题，要立即要求施工单位复测，从而避免误差积累。另外，测放和校核点位时，应当用不同的基点测量，从而保证测量结果的准确性。

质量和安全方面的监理。在高速公路桥涵施工中，质量和安全是施工管理的重要内容，同时也是监理人员的重要职责。因此，作为监理人员，要全面抓好质量和安全监管工作，要提高自身的质量和安全管理意识和能力，要结合高速公路桥涵施工要求，采用技术措施和手段和监管，从而更好地避免施工质量和安全问题的发生。

三、 高速公路桥涵施工中的监理

施工前的监理。在高速公路桥涵施工前，监理人员要仔细检查承包人的质量保证体系以及施工工艺流程，确保承包人质量保证体系健全、施工工艺流程规范、科学。同时，还要对施工所用的设备进行检验，确保设备性能稳定。另外，监理人员应当与承包单位保持紧密联系，划分好各自的职责范围，明确分工，监理要强调技术要求，对施工方案进行陈茶，从而确保高速公路桥涵工程施工顺利开展。

施工中的监理。施工阶段是高速公路桥涵的主要阶段，做好施工阶段的监理工作至关重要。首先，监理人员要对高速公路桥涵施工所用的原材料进行质量、性能检测，确保进场材料质量合格，性能过关，保证填料的干密度和最佳含水量符合标准。如混凝土材料，针对混凝土的水灰比，建筑监理可以将采用电阻率法对其进行试验，从而计算出混凝土的水灰比是否合理，一旦水灰比不合理，意味着混凝土质量不过关，因此，要拒绝使用这种混凝土。其次，要抓好施工现场的监管，对施工设计图纸进行审查，监理人员要亲临现场，监督施工，严格按照设计图纸要求来进行施工，同时落实质量检查机制，对施工每一道工序都仔细检查，直到检查合格后方可进行下一道工序。同时，监理人员在监管过程中要做好记录工作，并与施工单位开展例会探讨，从而更好地避免施工质量、安全问题的发生。

施工后的监理。在高速公路桥涵施工临近尾声的时候，监理人员要准备好相关施工资料，对高速公路桥涵的后续工程进行有效的监督，尤其是那些需要养护的工程，注意要督促施工单位安排专业人员做好养护工作，确保施工质量过关。

高速公路桥涵施工中，监理的作用十分重要，发挥监理的监管作用，是保证高速公路桥涵施工质量和施工监督的关键。因此，在高速公路桥涵施工中，应当将监理工作贯穿施工的始末，全面抓好施工过程中的监管，认真对待施工过程中的每一个环节，落实质量检查机制，从而保证施工质量过关。

第五节　高速公路桥涵施工技术及质量控制

高速公路是现代交通的重要方式，而桥涵又是高速公路建设中重要的环节。只有发现桥涵施工中存在的主要问题，提出有效的应对措施，才能提高我国高速公路桥涵的施工技术，从而促进我国交通事业的发展。

一、高速公路桥涵施工技术的简单分析

与一般公路相比，高速公路交通量与荷载强度大，存在环境恶劣，路段的损耗更多，因此对质量的要求更高。而今天，我们不仅要求公路的质量和性能满足使用需要，还希望其外观在确保实用性的基础上尽量符合大众的审美需求。由此可见，高速公路桥涵的建设技术要求颇高。

高速公路桥涵的铺装施工技术。在高速公路的桥涵建设过程中，当桥涵的内部结构施工完成后，将各种高质量高性能的建设材料按照正确的比例和顺序铺设到桥涵的表面。桥涵表面的路面铺装，能够从各个方面对桥涵进行加固和保护：铺设桥面用到的建设材料可能是不同种类的混凝土或者高分子聚合物等，待材料完全凝固硬化后，形成完整贴合的表面保护层，为交通工具提供平整防滑的行驶路面，同时起到坚固桥面并分布荷载的重要作用，并让桥涵表面看起来形状具体，颜色统一。除此之外，施工时可根据不同的环境和需求，选用不同疏水性能的铺设材料，给桥涵加上合适的防水层。桥面铺装过程中有许多需要注意的地方，比如(1)铺装前要确保基面干净湿润，铺装材料和厚度根据专业知识和经验确定，裸梁表面要有足够的粗糙度，铺装的精确度误差要控制在规定的范围内；（2）铺装后的桥面要满足交通需求的平整度，不得出现暴露在外的钢纤维，建筑混合物材料从出料到最后浇筑时间严格遵守规定要求；（3）在一些技术含量要求较高的作业中，应由专人操作，比如三棍轴整平机作业时轴前料位的控制，或者是摊铺拌合物时车辆的均匀卸料等。

高速公路桥涵的墩台施工技术。桥涵的墩台包括桥墩和桥台两个部分，墩台有重力式墩台和轻型墩台，墩台施工是桥涵施工的重要部分，是对高速公路整体施工技术的考验。桥台连接路堤与公路，同时起到支撑和挡土的作用，桥墩经过精确的计算，均匀的矗立在桥台下面，承受主要的重量。从目前的高速公路桥涵施工技术来看，墩台的施工主要以混凝土技术为核心。接下来我们以砼墩台施工技术为例进行分析：作为最常见的墩台施工工

艺之一，砼墩台施工有两道主要工序，墩台模板的安装和砼浇筑。墩台模板的材料和设计要符合桥涵的性能要求，从强度和稳定性等各个方面满足使用的需要，还要求模板表面平整，焊接工艺成熟，拆装容易。安装前要对模板从质量尺寸等方面仔细检查，并试拼成功，安装时要位置要依照设计要求，安装过程稳固踏实，以免引起跑模。砼浇筑首先在墩台身浇筑混凝土，混凝土所需的各项材料在检查合格后方能投入使用，浇筑前要对模板、预留孔和保护层等进行确认，浇筑过程严格遵守专业要求；混凝土浇筑后还有一定的养护时间，在这段时间里，要按照养护指标对混凝土湿润度和养护水温度等进行监测和控制，覆盖物不能直接接触混凝土表面。最后拆除模板时，要防止碰撞或擦伤墩台身，并根据墩台不同情况和现场环境，对刚完成的工程采取适度保护措施。

二、我国高速公路桥涵施工现状分析

受到目前我国桥涵施工技术的限制等多种因素，比如施工前对施工地勘测不够准确，桥梁设计不够科学，施工过程没有严格遵守相关规定，桥梁投入使用后实际损耗程度或使用超出原始预判等，都会导致桥梁出现不可估计的问题，引发交通安全事故。例如铺装混凝土的厚度不够，材料拌和比例或者方式时间错误，运输时间过长，暴露在空气中太久，铺装方式错误等，会导致铺装过程状况频发，耗时长，铺装后混凝土与桥身结构粘接不牢，甚至在投入使用后短时间内就出现路面开裂或是在大荷载的重力下与地基剥离。下文结合我国高速公路桥涵施工现状，分析桥涵施工技术目前主要存在的几个问题。

桥头跳车。桥头跳车是我国公路包括高速公路目前存在的最普遍的问题，给人们的交通出行和公路养护带来了很多困扰。出现桥头跳车的原因主要有以下几个：（1）桥涵处在软土位置，土壤中含水量过大，土壤缝隙比较大，抗压性能弱，在大荷载下的作用下，地基变形，路面塌陷，且变形可能持续长达几十年。由于原本土质的局限性，即使施工符合要求，也可能出现桥头跳车的现象；（2）施工填充材料存在许多孔隙，而施工时大型压路机不能靠近施工现场，竣工前材料孔隙没有完全消除，在自身重力和承受的荷载下，填料压缩沉降，造成跳车。（3）施工质量不过关。材料质量不过关，施工一味地赶进度，前期地质考察不严谨，施工过程操作错误，排水措施没做好，填料没有压实等人为原因导致桥头跳车。

桥涵裂缝。裂缝是高速公路桥涵施工中非常容易出现的问题，这些裂缝不仅降低工程质量，影响交通安全，严重时甚至导致桥身坍塌。按照不同的形成原因，我们可以将裂缝分为结构性裂缝和非结构性裂缝。（1）结构性裂缝可能是设计中采用的桥涵结构在重力作用下出现的裂缝，当裂缝的尺寸处于设计规定的范围，那么这些裂缝就是安全的。假如裂缝超出了这个范围，那么就需要对工程做出重新调查和鉴定，采取可靠措施。也可能是施工导致的结构性裂缝，材料的使用或者施工的错误导致裂缝的出现。（2）非结构性裂缝出现的原因很多，比如混凝土的收缩和沉降，重力作用下混凝土的下沉或是水分的蒸发，都有可能导致裂缝产生。又如混凝土内部和表面的温差导致材料收缩不均，也会使混凝土表面产生裂缝。

受力不均。由于地理位置特殊，桥涵的设计施工比其他段的路面要求要高，而高速公路交通负担巨大，受力不均更有可能导致交通事故。比如，某段高速公路桥涵的设计采用了框架梁工程结构，但是建筑中框架结构受力不均，导致整体桥身稳定性底，出现高负荷风险。除此之外，引起桥涵受力不均的因素还有桥涵施工不当和桥身排水障碍等。

三、高速公路桥涵施工的质量控制措施

针对上文中提出的高速公路桥涵建设存在的几个问题，做出具体分析，提出相应的改善措施，提高我国桥梁建设技术，进而提高高速公路桥涵的性能和质量。

应对桥头跳车的施工策略：

（1）采用各种方法夯实软弱地基：换填法，将桥头的软土挖除，填入沙砾、碎石等硬度较大的材料，防止地基下沉；加固地基效果最明显的是粉喷装复合地基法，耗时较短但是花费较高。（2）如果施工不符合要求，即使设计和建设材料一流也不能排除桥头跳车的可能，因此严格把控施工过程是最根本的办法。做到合理安排施工进度，选用合适材料，并对每个施工步骤进行监测。

应对裂缝的施工策略：

（1）严格把控混凝土材料，拌和以及运输过程，对原材料进行抽样检查，施工过程遵照技术规范操作；（2）从温度上降低裂缝出现的概率，例如搅拌混凝土时冷却碎石以降低浇筑温度，在外界温度变化时使混凝土表面保持恒温状态等应对受力不均的施工措施。要解决高速公路桥涵受力不均的问题，需要在建筑过程中严格遵循施工规定，明确导致受力不均的主要因素，提出具体的应对措施，切实运用到施工过程中。例如在桥墩施工时，确保钢筋和混凝土的材料质量和施工正确，防止桥身受力不均，使桥涵在投入使用后达到预期的受力平衡的效果。

随着现代高速公路的迅速发展，高速公路桥梁的施工技术和性能保障有着越来越高的要求。桥涵的设计和施工不仅要符合相关规定，还要根据实地情况做出相应调整。高速公路桥涵施工技术的不断发展和桥涵质量的稳步提高才能保证高速公路的交通安全，满足现代社会的交通需要。

第九章　高速公路桥梁施工安全研究

第一节　高速公路桥梁施工安全问题

高速公路桥梁工程施工是个系统工程，安全管理需要考虑多方面因素。文章针对高速公路桥梁工程施工安全影响因素，分析了高速公路桥梁施工中存在的问题，并提出具有针对性的改进措施，以期促进公路工程施工控制能力的提高。

高速公路桥梁工程是公路工程的重要组成部分，很大程度上制约着公路工程的运行效率。施工安全问题是工程建设管理的重要任务目标，安全是工程建设的前提。高速公路桥梁工程施工技术复杂，涉及的环节众多，需要考虑多方面因素，在施工过程中受到人为、技术、环境等因素影响比较大，所以更应重视安全管理。

一、高速公路桥梁施工安全影响因素

人员因素。人是高速公路桥梁工程施工的参与主体，高速公路桥梁工程施工过程中参与建设单位众多，建设周期长，建设高度通常较高，安全问题始终是高速公路桥梁工程建设的首要控制任务。在施工过程中施工人员的安全意识对安全事故的发生有着决定性作用，施工单位由于各方面原因不重视安全教育和培训，对危险因素不能及时指出，缺少足够的安全防范措施，造成施工安全难以有效保障。

技术因素。目前高速公路桥梁施工技术还有待继续完善，应该逐步淘汰一些落后的施工技术，加大对施工技术的研发和创新，对一些老化设备进行淘汰，从而减小施工中的安全隐患。

二、高速公路桥梁施工中的安全问题

安全措施经费不足。高速公路桥梁建设领域目前仍然存在"垫资"行为，造成施工单位安全管理资金无法得到保障，安全管理的技术和措施难以有效执行，甚至一些单位安全防护用品更换非常不及时，难以保障劳动者的人身安全。施工单位在建设项目施工中处于弱势地位，安全经费不能足额及时发放，甚至一些施工单位为了承揽项目，自愿垫资，安全施工管理费严重不足。

安全意识淡薄。当前从事工程建设的劳动者主要为农民工，施工人员素质参差不齐，缺少安全教育，对安全技能掌握缺失，安全意识淡薄，不知道操作的危险性，长期以来缺少正确的指导，造成违规动作较多，安全隐患较大。桥梁特种工作业方面，无证上岗人员众多，一些关键岗位员工未接受系统的教育培训，导致容易因为技能欠缺酿成重大安全事故。

三、高速公路桥梁工程安全管理改进措施

落实安全管理专项经费。安全管理专项经费是保障现场施工安全的资金保障，在施工过程中必须严格落实各项经费的使用，制定科学的安全方案，形成系统的安全生产管理体系。桥梁工程的临时用电、路基土石方开挖、钻孔桩安全方案专项经费要根据现场的施工进度进行同步落实。建立安全危险源台账，形成包括各工种、设备、机具的安全操作规程。

强化安全意识。从桥梁工程施工企业方面来看，工程的安全管理是最为重要的。作为施工企业的管理人员，必须要确保施工人员的安全。同时需要设置相关的安全检查人员，确保施工人员在施工的时候，都能够正确使用安全帽、安全带等安全设施。如果是进行高危险性的施工操作时，必须要配备相关的专业人员来对施工过程进行指挥，确保施工人员对于安全问题足够重视。除此之外，还要完善安全管理体系，明确安全管理责任，并且健全相关安全管理规章制度，这是建筑工程安全管理的重要方面。出入施工现场需要出示"出入证"，对未佩戴证件者不允许出入，"出入证"仅限本人使用。施工人员上岗前要经过岗前培训，并做好安全交底工作，班组每天做好员工上岗记录，每天上班之后，对组长安排具体施工任务，并进行安全交底，明确施工要点，对小组内成员进行相应分工。施工的实际情况，在每项工作开始之前进行安全交底，并对劳动防护用品进行检查。当发现班组内存在安全隐患，要及时向负责人汇报，对出现问题的原因进行分析，提出相应解决对策，同时做好安全记录。

规范监理行为。监理作为建设单位现场管理的代言人，为建设单位负责，监理需要公平公正、科学地执行监理任务，既不能完全听从建设单位的要求，也不能完全按照监理人员的意图自行决定，需要严格遵照安全相关技术标准和法律法规的要求，根据建筑设计，对建设项目负责，对社会负责，对建设单位负责。监理单位既要提高工程质量，也要提高工程安全度。高速公路桥梁工程中某些工序需要监理工程师检查核定同意，未经检查合格不得在工程项目上使用，同时也不得支付工程款。监理人员需要具备扎实的理论基础知识，理解设计图纸的意图，同时维护自身形象，保持独立监理的地位，不受施工单位等利益单位的贿赂，依法公正监理。

第二节 高速公路桥梁安全施工及质量控制

交通运输业作为我国的经济命脉，在经济迅猛发展中发挥着重要作用。我国国民经济的高速发展，也带来了高速公路桥梁行业里程碑式的飞跃。但是，飞速发展的高速公路桥梁行业还存在着一些安全和质量问题，这些问题轻则对高速公路桥梁质量产生影响，重则对人民生命财产造成损失。如 2012 年 8 月 24 日哈尔滨机场高速公路阳明滩大桥主桥坍塌造成数人死伤的事故。据不完全统计，截至 2013 年底，我国共有城市公路 33.6 万公里、城市桥梁近 6 万座，而桥梁倒塌、路面塌陷、窨井伤人等事故频有发生，暴露出了高速公路桥梁建设的质量、安全隐患等问题。而施工安全与人们的生活紧密相关，它是一个工程质量（技术）问题，也是一个社会经济问题，涉及高速公路桥梁工程设计和施工的每个环节。如某工地吊车工在进行吊运过程中，吊落物把一名搅拌机操作工头部打裂当场死亡的事故。针对这些问题，有必要展开对高速公路桥梁施工质量与安全的研究，从而加强高速公路桥梁施工过程的安全与质量控制。

一、高速公路桥梁施工中的安全和质量问题

高速公路桥梁建设的质量控制是在项目建设过程中对项目质量的全面控制，它包括项目的可行性研究、勘测、方案设计、施工、竣工和评价反馈，它直接影响公路建设的整体质量水平。而安全生产是保护劳动者的安全和健康，促进社会生产力发展的基本保证，是党和国家的一贯方针。近年来，全国各地特大安全事故屡有发生，造成了国家和人民生命财产的巨大损失，因此，必须加强高速公路桥梁施工过程的安全和质量控制。

设计导致的安全和质量问题。施工方案设计是影响高速公路桥梁建设质量的重要因素。不合理的设计方案导致工程不易施工或无法施工，直接影响工程建设的质量。高速公路桥梁施工的原则都是按图施工，但往往有时在设计中存在考虑不周全甚至计算错误，而审核人员和施工人员又没有及时发现带来的问题和隐患。比如，高速公路桥梁错误或不当的设计尺寸使施工强度达不到承受车辆通过时产生的轴向力和径向力的设计强度，桥梁则在重力及其他外力的作用下产生结构上的不良改变，使其丧失稳定性，缩短桥梁使用年限，严重者出现重大交通事故。或者由于桥型结构设计不合理，不能适用于现有的地形结构和气候影响的变化因素，导致高速公路桥梁不能满足要求，以致留下安全和质量隐患。

施工导致的安全和质量问题。高速公路桥梁施工中施工人员不按施工规范和具体设计标准进行施工，使桥梁结构出现偏差，留下隐患。施工人员在桥梁的施工中不按照标准进行配比和浇筑混凝土，导致混凝土在自干过程中出现裂痕。为方便车辆通行，要求

桥梁与路面的连接施工中使桥梁水平面与公路地表面一致，但往往桥梁与路面连接不好而出现了沉陷问题。钢筋混凝土桥梁抗拉能力差，出现裂缝的现象很普遍，但出现裂缝后如果不能采取措施积极有效的防护，则随之而来的将会使混凝土碳化、钢筋腐蚀和保护层脱落，将大大降低钢筋混凝土的强度和刚度，这些都是影响高速公路桥梁质量的问题。另外，高速公路桥梁施工过程中，常常需要用到高压大功率电气设备，因操作人员缺乏专业知识或者操作有误、触电、漏电、设备无法正常运行等问题常有发生，极易引起火灾。

监理制度不健全导致的安全和质量问题。高速公路桥梁建设过程中各家单位管理体制和管理模式不尽相同，其管理水平也有差异。高速公路桥梁工程建设市场管理水平不规范，招投标单位水平差，工程质量不过关，既有资源浪费的现象普遍存在；合同签订存在漏洞；既不能采取有效措施进行事故预防，事故发生后又不能及时处理等，造成国家资源和财产的浪费。高速公路桥梁工程建设主要有法律监督、企业监督和舆论监督等3种监督方法，但目前相应的高速公路桥梁监督规范不健全，监督模式不规范，监管队伍机制不完善，监管单位检查力度不够，无法在法规、行政、经济等方面对施工单位进行监管，不能有效遏制施工单位的违章、违法建设，导致工程建设施工过程的安全及质量监管则无法顺利进行。

二、原因分析

参与施工的人员。人是建设的原动力，是影响高速公路桥梁施工质量的一个主要因素。如果施工人员安全意识淡薄，没有严格按照安全施工规程和图纸进行施工，没有对高速公路桥梁工程进行有效的管理和控制，将会产生许多安全隐患，进而导致安全事故发生。

高速公路桥梁工程的管理者对施工整体方案的制定、选取何种材料、施工质量和进度的管理等起着决定作用。如果管理者施工管理经验丰富、领导能力及决策能力较强，工程质量将能够得到保证；负责高速公路桥梁施工的砼工程、桩基工程、预应力施工等各个环节的技术人员，如果施工经验丰富、专业知识扎实、技能过硬，则高速公路桥梁质量能够得到保证；负责桥梁施工的具体工作的现场施工人员，如果其素质较低、理论知识缺乏（如未经培训的农民工），施工时不能够严格按照技术人员要求进行，则桥梁施工质量不能得到保障。同时，一些农民工对施工安全技术了解不足，没有受过专门的安全教育，安全意识淡薄，施工安全管理和控制受到局限，常会引发安全事故。

原材料是高速公路桥梁施工的基础，直接决定着高速公路桥梁的质量。如果混凝土、钢材选取不当，劣质或不合格材料进入施工现场，高速公路桥梁的承载能力将会大大降低，甚至引起桥梁垮塌。同时，施工中如果施工设备和施工机械存在缺陷和老化，承载力不够，测量仪器不精准，或者由于施工操作不当而出现错误，施工技术不够完善，将会影响施工的安全和质量。一般来说，工期越长施工质量越好。但是如果一味地赶工期，将会对高速公路桥梁施工质量造成很大影响，甚至出现劣质工程。

近年来，科学技术的发展带来了我国施工机械设备制造技术的迅速提升，如大型起重机、打桩机等现代化工程机械逐渐代替了人力操作，但不同的工程机械设备制造企业、施工设备质量却存在很大的差异。如果设备选择不当，不仅会增加成本，还会延误工期，从而对高速公路桥梁施工质量也将产生很大的影响。若施工单位一味追求经济利益，采购劣质材料和设备，技术水平又有限，导致工程质量差，引发安全事故将在所难免。

施工环境和安全管理。技术环境、劳动环境及管理环境是影响高速公路桥梁施工质量的主要环境因素，比如，气温、土质、空气湿度等施工现场环境对高速公路桥梁施工质量影响最为严重。如果高速公路桥梁工程施工单位缺乏安全意识，事先没有勘察施工的周边环境，也没有有效控制安全隐患的方法，周围地质灾害、恶劣的天气等都会最终导致安全事故的发生。同时，如果施工单位没有按照规范和规章制度配备安全管理人员，也没有为施工人员配备安全防护工具，施工地段没有安全标语及警示标志，没有对设备进行检查和维护，没有对安全事故制定应急方案，都会导致出现施工安全问题。如果监管部门对工程疏于管理和监督，没有尽到应有的职责和义务，那么安全事故也将不可避免。

三、控制措施

加强地质勘查和设计审核。高速公路桥梁工程中，地质勘查是整个桥梁施工的基础。建设桥梁的地区，地质情况一般比较复杂，常遇到沟壑、河流或气候环境多变之处。为便于稳固桥梁，应尽量避开地质条件复杂的地段，不能避开时应采取移开桥基位置等措施。如果地质状况与勘查报告不一致时，应进行补充钻探。设计人员应综合考虑工程施工地点的地形与气候、地理条件，借鉴优秀桥梁设计方案，设计出符合项目要求、有一定深度、切实可行的方案，并正确绘制和审核施工图纸。往往工程周期较长、质量差、设计粗糙的方案会使施工建设中出现施工难度大、质量不过关等问题。一旦审查时发现这些问题，则重新设计，避免留下隐患。施工图设计是桥梁工程的核心，设计中应对施工图纸的审核严格把关，设计中尽量采用施工技术成熟和性能可靠的结构。施工单位应编制针对该施工图纸的施工手册，同时上报给监理单位审查重要工序的施工方案。

原材料、施工设备和技术。桥梁施工往往工艺复杂、点多线长，管理起来相对麻烦，为保证高速公路桥梁施工质量，施工单位应定期检查施工过程中的各个工序及施工工艺、材料采购、加工、结构件的预埋工作，建立一套完善的质量监督和检查制度。监理工程师要始终坚守工作岗位，应从原材料、施工工艺到成品等每一环节进行质量控制和监控。对于关键工序或重要过程，必须进行全过程旁站监理。单位工程、分部分项工程及施工组织设计必须经监理审批后才可动工。所有工序必须经监理检验合格后，方可进行下道工序的施工。只有通过施工单位、监理单位和政府相关质量监督部门的共同努力，才能确保工程质量，创造优良工程。

通过培训，提高施工人员的整体素质。人才是社会发展的核心动力，为了提高工程质量则需要大批优秀的工程建设人才，施工人员是工程建设的直接参与者，工程建设的安全与他们的生命安全紧密相连。施工队伍专业素质的好坏直接影响高速公路桥梁施工的质量。我国目前施工人员大多数是受教育程度较低的农民工，他们掌握的专业技能和理论知识相对较少，为了提高工程质量，施工单位应给他们提供必要的培训，同时采用技能考核、奖励等措施，激发施工人员的学习积极性，提高施工人员的整体素质，并及时对施工人员进行安全教育，讲解规范的操作，防止机械破坏和人员伤亡，提高施工人员的安全防范意识。技能考核合格者持证上岗，对于不合格的继续学习直到合格为止。

为了防止施工人员过度劳作影响施工质量和自身安全，施工单位要保证施工人员的合理劳动强度，给每一个施工人员安排合理的施工任务，保证施工人员的正常休息。施工单位不能为了赶工程进度而让施工人员加班加点，影响施工人员的身体健康。如果一定要赶进度，可以增加施工人员采取轮班作业的办法。

加强施工各个环节的质量控制。建筑材料是工程进行的基础和前提，直接影响着工程质量的好坏。如果使用不达标的材料，工程质量就不可能合格。施工单位应加强对材料采购、检验等环节的监管，确保材料质量。采购前，应先对整个市场的材料进行全面调查、比对和分析，要求厂家出示相关的产品质量报告，选择资质高、信誉好的厂家，签订必要的采购合同，确保建筑材料合格；对于已经进场的材料，应严格按规定的频率和标准进行抽检，对于不符合要求的，坚决予以清退。

施工单位负责人应在开工前与施工人员进行全面交底。在开工前，施工人员应熟悉设计文件和领会设计者的意图，掌握相关技术标准，发现疑问和不合理之处，及时联系设计单位澄清和修改。同时，还应明确具体要求、施工技术要点、经常出现的质量问题及预防措施，了解施工方法、工序搭接等的程序及安排，每道工序完成后要等检查和验收合格后才能继续下一道工序。另外，要建立良好的组织体系以保证施工人员整个施工期间的质量管控，明确质量目标及分解目标，根据实际情况制定各分项工程的质量标准、保证措施，以确保工程质量。

第三节　高速公路桥梁安全施工及风险控制

高速公路桥梁工程的施工是一项安全风险较高的工作，其中环境、人员等方面的因素都有可能对工程的总体安全质量造成或多或少的影响，目前来看，在我国高速公路桥梁工程施工阶段主要存在缺乏安全管理措施、专业技术水平落后等安全风险，需要我们在今后的实践中着力控制和解决这些风险问题，这样才能实现高速公路桥梁工程施工阶段安全质量的整体提升。本节对高速公路桥梁安全施工及风险控制进行了探讨。

由于高速公路桥梁的工程会对社会经济的发展造成很大的影响，所以施工总体的安全风险评估是一个非常重要的环节。相关的专业人员都会根据工程实际情况，做出一些安全预测方案，尽可能地避免风险或者减少危险发生的程度。

一、目前高速公路桥梁施工现场存在的安全风险

技术水平和管理能力的落后。由于现阶段我国国内大量的剩余劳动力都被建筑行业吸收了，因此在解决剩余劳动力问题的同时，也会给企业现场施工管理带来很多安全风险。在一线施工现场内存在着大批农民工，他们普遍教育程度偏低，安全知识不足。现阶段不少大中专院校毕业生的知识体系已经很难满足我国市场经济迅速发展的新要求，在这样的大环境的影响下，就会进一步的造成我国高速公路桥梁施工现场严重缺少掌握高端技术和专业管理知识的工程管理人员，更不利于高速公路桥梁工程的施工，并且有可能会导致安全事故的发生。

大部分的民营施工企业都缺乏正规化的经营制度。大部分的民营施工企业都是由乡镇建筑队转变而来的。这就在一定程度上导致了正规化经营制度的严重缺乏。很多这样的民营施工企业在高速公路桥梁施工过程中，对安全管理意识非常的薄弱，导致其经营模式在一定程度上存在不少的隐患，例如，用人标准不当，管理制度不完善，并且落实不到位。为了减少资金的投入，赚取更高的利润，经常会出现使用价格低廉的劣质材料，还有一些建筑企业会刻意地对工程质量采取忽视的态度，只是一味追求企业经营的利润率的增加，致使工程的安全可靠性被大大地降低。

部分施工企业中安全管理的技术和策略方面存在严重的不足。目前，在安全管理的技术与措施方面，部分施工企业还存在着严重的不足之处。首先，在现场施工过程中，部分施工企业为了降低生产成本，仍然使用大量失修甚至报废的施工机械设备进行施工，把其当作完好的设备进行使用，对施工机械设备没有及时地进行更新换代。除此之外，也有很多施工企业的安全管理制度不够合理完善，对国家相关的法律法规视而不见，对现场施工中的安全风险没有进行严格的控制，很明显，在施工过程应当密切注意安全性产生的极其不利的影响。

二、高速公路桥梁安全施工及风险控制的措施

施工前的安全风险控制。在高速公路桥梁工程正式施工前，应当编制科学的施工安全防控计划，着力降低各种安全风险。在制定好施工安全防控计划后，应当及时上报到建设单位、监理单位和行政主管部门进行审核，然后由建设单位上报到行政审批单位留档，一旦确定了施工安全防控计划，所有相关单位和人员就必须严格落实到位，凡是遇到和安全防控计划相违背的情况，必须及时上报各单位，不能在未经批准的情况下自行

更改计划内容。同时，必须建立完善的应急保障体系，该体系应涵盖应急小组成员、应急救援设备、人员编组等多方面的内容以及科学可行的应急疏散措施。此外，还应当建立健全开工管制制度，要求建设单位、监理单位和施工单位都必须安排专门人员开展施工前的准备工作检查，确保各项准备工作落实到位，没有任何疏漏。待检查结束之后，应当及时确认具备开工条件的工程项目，确保各子项目都满足开工标准之后才能下达允许施工的指令。

合理安排工期。一旦项目中标后，施工企业应该组建精干、高效、整体功能强、运转效率高的项目经理部，全面负责组织实施。要建立从项目经理部到各施工作业队的调度指挥系统，全面、及时掌握并迅速、准确地处理影响施工进度的各种问题。还要对工程交叉和施工干扰应加强指挥和协调，对重大关键问题超前研究，制定措施，应及时调整工序和调动人、财、物、机，保证工程施工的连续性和均衡性，确保工程工期合理、科学。

高速公路桥梁施工的安全控制措施。高速公路桥梁的施工安全是否可控，直接影响到交通能否安全顺利地运行，也会对社会经济发展造成一定的影响。所以，高速公路桥梁施工的风险评估工作占据着非常重要的位置。那么，如何预防施工过程中的安全危险因素发生，就必须制定影响因素的解决方案，并且能够及时掌控风险发生的基本情况，并进行有效的控制。而对于一些机械设备运行中存在的危险因素，必须要做好安全防护工作，例如，机械设备存在漏电等故障，都有可能影响到现场施工人员的生命安全。

高空作业的危险控制措施。对于高空作业施工，本身所包含的危险系数就比较高。所以，在进行操作时，必须要做好安全防护工作，而相关的工作人员在进行操作时，需要全面进行防护。同时也需要一些机械设备配合施工人员进行操作，并对于这一项也有明确的规定：①绝对不允许高空掷物，必须要在固定的设施，才能进行施工；②施工人员在工作时，绝对要保持清醒状态，不能出现饮酒或者精神恍惚的状态，而且在高空中，不能出现危险行为；③施工当天的天气情况，必须要选择合适的时间和天气进行施工；④所使用的机械设备，必须定期进行保养，以免机械设备老化，出现故障，进而造成工程事故的发生；⑤施工人员的持证问题，由于高空作业属于危险操作，所以必须要有资质的工作人员才能进行操作；⑥施工人员之间的配合度，会直接影响到工程的质量，并且也会对施工人员造成一定的威胁。由此，可以看出，工程的危险作业都是具备很多限制条件的，因此，必须要严格遵守每一条规章制度，同时也需要做好危险控制措施。尤其是施工人员，必须要认识到自己工作的危险性，并提高自己的安全意识，要有责任的对待自己的每一次施工操作。使用的机械设备必须要定期进行检查，并且保证质量合格之后，先进行试运行，在保证确定安全无误之后，再进行操作。

施工中的安全风险控制。在施工过程中，必须充分了解各施工标段的基本情况，结合施工单位所具备的人员、时间等条件，建立科学合理的轮班制度，并对整个施工过程严加监控。同时，应填好施工中的安全核查信息表，在开展施工作业之前，应当将该项工作的基本要求对所有相关人员进行讲解，以确保其顺利落实。安全核查信息表中应当涵盖工程项目的高危险性因素。工程监督部门必须按照安全核查信息表中的相关条目开展查核工作，严格避免因人为或其他因素而造成的漏洞。查核工作开展的周期应当根据工程的施工进度来确定，通常来说应当至少一周开展一次，一旦在查核过程中发现有不符合安全标准的情况，应当及时上报相关项目的负责人以及安全主管部门，待审核认定后，需马上进行停工改进，一直到再次复查达标为止。

施工后的安全风险控制。工程项目施工完成后，各有关单位应当按照标准程序签订竣工安全管制表，并将其上交到建设单位，待建设单位批准后，方可停止工程安全管制工作，针对一些特殊性、高危性的风险项目，应当由建设单位安排专门的小组对其进行验收。

综上所述，为了降低高速公路桥梁工程施工阶段的安全风险，就必须针对施工中存在的安全风险，采取科学有效的管控措施。

第四节 高速公路桥梁施工过程安全评估及预警

我国幅员辽阔，地域面积大，人口众多，城市之间的距离比较远，交通工具的出现方便了人们的出行，给人们生活带来了便利。最近几年高铁飞机发展速度快，选择乘坐的人口十分多，但高速公路仍然是交通工具巨头。风险控制及安全预警技术，是高速公路桥梁施工必不可少的，以风险监测监控为基础，对施工现场进行安全评估，建立评估体系及计算方法，并做出相应的预警研究。大幅度提高企业安全管理水平，提升高速公路桥梁施工安全性。本节介绍了高速公路桥梁施工的安全评估标准，阐述了预警工程的重要性，希望对本行业工作起到一定帮助作用。

随着国家逐渐增加高速公路设施力度，在基础设施建设方面投入大量资金。高速公路穿越河流多采用桥梁，因而，桥梁的安全性对于高速公路来说是十分重要的。高速公路桥梁的数量逐年增加，规模不断扩大，高速公路桥梁施工总量呈现出增加态势。近几年来安全生产事故频繁，为相关的施工工作带来了困难。为有效控制高速公路桥梁施工过程事故的发生，提高高速公路的整体质量，必须对施工安全采取有效的措施，对施工过程进行安全评估，排除危险因素，同时还要加强预警研究，以全面保证施工过程的安全性。

一、高速公路桥梁施工安全评估的概念

安全评估分为安全评价和风险评估，对可能出现的风险进行分析和估测。在实际运行过程中，就是运用系统科学的方法，根据事故风险的大小，采用专业人员进行识别和

分析，在高速公路桥梁施工过程中，影响系统安全的危险源，找到相关问题并及时提出相应的安全措施的过程，直接关系着整个过程的安全。由此可以得出，安全评估的重要性和必要性。安全评估的内容主要包括三个方面：定性和定量分析系统中的危险性，以国家高速公路桥梁施工的安全标准为依据，识别工程施工中的安全问题；从数量上分析对象的安全性程度，引入安全系统工程理论，分析与工程项目相关安全因素；通过安全评价制定安全措施，并对安全措施进行客观评价，力求降低事故率和损失。

二、桥梁施工安全评估与预警研究

强化机械设备的安全管理。在桥梁施工过程中，会使用大量的机械装备，存在着很大的安全隐患。为了避免机械设备发生不安全事故，减少财产的损失，应当在桥梁施工作业过程中，加强对设备的监测管辖，强化对机械设备的安全管理。某些桥梁工程使用机械特殊，尤其要提高对特种设备的安全检测，防止出现安全隐患，确保其各方面性能均符合要求，各项设备数据检验合格，方可投入使用。同时，应当做好设备维护和维修工作，定期安排专业人员进行检修，减少或杜绝各种故障问题发生，使现场保持有条不紊的作业，够确保施工安全。

安全评估与预警研究基础工作。安全评估的基本工作就是整个施工过程中的风险进行评测，预估可能出现的问题，并及时安排人员解决。制定完善的安全生产规章制度，要求每个施工人员必须严格遵守执行，建立和完善安全生产责任制。预警研究工作是指在进行风险评估之后，对可能出现的问题进行预警，研究对应措施。建立安全生产操作规程，合理安排时间进行操作学习，根据本单位的实际情况，保证其科学性、有效性和可操作性。

对人员进行安全控制。在对高速公路桥梁施工之前，首先需要对相关人员进行安全教育，降低安全事故发生的频率，提高安全责任意识。在日常工作中不断地向他们灌输高速公路桥梁安全施工的重要意义，降低施工人员的工作强度，将安全意识放在首位。由于周围环境比较恶劣，任务也比较繁杂，涉及的范围较广，因此管理人员也应发挥领导作用，安排一些有意义的教育活动，采取措施对工作人员进行培训，帮助施工人员养成好的施工习惯，合理使用施工机械，提高相关工作人员的热情，从而提高管理水平。认真有效的安排工作，给予施工人员更多的休息时间，确保施工人员的精神状态较好，从根本上改善人们的安全观念。对施工人员安排专门的技术交底工作，降低工作人员的操作失误，了解施工过程中存在的问题，提高工作效率，减少施工安全事故的发生。

风险控制与安全预警方法。安全评估方法以施工过程的风险监测为基础，对施工人员安全行为进行管理，规范相关人员的安全行为，以高速公路施工企业安全生产责任制为准则，建立一整套高速公路桥梁施工安全准则，设立一整套风险控制预警体系。督促其正确行使安全职责，避免施工过程中事故的发生，提高过程施工效率。

完善材料的控制。对材料进行详细把握也是安全评估的一种，材料的选择影响着工程的实施。对于材料的控制，首先要按照国家标准进行选择，选择质量好，安全性高的材料，从根本上排除危险因素。同时还要严把施工工料关，安排专业人员进行检查，不能以次充好，偷工减料。在进行施工前，对于机械设备实施定性检查保养，排除安全隐患，确保其施工安全性、可靠性。对弈施工人员的安全护具，必须根据实际情况，选用合格产品，禁止使用"三无产品"，保证产品质量，定期维护，合理正确使用。

高速公路桥梁在整个公路施工中是非常重要的，是由很多分部分项工程组成的。因此，对其进行安全评估和预警研究是十分必要的。本节研究了高速公路桥梁施工安全问题，探讨了风险控制及安全预警技术，结合实际情况进行安全性评价。主要从安全评估及预警研究两方面入手，制定相关的管理措施，促进企业综合管理水平的提高。运用互联网技术，使安全评估和预警研究更为精确，制定危险源控制措施，完善预警技术方法和体系。使其在桥梁施工工作中发挥更好的作用，拉动高速公路的整体发展，进一步带动交通运输系统的沟通进步。

第五节 高速公路桥梁施工的危险源辨识

受到各种因素影响，高速公路桥梁施工存在很多危险源，需要引起高度重视。为此，本节分析了高速公路桥梁施工的危险源，为高速公路桥梁施工的安全控制指明途径，旨在有效防范安全事故，真正打造百年精品工程。

据不完全统计，我国平均不到两个月就会发生一起桥梁垮塌事故。近年来，我国先后发生了钱江三桥塌陷事故、哈尔滨阳明滩大桥塌桥事故、河南栾川伊河大桥垮塌事故等，造成了重大的人员伤亡和经济损失。当前我国正加快推进基础设施建设，高速公路桥梁工程项目日渐增多，安全管理的重要性日益显现。企业必须全面分析施工安全隐患，切实保障施工现场的安全，形成常态化的安全管理机制。

一、高速公路桥梁施工的危险源辨识

高速公路桥梁施工环境复杂多变，现场安全风险因素众多，一些企业安全意识淡薄，容易埋下巨大的安全隐患。仔细分析历年来的高速公路桥梁安全事故，施工危险源在于如下方面。

桥梁桩基。桥梁桩基施工常用钻孔法和人工挖孔法。钻孔桩施工的危险源主要有：钻锤高处坠落、触电伤害、起重伤害、机械伤害、物体打击、护筒周围地层沉陷、氧气瓶和乙炔瓶爆炸等。人工挖孔桩施工常见的危险源有：物体坠落砸伤挖孔作业人员、土体失稳导致孔口坍塌、孔底涌水、触电伤害、瓦斯中毒或者爆炸、堆载过大或动荷载影响导致塌孔等。

高墩、盖梁施工。高速公路桥梁墩柱和盖梁施工大多在高空进行，常见的危险源有：作业平台强度不足或作业人员未系安全带引发的高空坠落、起重钢丝绳破损拉断、捆绑不符合规范导致起重物体掉落、安全爬梯锚固不牢固引发的坍塌、加工钢筋笼时电焊防护不当引发灼伤、乙炔和氧气瓶安全距离不足引发的爆炸、临时用电线路老化引发触电事故、钢筋笼和模板吊装过程中产生的物体打击等。

梁片预制与架设。梁片预制吊装是当前我国高速公路桥梁施工的主要方法，潜在的危险源主要包括：模板吊装、钢筋吊运、梁片出坑、安装过程中产生的物体打击和机械伤害，高强预应力钢绞线张拉作业对人员产生的机械伤害，触电，高处坠落，高温作业引发的中暑，焊接中毒和灼伤，清理模板时脚下打滑跌伤，高处摔伤，立体交叉作业导致的机械伤害和物体打击，梁片架设完成后未及时进行防护导致作业人员高处坠落等。

现浇箱梁。现浇箱梁施工常用满堂支架现浇法和挂篮施工法，其中满堂支架现浇箱梁施工的主要危险源有：支架基础强度不足或施工顺序错误引发的支架垮塌，未按要求设置安全防护网和栏杆、未系安全带、作业平台未满铺搭板等导致的高空坠落，模板、钢筋、钢绞线等起吊过程中引发的物体打击和机械伤害，各类触电事故等。挂篮现浇箱梁施工常见的危险源有：高处坠落、机械伤害、触电伤害、起重伤害、火灾、极端天气灾害等。

二、高速公路桥梁施工的安全控制途径

建立安全生产管理制度，加大安全生产要素投入。安全生产管理制度是工程各参与方的行为准则，因此施工企业必须建立安全生产规章制度，包括施工安全技术交底制度、安全风险评估制度、安全生产专项费用使用制度、安全生产检查评价制度、安全事故隐患排查整改制度、各级安全生产教育培训制度、安全生产责任制及考核制度等，通过用制度规范和约束施工人员，确保施工安全管理有法可依，有章可循，并且明确各级人员的安全生产责任，当遇到非法施工、强行施工、施工隐患的时候要及时上报，责令相关人员立即纠正。针对工程施工中存在的危险源和安全隐患，施工单位要加大安全生产要素投入，保证安全生产要素的足额投放，以避免安全事故造成的财产损失和人员伤亡。

积极落实安全生产责任，提高队伍安全操作水平。安全管理的核心是"人"，施工单位要牢固树立"安全第一"的管理理念，开展针对性的安全教育培训，使施工人员掌握安全操作规程，学会识别安全生产隐患，有效应对突发意外事件，明白安全生产才是最好的保护。项目部应建立安全生产责任制，把安全管理的理念贯彻落实到每一个部门，每一个工作人员身上，层层分解目标，落实安全生产责任，并且建立完善的考核制度及奖惩制度，提高人员工作积极性。可以说，所有在建大桥的垮塌无一例外都是责任事故。2007年8月13日，湖南凤凰在建的沱江大桥突然整体垮塌，造成64人遇难22人受伤。

发生事故的重要原因就是赶工期，向"州庆"献礼。国务院安委办早已明确，发生安全事故首先追究企业责任。企业同样应把责任层层落实下去，对于在安全方面出现重大问题的项目经理及相关技术负责人，企业应实行一票否决制，直接扣除年度奖金。

规范施工现场安全管理，做好机械设备管理工作。高速公路桥梁施工现场非常复杂，高处坠落、坍塌、物体打击等风险随时存在，各种设备、工序、作业交叉，并且随时处于运动的状态，施工前和交接中都需要做好安全技术交底，使施工人员明确施工方法、操作规程、施工要求等，同时清楚了解安全隐患、危险源、紧急救援措施等。在施工过程中，要把每一个环节的安全施工管理措施做到位，对各种危险源加强安全防护。例如，对钻孔灌注桩的泥浆池进行临边围护；人工挖孔灌注桩孔内应有足够的照明、通风、排气设施及安全爬梯，孔口要加盖并设置围栏和警告标志牌；高墩施工应配备专用行人爬梯且做好临边防护，对于高度超过40m的高墩应配备施工电梯；盖梁施工应设置安全工作平台并做好临边防护；张拉工作区两端要设置足够厚度的钢板防护。2014年5月3日，广东茂名一座在建石拱桥发生坍塌，其原因在于主要原材料不合格，支撑体系不合规范，施工顺序安排不合理。可见，项目部必须加强风险预警和监控，才能切实防范桥梁安全事故。

充分发挥监督检查作用，加强安全生产隐患排查。高速公路桥梁施工的安全风险因素众多，项目部必须落实安全检查制度，对人机料环法等生产要素加强控制。班组以及作业人员要加强自检，及时发现各种风险源和安全隐患，纠正不规范的操作程序，如果班组长自身不能处理，则立即报告安全员，绝不能久拖不决或置之不理。2008年昆明小庄立交桥突然垮塌，就是因为施工方违反操作规程，而监理工作不到位。因此，安全员和监理工程师需要深入工地现场，加强安全监督检查，包括开复工前安全检查、定期检查、专项检查、经常性检查等，对当天施工工点的关键部位和事故易发环节应重点检查，假如发现事故隐患问题和违章作业现象，就要马上开具"隐患问题通知单"，责令班组定人、定时、定措施解决。对于违反操作规程的行为，要严格落实责任追究制度，督促责任人员第一时间整改到位，并形成整改记录。

高速公路桥梁一旦发生安全事故，往往带来巨大的人员伤亡和经济损失，而且造成严重的社会影响，因此安全控制是重中之重。我国有着1 400年屹立不倒的赵州桥、马可波罗称为"世界上最好的"卢沟桥，这是我们的骄傲，也是我们奋斗的目标。建筑企业必须充分认识到高速公路桥梁施工安全的重要性，把安全管理工作贯穿于施工全过程，从而获得最大的社会效益和经济效益。

第六节　高速公路工程桥梁隧道施工安全评估监控

为做好高速公路桥梁隧道工程的建设工作，要求施工企业能够加强其施工安全评估监控。本节对桥梁隧道施工中的安全评估监控流程进行了分析，结合我国公路发展实际情况，针对性地提出了几点优化措施。

近年来我国的交通基础建设数量不断增加，并取得了良好的建设效果。但因地形等多种因素的影响，导致了公路工程施工过程中还会出现大量的桥梁施工和隧道施工，施工复杂，并容易受到各种外界因素的影响。在高速公路桥梁隧道施工过程中，一旦出现了安全事故，会造成非常严重的经济损失，严重情况下甚至会出现人员的伤亡，因此，做好公路工程桥梁隧道的安全评估监控工作，有着非常重要的现实意义。

一、流程分析

在公路工程施工过程中，桥梁隧道的安全是非常重要的问题。而在桥梁隧道施工过程中，具体的施工质量会受到地形环境、地质条件以及水文环境等多项外界因素的干扰，并容易导致一些施工安全事故和灾害的出现。为了取得良好的施工效果，施工单位要加强对桥梁隧道工程的安全评估监控工作，并实施详尽科学的安全员制度，进行整个施工流程的全方位监管与控制。此外，施工企业还需对施工中存在的不足进行反思，积极研究工程技术与管理方面的工作，获得完善的评估监控体系，为后续安全评估监控工作的顺利进行奠定基础。在公路工程桥梁隧道施工过程中，监管人员需要做好水文监测、地质监测、毒性有害气体监测等技术工作，结合实际施工情况，对施工人员以及施工设备采取实时的管理措施，做到对施工情况全方位监控，有效避免施工安全事故的出现。若发生事故需要进行补救措施的迅速与合理选择，将人员财产损失降到最低，从而保障施工的安全。

桥梁施工安全评估监控工作主要是通过系统测试的模式来进行桥梁结构参数的测量工作，将所测到的数据与常规数值进行对比，判断该桥梁结构是否处于正常范围内。通过该检测系统的应用还能对桥梁施工的合理性以及安全性进行有效评估，才能起到良好的预测效果。在结合桥梁特征与实际施工情况的基础上进行检测测点与检测周期的合理选择，对数值误差采用变量调控的模式，可以对后期施工过程中可能出现的一些状况进行合理的预测，从而判断在现阶段施工过程中是否需要进行相关变量的有效调整。

隧道施工评估检测系统多是对隧道施工环境、地质条件以及水文情况等进行合理的监控，目的在于保障施工的安全性，对施工环境、结构荷载以及围岩变形等一系列施工危险因素进行及时的预警与应对，有效避免施工安全事故的发生。通过隧道施工安全评估监控系统的应用，能够帮助管理人员对施工过程中存在的一系列问题进行有效解决，从而保证整个隧道工程的安全进行。

相关公路施工管理人员还需对现有桥梁隧道施工的安全评估监控流程有清晰的认知，结合我国公路工程施工标准和规范，进行施工安全评估监控体系的合理构建，从而使该体系的职能得到最大限度的发挥。

二、加强公路工程桥梁隧道施工安全评估监控水平的措施

监督管理内容体系与流程。在对桥梁施工进行安全评估监控过程中，需要就对具体结构进行集中测试，应用多种测量方法来获得精准的参数量，将测量到的参数量与常规参数进行对比，来分析该桥梁是否存在异常状态。此外还需要在结合桥梁特点以及实际施工情况的基础上，对结构安全性进行分析，具体流程是监测点的确定、明确检测周期，将检测结果与参照参数进行对比，以及对施工误差进行有效控制。此外，在监督管理内容中还需要就施工过程中可能出现的不良影响进行预估分析，对现阶段施工过程中是否需要进行变量的需求进行分析。

在具体监控过程中，先将工作切入点定位在安全评估系统隧道施工中所处的工作环境中，然后进行施工计划的针对性制定，保障整个工程的顺利进行。对于施工过程中出现的各种问题还需要进行及时的纠正，要求监控人员能够根据施工管理监控的实际要求对自身工作流程不断优化与完善。

进行监督管理体系的构建。在进行监督管理体系构建过程中，需要充分注重以下3点内容。

充分发挥法律的监督职能，对各部分职责进行严格的划分。如在进行实际管理过程中，对管理不到位以及监管不全面所导致的一系列施工问题，需将监管部门作为该事故的责任方。此外，还需要对施工单位在施工质量、施工安全以及环保等方面的职责进行明确的规定，对监督管理工作中的检验标准和检验程序进行明确的规范，定期进行工程施工情况的分段式检查，对检查结果进行验收处理。

在管理体系中还需要对质量费用管理规范进行明确的设定，要将质量费用纳入到整体预算中，结合工程规模、工程性质等因素进行合理的预算编列处理。此外，在对工程进行施工安全评估监控的过程中，还需要进行质量费用的单独列出，并在招标文件中对该项目进行标注。一般情况下要求质量费用占据整体建设费用的 0.6% ~ 2.0%，包含对施工材料的抽样检查费用以及相关质量管理人员的劳务费用等。

进行专业管理人员的聘请。在公路工程桥梁隧道的施工过程中，根据相应的施工条例，要求施工单位必须在施工现场配置2名及2名以上具备专业资质的管理人员，结合设计施工图纸和相关行业标准，合理制定施工监管流程，对实际的工程施工起到良好的指导作用，并在发现问题的第一时间进行及时有效解决，有效保障整个施工工作的顺利进行。此外，在日常经营过程中，要加强对工程监理人员的培训力度，提升职业水平以及综合素质，保障整个工程施工安全评估监控系统的职能得到最大限度的发挥。

进行施工质量的严格管理。在进行工程施工现场的安全评估工作时，需要对施工材料检验、施工工序检查等进行多个方面评估，保障整个工程的施工质量以及施工安全性。现阶段在进行高速公路桥梁隧道的施工过程中，多是由第三方监理单位来评估。为了取

得良好的施工质量管理效果，要求第三方监理单位能够在具体的工程施工前，根据施工内容以及施工要求来合理制定工程监理计划。在工程监理计划中需要严格落实检查方案，对施工安全和施工质量的相关内容进行细化处理，充分满足后期工作中的实际施工需求，保障整个公路工程能够顺利施工。

在公路工程桥梁隧道安全评估检测过程中，需要将检查工作直接延伸到施工材料的进场监督与质量审查过程中，在具体的评估和监控过程中要与建设单位、施工单位形成良好的三方合作管理，通过相互配合的模式来获得良好的施工检查效果。如在对施工材料进行审查过程中，要求第三方监理机构通过实验室检测的模式对这些施工材料进行有效检测，检测合格后方可投放到建筑施工中使用。

近年来，我国的公路工程数量发展迅速，在进行桥梁隧道的施工过程中容易受各种外界因素的影响，容易导致一系列安全事故的发生。针对这一问题，要求施工单位能够积极应用安全评估监控系统，在此基础上进行施工管理制度以及管理模式的不断创新与完善，只有这样才能够保障我国桥梁隧道工程安全管理能力的提升，促进整个公路工程行业得到更进一步的发展。

第十章 高速公路的维护

第一节 桥梁维护常见病害及维护建议

当前在桥梁的维护过程中仍然存在一定的问题，给来往车辆及行人带来不便。对此，分析了桥梁维护中存在的问题，包括桥梁标志毁坏、桥梁维护不及时、桥梁维护资料保存不妥善等，并从转变思想，提升对桥梁维护工作的认识；完善桥梁维护制度，合理规划日常维护工作；增大桥梁维护资金投入，保证维护工作的资金需要等方面提出了桥梁维护的具体建议。

桥梁增强了各个地区间的沟通及联系，给民众出行带来了极大的便利。因此，提升桥梁的使用年限及质量，对其进行维护是很有必要的。但是，当前在桥梁的维护过程中仍然存在一定的问题，给来往车辆及行人带来不便。对此，研究桥梁的问题，找到其产生的原因，并提出维护桥梁的措施是有关部门必须要重视并开展的工作。

一、桥梁维护存在的问题

桥面坑洼不平。由于部分桥梁使用时间过长，同时没有重视日常维护工作，导致桥面变得坑洼不平。这不但会影响到桥梁的外形及构造的美观程度，还影响了车辆的正常行驶，所以一定要加强桥梁维护及管理工作，为车辆行驶提供良好的条件，促使桥梁的整体性能得到提高。

桥梁标志毁坏。桥梁在建设期间要设置标识，以便对行驶车辆进行合理引导，主要应包含限速、限重、限高等标识。这一类标志的设置不但能够引导车辆，还可以确保车辆的行驶安全，降低相关事故发生的概率。然而，部分桥梁的有关标识不健全或是被毁坏之后没有得到及时地维修，这不但会阻碍桥梁的正常运转，还会导致更多的安全事故。

桥梁维护不及时。桥梁在使用过程中，由于受到车辆的行驶、自然气候等方面的影响，构造会产生一定程度的毁坏，如桥梁构造变形、出现缝隙及裂缝等，出现这类问题时，如果得不到及时维修，将给桥梁的正常运转带来不良影响。

桥梁建设维护资料保存不妥善。桥梁建设维护资料是极其宝贵的材料，其中细致地记录了桥梁在建设、运转、维修期间的各种数据。借助这些数据可以全方位地把握桥梁的具体状况，为桥梁维护提供数据参考。然而在桥梁建设期间有关人员却忽略了对资料进行妥善保存，使得有关记录不完整，维护时缺少相应的数据及参数，影响了桥梁维护工作的正常进行。

二、桥梁维护问题的原因

缺少桥梁维护设施机器与专业型人才。部分地区在对桥梁进行维护期间，缺少专业的维护检查设施，未对桥梁这一工程进行专门的检查，通常都只是进行一般性的检查，对桥梁本身的问题未立即进行处理。此外还缺少桥梁维护的专业型人才，许多维护人员只是临时工，因此无法认真开展维护工作。

桥梁维护资金缺乏。致使桥梁维护出现问题的主要原因之一就是缺乏相应的资金，资金匮乏不但会影响到检查设施的运用及保养，同时还无法激发工作者更多的主动性及积极性，约束了桥梁维护工作的进行，阻碍了桥梁维护质量及水平的提升。

桥梁维护规范及制度不完善。缺少完善的桥梁维护规范及制度，工作者的责任未明确，没有充分贯彻并落实维护责任制度，在具体工作时发生互相推脱责任的现象，无法合理分配各个部门所负责的工作，没有产生合力对桥梁进行日常的维护。因此，要改变上述状况，必须健全相关规范及制度，促使桥梁维护标准化及制度化。

三、桥梁维护的建议

转变思想，提升对桥梁维护工作的认识。桥梁维护工作者应提升思想认知，充分认识到维护对桥梁正常运转的重要性。增强宣传力度，采取科学方法进行维护，提升桥梁维护的质量及水平。另外，相关部门的负责人要转变思想，在人力、资金的分配上多考虑桥梁维护，促使桥梁维护能正常进行。

完善桥梁维护制度，合理规划日常维护工作。健全桥梁维护制度，制定桥梁维护责任制度，就要确定有关部门及工作者的责任，促使其在进行维护时认真负责，仔细开展工作。同时还应健全奖罚制度，对认真开展桥梁维护工作的部门及个人给予奖励，对没有履行责任的部门及个人予以处罚，从而激发员工对维护工作的积极性，认真对桥梁进行维护，提高桥梁维护的质量及水平，使桥梁工程维持良好的运转状态。

健全桥梁维护部门设置。桥梁维护部门设置不健全会对所有工作的正常进行造成影响，所以，应该设立专门负责桥梁维护的部门，对桥梁维护工作负责，采取相应的维护对策。构建健全的桥梁维护队伍，提升维护部门的工作能力及水平，促使桥梁维护正常开展。

增大桥梁维护资金投入，保证维护工作的资金需要。桥梁维护质量提升不能脱离资金的支撑，要增大资金的支撑力度。可成立专项资金，专门用到桥梁维护中。认真对资金进行规划及分配，注重对资金收支的全过程进行管理，保证资金能够落实在桥梁维护工作中。

合理分配桥梁维护设施，促使维护工作合理开展。合理分配桥梁维护需要的设施仪器，促进检测及监管工作的开展，对桥体、桥墩进行全方位检测，及时找出并解决问题，保证桥梁能够维持在良好地运转状态下。

借助现代技术，创建健全的桥梁维护体系。为了提升工作成效，在桥梁维护期间应注重对先进技术的应用，创建健全的桥梁维护体系，把有关信息录入其中。注重桥梁检测，评测出桥梁的负荷能力及综合性能，为制定维护措施提供一定的参考，从而进一步提升桥梁维护工作成效。

对桥梁维护工作者进行培训，提高整体素质。大力引入一些具有较高技术水平及维护能力的工作者，组建整体素质高的桥梁维护团队。同时还要通过各种方式，对桥梁维护工作者进行培训，持续提升其整体素质，使其熟练掌握桥梁的检查、维护等相关技术，提升桥梁维护的质量及水平，为桥梁整体质量的提升及车辆的安全行驶奠定基础。

改善桥梁维护方法，促进桥梁维护现代化。依据桥梁维护的要求，改善维护方法，促进桥梁维护现代化，促使桥梁整体性能的提高。

（1）改变桥梁维护观念。预先维护、绿色维护、整体寿命周期维护观念的产生，极大地推动了桥梁维护现代化的脚步。创建智能型、科技型、集约型桥梁维护平台变成了一种趋势，其能提升维护能力及水平，及时找出并解决桥梁运转期间的问题。

（2）加强桥梁维护地区间的协作。转变往常单一的维护方法，增强邻近地区的沟通、联系，合理分配维护施工设施及人员。逐步提高桥梁维护的智能化水平，以减少维护成本。

（3）促进桥梁维护团队的多功能化。提高对维护工作者的技术能力及整体素质要求，贯彻现代维护观念，提升维护智能化水平，促使维护工作者素质提升及维护团队的多功能化，以满足桥梁维护需求。

在桥梁使用期间，受到前阶段施工水平与后阶段环境、交通情况、维护资金等因素的影响，会出现一定的问题，除了在维护期间使用科学的方式进行修缮以外，若可以在维护期间，甚至是在勘测、设计桥梁期间使用相应的预防对策，就能够保证桥梁的长远安全运转。

第二节　高速公路桥梁结构病害与加固

随着高速公路桥梁数量的不断增多，交通系统日益完善，在经历一定年限的使用后，受到长期荷载作用，高速公路桥梁病害问题日益凸现出来，这对于行车安全及高速公路桥梁的维护保养都带来了很大影响。本节主要对高速公路桥梁较为明显的部位及结构病害进行分析，并提出相应的加固措施，希望能够促进我国高速公路建设的健康发展。

在我国经济水平不断发展下，高速公路作为重要的基础设施建设得到快速发展，已经成为全球第二位的高速公路大国。为了进一步完善我国交通运输体系，提高国民经济增长水平，提高对国内高速公路桥梁的建设和病害加固是切实可行的主要措施。通过对国内诸多高速公路桥梁结构病害进行分析及检测，提出科学的维护和加固措施，做好养护工作，为人们出行及经济发展奠定良好的基础保障。

一、当前我国高速公路桥梁存在的主要病害

桥面铺装开裂。桥面是承受行车荷载的直接面，在高速公路桥梁使用过程中桥面铺装开裂主要表体现在混凝土路面上，呈现不规则的网状裂缝或者纵向裂缝，这对与高速公路桥梁正常使用带来一定威胁，直接影响车辆行驶的安全系数。造成这种问题出现的原因主要是由于桥面板刚度与实际条件存在差距，在受到长期行车荷载作用下，逐渐出现变形问题，造成高速公路桥梁表面的裂缝现象。另外，在桥面施工的过程中，施工人员缺乏相关技术经验和施工能力，钢筋直径不符合要求、铺装与构件之间的联系不牢固，钢筋绑扎质量不过关，这都会直接造成桥面的质量问题。高速公路桥梁面出现开裂以后，具有一定的危害作用。首先，车辆在行车荷载作用下对铺装层形成更大病害威胁。其次，影响路面防水功能的正常发挥，如果雨水渗入到下面的主梁或者其他结构中，会造成钢筋内部的腐蚀，甚至对整个桥梁整体造成影响。另外，铺装层出现开裂以后，影响高速公路桥梁最初的设计效果，不利于整体结构的安全发展。

桥梁上部结构的常见病害。高速公路桥梁主要由上部结构、下部结构、支座等组成，造成上部结构出现病害问题的主要原因在于以下几方面：第一，施工过程中使用的混凝土保护层达不到标准要求、底板横向纵筋设置不合理，由于受力不均匀，造成混凝土出现开裂或者纵向裂缝问题。其次，在长期的荷载作用下，对上部结构造成破坏，混凝土保护层逐渐脱落，钢筋受到雨水等侵蚀，造成结构问题。其次，上部结构中的 T 梁部位，作为桥梁结构的重要组成部分，由于保护层过薄或者混凝土冻胀，在承受一定的荷载作用或压力下出现裂缝现象。另外，高速公路桥梁下方有时候处通车状态，一些车辆通行时忽略桥梁限高的要求，直接与桥梁板发生摩擦，对其造成刮碰或者伤害，甚至影响桥梁结构的稳定。

地基不均匀沉降引起的破坏。在高速公路桥梁使用过程中，经常会出现地基不均匀沉降的现象，这种问题会直接对高速公路桥梁整体结构造成破坏，使高速公路桥梁表面受力呈现不均匀状态，从而造成裂缝或者坍塌等严重问题。造成地基不均匀沉降的原因有以下几方面：第一，施工不规范，没有按照设计施工图进行施工，在施工过程中采用不合格的材料产品或偷工减料，造成地基不稳定现象，从而引发整体结构的病害问题。第二，前期勘察及设计工作不完善，缺乏科学性、合理性，高速公路桥梁建设必须结合当前地质现状和周边环境进行设计施工，如果缺乏这方面的保障，势必会造成设计与实际不相符的情况，直接影响整个施工质量。第三，工程项目受到影响因素多，在地基施工过程中，打桩深度及开挖工序都会影响到地基的质量，由于工序不合理或者其他问题，对桥梁建设造成影响，导致结构病害的发生。

二、高速公路桥梁加固的措施

桥面铺装层加固措施。桥面铺装层的完整性对行车效果有着直接作用，在施工过程中应该加强对高速公路桥梁铺装层的重视与裂缝控制。其次，严格控制正常使用状态下的车辆超载现象，避免超荷载作用对桥面铺装层造成的破坏。另外，加强对铺装层的保养与维护，制定科学的保养策略，定期进行检查与修补，如果发现裂缝问题，应立刻积极采取措施降低问题扩大的可能性。

上部结构的加固。上部结构的病害问题就是 T 梁部位的裂缝，当 T 梁出现的结构裂缝在 0.2mm 的范围内时，可以采取灌浆处理，如果超出 0.2mm 可以使用其他加固方法。比如：锚喷加固，其主要是由钢筋网、锚杆等组成，在具体的施工过程中，采取喷射的方式促进浆液与钢筋网、锚杆的相互结合，形成统一的整体，通过添加速凝剂的方法，还可以提高工作效率，实现早期的高强度需求。锚喷技术的应用具有一定的机械化效果，较多的采取侧向模板，此技术不对正常交通造成影响。

地基不均匀沉降的加固措施。首先，做好高速公路桥梁建设的前期准备工作，进行科学勘探和设计，了解当前施工地点地质条件环境影响，在施工设计过程中，严格按照地质勘探结果及参数条件设计出符合实际现场需求的结构设计。与此同时，科学设置沉降缝，尽量减小地基不均匀沉降现象。其次，做好各个环节的监督和检查，严格按照规范及设计要求进行施工，加强材料及关键部位的试验检测，确保使用的钢筋、混凝土等材料符合质量要求，在施工过程中随时对地基沉降进行观测，找准水准点，确保高速公路桥梁下部结构的稳定与安全。

预应力加固技术。预应力加固技术的应用是在高速公路桥梁构件受到破坏前采取的一种加固措施，其可以提高构件承受外部荷载的承受力，得到足够的耐久性与刚性要求。在高速公路桥梁中常用的预应力加固技术有体外预应力、有粘结预应力、高强复合纤维预应力等，其中体外预应力加固技术受到广泛应用。

综上所述，造成高速公路桥梁病害产生的原因有很多种，其中主要表现在工程质量问题，管理及后期维护与保养上面。所以，如果要降低高速公路桥梁结构病害出现的概率，就必须做好相应的防护和控制措施，严格控制施工过程中的材料质量，做好相关检测和验收工作，加大管理力度，确保人员操作符合规范标准要求，定期进行高速公路桥梁的维护和保养，促进高速公路桥梁结构质量的提高，为我国经济发展做出重要贡献。

第三节　道高速公路桥梁损伤的评定和维护

由于外在、内在的原因，道桥在使用过程中，经常出现结构损伤，或者损伤积累。桥梁损伤不仅会对桥面交通产生影响，而且会对桥梁内部结构造成威胁。然而，常规桥梁承载能力试验，健康监测技术都不能准确地检测出桥梁脆性破坏程度。在损伤机理基础上出现的安全评定方法，可以对桥梁局部、整体和长期损伤程度进行检测，并给出损伤力学、疲劳断裂、可靠度等方面的评定结果。本节通过对桥梁损伤的实际情况，内部结构损伤程度，分析桥梁损伤问题，并提出相应的维护、管理对策。

由于外在、内在的原因，道桥在使用过程中，经常出现结构损伤，或者损伤积累。桥梁损伤不仅会对桥面交通产生影响，而且会对桥梁内部结构造成威胁。在桥梁使用过程中，由于桥梁损伤造成的坍塌事故，已经引起国内、外工程界对桥梁使用安全评定和维护问题的关注。桥梁所处的环境、（化学）物质侵蚀、灾害、使用频率，以及人为因素，都会对桥梁造成一定的损伤。然而，目前的桥梁损伤检测手段，诸如，（常规）桥梁承载能力试验，健康监测技术等都不能对桥梁出现的细微损伤进行准确检测。本节在损伤机理基础上出现的安全评定方法，可以对桥梁局部、整体和长期损伤程度进行检测，并给出损伤力学、疲劳断裂、可靠度等方面的评定结果。

一、道高速公路桥梁损伤的影响因素

自然环境。桥梁建设完成后，一直处于自然环境中，并承受各种环境影响。诸如，水汽、（化学）物质，以及温度。上述因素对受损桥损伤桥梁出现结构变形。上述自然因素的存在，不仅会对损伤桥梁的使用耐久性产生影响，而且会削弱损伤桥梁的结构承载力。桥梁防腐一直是防止桥梁损伤的关键，为此人们发明很多防腐材料、防腐钢材。研究结果显示：自然环境的作用，可以让损伤桥梁出现混凝土碳化、卤离子侵入，两者是钢筋锈蚀的关键。钢筋锈蚀反应属于电化学反应，需要 O_2 和 H_2O，并在 C- 和其他污染物的作用下，发生应力腐蚀。欧美国家于 20 世纪初期就开始进行混凝土冻害研究，并于 20 世纪中期先后提出静水压、渗透压等假设。但是，由于损伤桥梁评估中的应力腐蚀问题过于复杂，目前尚未准确的损伤定论。混凝土中的孔隙水、胶凝水是冻融破坏的前提条件，而温度是促进冻融破坏的辅助条件，造成混凝土结构的破坏。

施工材料性能退化。桥梁使用的施工材料有一定的有效期，长时间使用会造成材料老化、力学性能降低等问题，诸如混凝土碳化、碱骨料反应等。其中，混凝土碳化是建筑材料老化的主要问题，而混凝土对结构钢筋起到保护作用，碳化后使得钢筋受损。另外，氧化、辐射会诱发建筑材料损伤，造成混凝土裂缝。

桥梁结构疲劳损伤。桥梁施工过程中，施工材料中含有微小裂纹、裂缝，在循环负载的条件下，裂纹、裂缝会形成合并伤，形成宏观裂纹。疲劳损伤是钢架桥梁的主要问题，出现不少桥梁坍塌案件，诸如，1962 年（美国）Kings 桥梁坍塌。然而，疲劳性损伤在早期不容易被检测，一旦被检测出来，就会造成灾难性的后果。目前，国内、外工程业研究者，对混凝土结构损伤的研究比较深入，可以在一定程度上控制桥梁结构损伤的发生率。

桥面车辆荷载。桥梁的主要功能是进行交通疏导，并承载一定的载荷，这种来自于车辆的动载荷会对桥体结构产生循环变化应力。车辆行驶过程中，会对桥体结构产生振动，减少桥体构件之间的连接紧密性，降低构件的结构强度。另外，车辆之间的对冲作业，也会使得桥梁伸缩缝、支座架造成损坏，影响桥梁正常功能的发挥，对桥梁自身结构安全产生影响。

桥梁使用超载。目前，桥梁使用超载现象比较严重，主要为使用周期延长，通行车辆超载。早期修建的桥梁已经超过使用年限，或者进行超载运营。同时，违规超载车辆在桥面上通行，对桥体产生一定影响。桥梁使用周期延长是因为设计规范的改变，交通量短期内急剧增加，这种现象在桥梁使用过程中普遍存在，通行查了超载是由于交通监管部门管理不严，导致违规车辆在桥面通行。

三、桥梁损伤评定方法

承载能力评定法。承载力试验评定法分为两种，竣工试验评定、荷载试验评定。竣工试验针对设计、施工进行检测，判断桥梁能否投入使用。荷载试验适用于不敏感桥梁损伤，这种损伤源于桥梁设计、施工。承载力试验评定法可以对旧桥损伤程度进行检测，但检测精度够，不能实现损伤安全评定。目前，承载能力试验评定法虽然可以检测出桥梁损伤情况，但不能全面反映桥梁损伤积累情况。

结构可靠性评定法。结构可靠性方法源于可靠度理，该理论通过分析可靠指标，并进行指标之间的比较，从而得出损伤桥梁的安全结论。结构可靠性评定方法分为两种：一种直接计算桥梁可靠指标 U，并与可靠指标 UT 向对应；另一种，基于可靠度评价规范，直接计算可靠指标，包括：失效、结构分析、荷载、抗力等模型，并以可靠指标计算桥梁结构安全性。目前，欧美国家制定了类似的评估规范，而中国尚未完成对旧桥梁承载力评定规范的修订。

荷载试验评定法。荷载试验评定法通过对桥梁进行试验性荷载，实现桥梁损伤评定。荷载试验评定法具有可靠性、直观性的特点，通过实际数据证明桥梁结构性损伤。荷载试验法包括：静载、动载两种，即依据静力、动力响应来判断桥梁结构损伤。荷载试验法容易受外界噪声影响，所以，进行评定时需要封闭交通。

疲劳断裂评定方法。疲劳断裂评定方法认为，在桥梁内部结构点上，出现细微损伤，损伤持续积累，使得应变值超过阀值，造成桥梁不可愈合变形。混凝土材料在外部环境作用下，受到轻微的拉、压、剪、切作用，就会在砂浆基体与骨料连接处发生劣化。目前，损伤力学评定法在使用复合材料建造的桥梁损伤检测效果显著，但对混凝土桥梁的失效性检验效果略差。疲劳断裂法主要用于钢桥损伤检测，这是因为钢桥损伤是由主裂纹增长导致。

层次分析法。层次分析法源于灰色理论，主要进行桥梁底层工作状态评定，适用范围非常广泛。层次分析法采用权重形式，进行桥梁结构的综合分析，分析每个指标（杆件损伤）变化对桥梁结构的影响。层次分析法的评定可以通过专家咨询、专家评估等方式，让损伤结果更加符合客观实际，并确定重点影响指标。层次分析法可以让繁杂的评估变得更加简洁、实用，因此被广泛应用于钢架桥梁损伤的测定中。

四、损伤桥梁主体的加固与维护管理策略

钢结构加固。钢桥损伤后可以通过钢板加贴进行加固，并利用杆件进行焊接、栓接，以此提高桥梁结构刚度。同时，针对无法加固的构建，进行必要的更换，诸如受腐蚀的下拉所、主缆索股等。钢桥加固后，需要进行必要调度防腐涂抹，并采用先进的防腐材料和措施。

混凝土结构加固。混凝土加固方法主要包括：粘贴钢板法，实现对裂缝的封闭，提高构件的承载力；预应力加固法，通过合理布置锚固，通过构件的结构强度和承载力；碳纤维加固法，通过粘贴优越的碳纤维，提高混凝土的构建强度。上述加固方法实施以后，需要对裂缝进行封闭，防止腐蚀性气体的侵入，诸如，沿海城市的海风。同时，对加固后的混凝土进行表面涂装，必要时，可以更换主梁。

圬工结构加固。圬工结构位于受损桥梁的墩位、台基处，容易出现结构性开裂。圬工结构加固主要通过裂缝封闭，预应力修补，以及碳纤维加固。

桥梁损伤维护管理对策。管理部门定期对桥梁进行养护，合理利用养护费用，提高桥梁的持久性、耐用性。管理部门进行桥梁维护过程中，主要采取以下对策：（1）定期检测受损桥梁，利用损伤原理进行安全评定；（2）综合损伤识别技术，针对薄弱位置，进行重点养护，减少检测的盲目性，通过桥梁养护效率；（3）依据桥梁损伤情况，采取最优养护策略；（4）依据桥梁损伤评定结果，对通过车辆进行限速、限载、限高，并减少通行车道；（5）定期维护受损桥梁，清理排水管、伸缩缝、支座等位置；（6）针对桥梁钢筋、构件、拉索、主缆等易损位置，进行定期防腐处理。

本节主要通过阐述桥梁损伤机理、安全评定方法，损伤检测手段，进行桥梁损伤评定问题分析，并采取相应的解决对策。传统的桥梁损伤检测手段不能进行轻微损伤检测，需要综合多种检测手段，进行相应的承载力试验，才能准确测定桥梁损伤程度。桥梁损伤程度检测，需要进行局部、整体、长期的检测，准确进行损伤位置定位，提高损伤构件的识别率，采取现代损伤修复技术进行处理。

第四节　高速公路桥梁面维护工程施工工艺

交通量及行车密度逐年递增，无疑加剧了高速公路桥梁损耗，为此，要保证交通运输

流畅性和安全性，必须加强高速公路桥梁维护加固。从桥面维护前准备、混凝土施工工艺、桥面铺装钢筋铺设、伸缩缝病害维护、桥面系维护技术、裂缝维护施工技术和提高桥梁承载能力几个方面探讨了高速公路桥梁面维护施工技术。

现阶段，我国高速公路面临着建养并重的重要时期，而桥梁是组成高速公路的重要内容，直接影响着高速公路的安全以及行车运营的顺畅。但随着高速公路桥梁数量日益增加，使得桥梁病害也更加凸显。因此，加强高速公路桥梁病害检测，定期对其进行维护管理，是当前高速公路管养的重任，且对桥梁结构使用寿命延长、保证高速公路通车运营安全性的作用极大。

一、高速公路桥梁面病害分析

通常这类病害包括桥面混凝土破损，如孔洞凹陷或铺装层裂缝，还有桥头跳车、伸缩缝型钢断裂变形等。其中混凝土破损主要由混凝土早期裂缝、强度较弱或收缩所致；而橡胶条破损或老化是因环境恶劣、伸缩缝伸缩时遭刮破与车辆挤压所致；伸缩缝型钢断裂变形则是由于型钢计算跨径较大，型钢材料不符合疲劳、强度与变形要求，焊接不充分等所致。另外，桥头跳车是由软土地基沉降及其填料造成搭板悬空，再反复受超重车辆荷载作用引起，严重时还将导致搭板断裂等危害。这些病害直接影响着桥面整体美观，一旦凹陷或裂缝无限扩大，必将造成桥面承重能力受限。桥面裂缝或橡胶带损坏，将引起雨水等液体渗入桥梁下部结构或桥头内，进而锈蚀桥面铺装钢筋与梁端墩台，降低其耐久性。同时这些病害也将引起桥面明显震动，使得司机驾车缺乏舒适度，容易造成交通事故。

二、高速公路桥梁维护施工工艺分析

桥面维护前准备。首先，加强高程控制。在对破损桥面进行凿除前后，必须及时测量高程，确保桥面铺装达到4cm厚沥青混凝土与8cm厚钢筋水泥混凝土的要求，如果一旦无法满足，应调整坡度保证铺装层厚度。其次，破除清运原桥面铺装。在破除桥面铺装层时，应使用小型机具设备（如风镐等），尽可能选择专业水平高的施工单位，严禁使用大型或用力较大的破除设备，以免损坏桥面板，并统一收集清运已破除建筑垃圾至事先选定或高速公路之外的废料场。最后，凿除破损企口缝。破除原桥面铺装后，应认真检查原企口缝，一旦企口缝及灌缝的混凝土发生破碎松散与脱离情况，应将其彻底凿除，再重新浇筑。但凿除操作时应加倍小心，防止对企口缝的损坏。

混凝土施工工艺。首先，在搅拌站集中拌和混凝土，再用混凝土搅拌车运输。而浇筑期间应严格混凝土铺装层标高与厚度控制，注意密实振捣，特别是用振捣棒捣严企口缝、伸缩缝与模板边缘，表面平整度必须达到规范要求，收面应无浮浆确保平整。通常对企口缝浇筑需要注意两点，一方面在浇筑板间缝时，先用铁丝在其下固定木条吊底，然后明确板间缝宽度，不超过2cm者，浇筑用40号环氧树脂砂浆；超过2cm者，浇筑用40号细石混凝土。另一方面在企口缝浇筑时，连着桥面铺装一起浇筑混凝土，再用振捣棒将其振捣密实。完成浇筑后注意养护，以提高混凝土强度，通常可用洒水覆盖养生法，或草袋腹膜覆盖法进行保养，使混凝土在养护中始终保持湿润。

桥面铺装钢筋铺设。在现场加工铺设桥面铺装钢筋网片时，应使用搭接焊进行钢筋焊接，并尽可能满足《高速公路桥梁施工技术规范》要求。注意短钢筋的充分设置，在钢筋网上垂直焊接，将其设置于混凝土铺装层中间处，避免施工期间钢筋网片下垂，同时铺设钢筋网片必须达到平直、无局部弯折的要求。

伸缩缝病害维护。随着我国高速公路桥梁的长年运营，桥梁伸缩缝破损日益增多。由于高速公路交通极难中断，不易用水泥混凝土进行修复，更难以确保质量。建议可将碎石掺入产自英国的 BJ-200 高分子聚合接缝材料做成无缝伸缩。一方面，将原有钢筋混凝土凿除再进行清理，通常底部应铺设厚 0.5 ~ 1cm 的钢板，并把 5 ~ 20cm 粒径的碎石加热进行摊铺，厚度需达到 2 ~ 4cm，然后在碎石上浇筑加热的 BJ-200，直至无液体渗出碎石表面，以小型振动夯夯实后再进行第二层摊铺，最终将其填满。特别是最后一层要超过原路面 5 ~ 10mm，再撒上 5mm 以下粒径的小石子，待夯实后开放交通。另一方面，对半幅采取两段施工，以免高速公路运行受到影响。而针对伸缩缝胶条破损、老化的情况，应进行及时更换，避免缝内掉入杂物制约梁板正常伸缩。可以安排专员对伸缩缝定期清理，保证缝内无杂物。

桥面系维护技术。桥面上的护轮、栏杆为其安全设施，一旦出现腐蚀、损坏、变形等病害，必须进行更换修复，以保证车辆正常安全地运行。桥梁栏杆被损坏或变形而无法正常发挥其功能时，需要及时更换修补。在检修过程中，车辆要实现安全运行，应通过栅栏或闪光灯等标识其已损坏，但值得注意的是若桥梁栏杆为钢筋混凝土构成，且已经发生剥蚀或裂缝时，可利用环氧树脂修补受损较轻的，对严重的需凿除受损部分进行重新修补，特别是注意受损栏杆与桥梁下部构造和梁是否有关；针对钢质栏杆需经常刷漆、除锈，并及时更换严重腐蚀的部分。如果护轮带被破坏，势必会对行车安全产生影响，务必要迅速修补，当然修补期间要设置闪光灯等安全标识。

裂缝维护施工技术。无论是对桥梁板结构还是桥面来说，最为普遍的病害为裂缝，并且分布相对广泛，为此，在处理期间应针对裂缝实际，合理选择恰当的维护施工技术。当前，在维护桥梁桥面的过程中，如果裂缝为微小裂缝，且宽度不超过 0.2mm 的，通常可利用表面封闭材料如聚合物砂浆、环氧胶泥等封闭修补表面；如果裂缝宽度介于 0.1 ~ 1.5mm 之间，需使用黏度和强度较高的裂缝修补胶，对裂缝腔采取精准注射法做封闭处理；如果裂缝为活动性裂缝，且宽度高于 0.5mm 的，一般采取开 U 型槽填充并粘贴环氧树脂与玻璃纤维布的方法，做填充式密封处理。

提高桥梁承载能力。要提高桥梁承载力应通过外加钢板的方式进行，这样桥梁横截面才不会过多增加。然而，在加固钢板加工成形时难度相对较大，并且需要加装支护设备，再加上后期使用过程中，必须进行大量的维修保养，为此该方法并未得到大范围使用。所谓加装钢筋即二次加装桥梁表面，并在桥梁表面固定钢筋，以充分提高高速公路桥梁的抗弯性能，避免高速公路桥梁自身重量增加。但这种方法具有极大的不足，将严重影响桥梁的整体外观，故而未能被经常应用于城市桥梁。此外，还要加强日常维修、预防性养护和常见病害维修等，进而充分保证高速公路桥梁的正常运行。

据上述分析可知，高速公路桥梁的维护加固尤为关键，是确保桥梁安全状况，降低交通事故发生率的主要手段之一。为此，这就要求相关部门正视高速公路桥梁维护过程中存在的问题，并及时分析其发生原因，针对性采取措施降低浪费，从根本上才能解决问题。通常高速公路桥梁面病害主要体现为混凝土破损、桥头跳车、桥面裂缝或橡胶破损等，针对这些病害发生时，必须积极进行分析，通过桥面维护前准备、提高桥梁承载能力等措施，才能有效促进道路正常运行。

第五节　高速公路桥梁冬季养护方法分析

季节性变化对高速公路桥梁的周围环境有很大的影响，雨水、积雪和冰雹等的冲击容易破坏桥梁的整体结构。从冬季高速公路桥梁的养护方面展开分析，并提出了相关的养护办法，为桥梁的养护维修提出了一定的建议。

冬季是桥梁养护的重点时期，经过雨水、冰雹和寒冷低温天气的冲击，桥梁结构容易发生崩裂、变形问题，进而对高速公路桥梁的通行状况造成影响。因此冬季桥梁的维护工作越来越受到相关部门的重视。高等级高速公路桥梁的冬季维护主要内容是除雪防滑，通过人工除雪或机械除雪，将桥梁表面的积雪铲除以防止车辆打滑，还可以撒融雪剂和防滑料等。除雪工作包括新雪处理、压实雪和冰面处理，一般高等级的高速公路作业应以清除新雪为主，当降雪量较大、空气温度和地面温度都比较低时，可以直接利用除雪机械进行铲除；雪层较薄且空气温度和地面温度较高时，可采用人工或机械除雪、撒融雪剂或防滑剂等措施进行处理，在实际的高速公路桥梁养护过程中，要根据桥梁的积雪特点，选择不同的处理措施。

一、桥梁上部结构的养护重点

桥面积雪。冬季桥梁除雪主要是为了保证车辆能在规定的速度下最大限度的、安全连续的行驶，并确保车道和路肩的积雪量最少。路面积雪的处理办法包括封路除雪和不封路除雪两种。但长时间的封路会导致交通堵塞或瘫痪，所以一般的路面积雪通常采用不封路除雪。利用专用除雪机械、多功能养护车、平地机等设备进行路面机械除雪，或者采用机械为主，人工和撒防滑材料为辅的方式开展除雪工作。除雪作业内容包括清除新雪、除雪堤、消除积雪等，清除新雪一般从阵雪开始，用循环机沿着养护路段进行循环作业，直到降雪停止后停止作业，以保证路面的安全性。

除雪过程中为了不形成较高的雪堤，一定要控制好作业速度，除雪设备联合作业的效率比较高，适合降雪量较大且交通量大的路段，能够一次性的将雪移动到桥面以外，消除风雪带来的阻力，提高车辆通行效率。温度对除雪效率影响较大，再加上车辆轮胎对路面摩擦作用，更有利于积雪融化，因此，在天气转晴后，先用机械将表面的积雪推除，撒上一层融雪剂，残留的积雪就可以自行融化。融雪剂中含有的氯盐类物质渗透进混凝土中会加速混凝土的冻融，造成钢筋腐蚀，从而削弱桥梁结构的承载力，因此积雪除雪时要及时撒防滑材料，尽量避免使用盐类融雪剂。

护栏维护。护栏作为高速公路桥梁的安全防护设施，能够有效对危险障碍物进行防护，保证车辆的安全通行。高速公路两端的护栏大多采用钢筋混凝土或波形梁钢护栏，护栏在混凝土剥落或有裂缝时可通过灌注环氧树脂进行修复，损坏严重的部分需要直接凿除再进行修补，波形梁钢护栏损坏要及时更换，防止出现交通安全事故。

对桥面排水系统的养护。桥面排水设施是为了保证桥面排水顺畅，防止桥面积水给行车带来不利影响，降雨天气如果排水不畅，可能导致车辆发生滑移，造成交通事故。雨水若间接渗透进桥梁支座，可能导致支座腐蚀，损坏桥梁结构本身安全。桥面的排水管和排水槽相当重要，一旦发生堵塞要及时疏通；及时修补损坏的泄水管，横向泄水管道长度不够易发生流污；泄水管的接头要保留足够的长度，防止积水流污。尤其是冬季气温较低，桥面的积水渗透进桥梁底部，使边板底部混凝土发生冻融现象，造成混凝土脱落和钢筋生锈，对桥梁的结构安全造成较大的影响。

除了桥梁护栏、排水管以外，桥梁的伸缩缝也同样重要。伸缩缝处于梁段的薄弱部分，承受着车辆的反复施压，裸露在自然环境下受环境的影响较大，冬季天气恶劣时容易发生不同程度的损坏。因此要经常清理缝隙内部的杂物，检查螺栓和周围结构，当伸缩缝出现损坏时要进行及时的清理和维护，对损坏部分的部件进行修补或更换。

二、桥梁墩台的维护

墩台养护内容。桥梁墩台一般是采用混凝土和钢筋混凝土建筑而成的，对墩台进行养护主要是为了保证桥梁结构的完整性和稳定性，防止桥梁倾斜，并减少车辆通行带来的行车振动和基础冲刷。桥梁墩台养护内容主要有：保持墩台表面清洁、抹平蜂窝麻面、更换已风化的块石砌体等。墩台表面的清洁主要针对青苔和污垢；墩台长期经受大气的影响，经过雨水冲刷和侵蚀容易造成灰缝脱落，要及时进行勾缝修复；混凝土表面易出现蜂窝麻面，需要将周围凿毛，整理干净后用水泥修复；桥梁墩台表面如果凹凸不平没有流水坡、有裂缝会影响桥面的排水系统，要及时在顶面填铺混凝土或水泥，完善流水坡以便排水。

墩台维修措施。高速公路桥梁承受车辆重复碾压或积水侵蚀等原因，墩台容易变形，要及时查明原因选择合适的措施有针对性的维护。桥梁桥台台背遇水后膨胀，造成墩台变形，应挖去膨胀土体，排除水后，在挖去的部分填上沙砾土以修补损坏的桥台部分。冬季温度较低的情况下，墩台的建筑土体被冷冻，应挖掉冻土填上不易受冻的矿渣沙砾，将表面密封，保证水不会渗透进土层内，及时修复好损坏部位。桥梁砌筑不良容易导致墩台出现孔洞或变形，此时应该拆除墩台变形的部分，重新砌筑。此外，墩台出现空洞时，应在空洞周围凿出通眼，然后利用压浆机从通眼往墩台内压注水泥砂浆或者环氧树脂进行修复。

三、冬季高速公路桥梁路面坑槽修补工作

冬季路面的养护重点应针对路面零星的坑槽进行修补。冬季气温较低，施工难度较大，因此对路面坑槽的修补工作质量要求也相对较高。对坑槽的修补应坚持"斜坑正补，圆坑方补"策略，开挖坑槽的边线应平行或垂直于路中心线，保证坑壁垂直并和原路面衔接整齐平顺。根据当地的气候条件，对冬季路面的坑槽采取冷拌和料修补法或沥青混凝土砖修补法，沥青冷拌和料修补路面具体的施工流程。这种方法适用于低温环境下快速修补沥青路面，操作简单且稳定性高，能够提高桥梁养护效率，保证行车安全。

高速公路桥梁的冬季养护属于日常预防性养护工作的重要方面，由于冬季养护工作受气候环境和低于环境等方面的因素影响较为严重，因此要认真探索冬季高速公路桥梁的养护方法。本节从冬季高速公路桥梁的养护方法展开分析，对冬季养护提出了建议，对我国高速公路桥梁的日常维修护理工作起到了一定的参考作用。

第六节　高速公路桥梁模数式伸缩缝的病害及维护

桥梁伸缩缝病害的原因是多方面的，不但有设计方面、施工方面的原因，更有荷载作用、桥梁养护等多方面的原因。当伸缩缝出现断裂、挤死等病害时，为避免引起桥梁结构主体的损坏，需及时对伸缩缝进行更换。高速公路车流量大、桥梁多，模数式伸缩缝作为高速公路桥梁普遍采用的伸缩缝形式，对其结构形式、病害类型、维修方法进行研究，具有重要的意义。

一、常见伸缩缝类型及病害类型

常见伸缩缝类型。伸缩缝是为满足桥梁变形需要，在两梁端部之间、梁端与桥台之间或桥梁的交接位置上设置的桥梁伸缩装置，要求其能在平行与垂直桥梁轴线两个方向上，均能自由变形，车辆通过时无跳车、无噪音且牢固可靠；要求能防止雨水、垃圾、砂石土等进入桥梁结构连接处造成阻塞；要求安装、检查、养护等都简易方便等。

桥梁伸缩缝的主要作用在于调节由车辆荷载、温度荷载、桥梁自身变形等原因所引起的上部结构之间的位移。

常见的伸缩缝类型主要有钢板式伸缩缝、橡胶式（剪切式）伸缩缝、模数式伸缩缝、弹性体（无缝式）伸缩缝等。

钢板式伸缩缝。钢板式伸缩缝的伸缩体由橡胶与钢板或角钢硫化为一体，能直接承受车轮荷载的作用。其缺点是不能适用于大位移量的桥梁，难密封易透水，容易对车辆造成冲击，影响行驶舒适性，钢板式伸缩缝适用于伸缩量为 40 ~ 60mm 以上的高速公路桥梁。

橡胶式（剪切式）伸缩缝。橡胶式伸缩缝采用各种断面形状的橡胶带作为嵌缝材料，根据橡胶带传力和变形机理的不同，可分为嵌固对接式伸缩缝和填塞对接式伸缩缝两类。嵌固式对接式伸缩缝是利用不同形状的钢构件将不同形状的橡胶条嵌牢固定，橡胶条即可以处于受压状态，也可以处于受拉状态，以此来吸收梁体的变形。这种伸缩缝既能满足变形要求，又具备防水功能，施工及维修都非常方便，适用于伸缩量在 60mm 以下的高速公路桥梁工程。填塞对接式伸缩缝是以沥青、麻絮、木板、橡胶等材料填塞桥梁缝隙，伸缩装置一直都处于受压状态，适用于伸缩量小于 40mm 的桥梁，现已很少使用。

模数式伸缩缝。模数式伸缩缝的伸缩体由异型钢梁与单元橡胶密封带组合而成，橡胶材料具有吸震缓冲性能好、容易密封的特点，异型钢具有强度高、性能好的优点。因车辆通过时引起的梁端转动与挠曲变形会产生拍击作用，导致伸缩缝装置会产生很大的噪音，且易造成损坏，所以需采用螺栓弹簧的装置固定滑动钢板，以此减少拍击和噪声。模数式伸缩缝的复杂结构使其具有良好的弹性变形与防水防尘功能，一般适用于伸缩量为 80 ~ 1200mm 的高速公路桥梁工程。

弹性体（无缝式）伸缩缝。弹性体伸缩装置分为锌铁皮伸缩缝和 TST 碎石弹性伸缩缝。锌铁皮伸缩缝是将锌铁皮弯成 U 形断面的长条，分上下两层，上层的弯形部分开凿梅花眼，其上设置石棉纤维垫绳，然后用沥青膏填塞；下层 U 形锌铁皮可将下渗的雨水沿横桥向排除桥外。TST 碎石弹性体伸缩装置是一种简易的伸缩缝装置，是在清洗加热的碎石中灌入加热熔化的特制弹塑性材料 TST，形成 TST 碎石弹性伸缩缝。TST 碎石弹性伸缩缝能适应不断重复的温度和荷载位移，不但适用于温度单一地区，而且适用于 -25℃ ~ 60℃ 的大温差地区。对于中小跨径的桥梁，当伸缩量在 20 ~ 40mm 以内时，可以采用弹性体伸缩缝装置模数式伸缩缝病害类型及破损原因。桥梁伸缩缝直接承受车辆荷载的反复作用，因暴露于自然环境中，位于梁端构造最薄弱的位置，经常发生各种不同程度的损坏，且难于修补。模数式伸缩缝作为高速公路桥梁普遍使用的伸缩装置，经常发生的病害类型有异性钢断裂、防水材料老化脱落、伸缩缝挤死、伸缩缝高差、位移控制系统断裂、后浇带混凝土破损等。

异性钢断裂。当伸缩缝内存在杂物影响伸缩缝的自由变形时，便可影响角钢和混凝土之间的梁锚固件的牢固性，加之在车辆荷载所产生的冲击力反复作用下，最终便可导致伸缩缝异型钢的断裂。

防水材料老化脱落。防水材料老化脱落的主要破损原因为铆钉松动，橡胶板老化、变形等，最终导致伸缩缝橡胶的老化脱落。

伸缩缝功能丧失。伸缩缝功能丧失的主要原因为沙石等杂物的累积，导致伸缩缝丧失自由变形的能力，严重时造成桥面出现坑槽等病害，甚至导致主梁顶起或桥台背墙开裂。伸缩缝过窄是伸缩缝挤死的另外一个原因，主要因为安装伸缩缝时预留伸缩量过小所导致伸缩缝出现功能丧失。

伸缩缝高差。桥台沉陷、安装误差以及支座垫石碎裂等是引起伸缩缝高差的主要原因。伸缩缝高差是引起桥头跳车的最主要原因，桥头跳车所产生的较大冲击荷载，最终导致伸缩缝进一步破损。

位移控制系统断裂。位移控制系统断裂的原因与异型钢断裂类似，主要是桥梁自由位移受到限制，最终导致破坏的产生。

后浇带混凝土破损。后浇带混凝土破损是伸缩缝一系列病害所产生的连锁反应。

二、伸缩缝病害的防治及快速维修

桥梁伸缩缝病害的原因是多方面的，不但有设计方面、施工方面的原因，更有荷载作用和养护方面的原因。现阶段只有提高桥梁养护水平，以"预防为主、防止结合"为方针，及时做好伸缩缝的养护管理工作，才能有效避免伸缩缝病害对桥梁结构产生更加严重的后果。

伸缩缝病害的防治。

（1）提高设计水平，充分全面地考虑桥梁实际情况，选择类型及性能更加科学的桥梁伸缩装置。

（2）重视伸缩缝施工工艺，严格按照安装程序、标准要求等进行施工。

（3）加强监管查处力度，严格把控超限超载车辆通行。

（4）提高养护水平，定期对桥梁伸缩缝进行清理，对橡胶止水带等易老化、损坏的构件进行更换，及时对桥头跳车等病害进行处治，防止伸缩缝病害的进一步发展。

模数式伸缩缝病害的快速维修。

当伸缩缝出现断裂、挤死等病害时，为避免引起桥梁主体的损坏，需及时对伸缩缝装置进行更换。模数式伸缩缝的快速维修一般采用分段施工的方式，提前确定伸缩缝的断开位置，并在预制伸缩缝时预留焊接接头。

凿除损坏伸缩缝。根据《高速公路养护安全作业规程》进行交通管制，凿除伸缩缝混凝土，拆除损坏伸缩缝。①使用风镐凿除伸缩缝范围内混凝土并将预留槽凿毛。②暴露伸缩缝及预埋钢筋，清除钢筋废料。③割断伸缩缝与主梁的连接钢筋，切忌割断原桥梁预埋钢筋。

清理损坏伸缩缝装置，整理钢筋。预埋钢筋的数量、安装均需符合设计图纸的要求，预埋钢筋存在严重损伤时，需结合相关标准及实际情况进行植筋。

清理预留槽，堵塞空隙。凿除松散部位混凝土后，借助吹风机等工具将杂物进行清除，使用泡沫板填塞梁端伸缩缝预留空隙。

安装新伸缩缝。前期工作完成之后，安装新的伸缩缝。整个伸缩装置的安装温度宜控制在 10 ~ 20℃，在安装之前应仔细检查梁的间隙尺寸，保证其满足相关标准规范，之后便可进行伸缩缝装置的焊接。安装过程中，必须保证桥梁结构缝与伸缩缝位于同一直线，必须根据图纸要求焊接钢筋。为避免伸缩缝出现移动，在靠近边梁位置也需焊接钢筋。

浇筑混凝土。为避免浇筑混凝土流入伸缩缝影响其伸缩性能，伸缩缝间隔位置需使用泡沫板进行填塞。安装模板，清理预留槽，浇筑混凝土，然后进行养生。浇筑混凝土应选择高强度混凝土，24h 后强度应达到设计强度的 70%。通过混凝土浇筑后覆盖草毡子，洒水进行养生。

伸缩缝的更换一般采用半幅施工的方法，安装养生结束后再进行下半幅的更换。除使用高强度混凝土外，还可使用快硬水泥混凝土。快硬水泥混凝土的初凝时间一般为30min，1h 后检测混凝土强度，达标后便可开放交通。

伸缩缝的快速维修更换工艺，施工速度快，施工质量有保证，能够在短时间内开放交通。快速维修所采用的特快硬微膨胀硫铝酸盐水泥，具有凝固速度快，早期强度高，施工方便，24h 便可开放交通。伸缩缝的快速维修更换工艺在不中断交通的情况下，凿除混凝土拆除损坏伸缩缝，安装新伸缩缝后浇筑混凝土，24h 养生后便可开放交通。整个工序下来仅需 2 ~ 3d，整条伸缩缝的更换时间不超过 7d，不但降低了施工时间，而且提高了道路的通行能力。

桥梁伸缩缝作为桥梁的重要结构，不但直接影响桥梁的使用寿命，而且在通行舒适度方面起着至关重要的作用。在完善设计、确保施工质量的基础上，应进一步加强对伸缩缝装置的养护与管理，制定更加详细的养护措施，在确保道路正常通行的前提下，进一步推动预防性养护工作的实施。

第七节　高速公路桥梁常见病害养护维修施工技术

在进入到 21 世纪之后，我国社会经济得到大幅度的提高，这使我国人们的生活水平和生活质量也得到了普遍提高，国家也从解决人们温饱的层面上，转移到建设国家基础设施上，尤其是高速公路桥梁的建设，在最近几年来，受到我国政府的广泛关注。但是随着交通车辆的增加，尤其是一些重载型车辆的增加，这使我国高速公路桥梁面临着更加严峻的考验，基于此，本节对于高速公路桥梁常见病害养护维修施工技术进行了分析和探讨，希望对以后的聚义施工起到实际的参考作用。

一、桥梁养护与维修的必要性

桥梁是我国基础建设的重要内容，其作为高速公路建设的一个组成部分，在保证高速公路顺利通行中发挥着巨大的作用。近年来，随着经济的飞速发展，现代交通建设对桥梁建设提出了更高的要求。同时，经济的发展也促使了大型载重车辆的数量增加，这些大型重型车辆由于迫于生产压力时常出现超重的现象，甚至在某些时刻其重量超出了桥梁的承载能力，这对于桥梁的质量是一个极大威胁，它不仅会影响桥梁的使用寿命，严重时还可能造成重大交通事故，严重危害人们的生命安全。

二、高速公路桥梁面病害

高速公路桥梁面病害的主要表现是桥面出现凹陷、孔洞，甚至个别桥面铺装钢筋外露以及型钢伸缩缝变形，锚固混凝土局部破损，出现啃边、麻面与锚固钢筋外露和坑槽、局部破损等现象。这些病害有损桥面的整体美观，如果裂缝或凹陷不断增大，还会影响桥面的承重能力。桥面裂缝会使雨水等液体渗透到桥体内部，从而导致桥面铺装钢筋锈蚀，梁端和墩台受到盐水腐蚀，降低了结构的耐久性。钢筋外露、变形不仅会使桥面震动明显，也会影响司机的视野，甚至会诱发交通事故。

高速公路桥梁上部病害。高速公路桥梁上部经常会出现混凝土脱落，严重者主筋或钢绞线外露、崩裂等情况，影响了梁体的承载能力。也有的梁底被剐蹭、局部混凝土剥落、有大面积的划痕，影响了结构耐久性。还有预制板铰缝脱落、漏水，T梁横隔板混凝土开裂、脱落、露筋锈蚀等情况也很常见。T梁横隔板混凝土开裂、脱落会导致桥梁横向联系降低，单梁受力较大，就会使横梁的寿命缩短，有时候横梁上的脱落物也会砸坏行驶中的车辆，甚至会导致人员伤亡。

高速公路桥梁附属设施的常见病害。高速公路桥梁两侧一般是土质结构，但是经常会出现土层塌陷、长草的情况，这对高速公路的外在也有一定影响。土层塌陷会导致高速公路桥梁两侧依靠物减少，有损桥梁的稳定性。另一方面，路边长杂草会影响路面美观，甚至会影响司机们的心情，诱发交通事故。

桥面系病害。桥面铺装病害：桥梁铺装病害主要是局部破损、坑槽、车辙以及个别桥梁铺装混凝土外露、沥青混凝土出现孔洞等问题。产生此种病害的主要原因是修建铺装层厚度较薄、车辆荷载、桥梁铺装沥青混凝土骨料出现粘性和破损等原因，小坑槽的不断变化下，加重桥面铺装层破坏。在桥面铺装层破损的作用下，给上部桥梁也造成了很大的冲击力，增加了梁板负担。桥面缝隙会发生渗水，尤其是盐水的渗入，导致桥面铺装钢筋锈蚀，降低桥面结构的耐久性。

梁板非结构性裂缝。可以使用环氧树脂或注胶方法封闭裂缝。施工时先将结构物的裂缝封闭，仅留出进浆口及排气孔，然后将配置好粘度的浆液通过压浆泵将浆液压入裂缝内。

使用环氧树脂封闭裂缝，可及时修补空心板绞部位渗水问题。绞缝破损较严重，导致单板受力较大的地方，可以重新处理浇筑绞缝，加强绞缝的连接。用宽为 2cm 小铲刀将封缝胶均匀地刮涂在构件表面裂缝处，使其将裂缝完全封闭；封缝胶的涂抹宽度应控制在 2cm，抹胶时要刮平整，防止产生小孔和气泡，保证封闭可靠。

三、维护高速公路桥梁的具体措施

处理混凝土结构缺陷的方法。在桥梁结构中混凝土所出现的问题，如果混凝土疏松层不深，病害所出现的面积也不是很大，这时候进行修补工作还是比较简单的，应用丙乳砂浆可改善这一问题。如果混凝土病害深度很深或范围很大，这就需要运用高强细石的混凝土进行修补。注意在修补过程中，也应该按照修补规定进行，决不能胡乱修补，这就需要修补工人具有较强的职业素养。在做好修补工作后，对桥梁结构进行清洗，并填充修补材料，对其他存在缺陷的地方进行逐一修补。

处理裂缝。对于桥梁板结构来讲，出现裂缝病害问题是常见的，由于这些问题分布范围较广，所以在具体处理中，应结合具体情况，选择出最佳的处理工艺，确保解决所存在的病害问题。目前，在维护桥梁结构中，一些微小的裂缝可以采用聚合物砂浆和环氧胶泥等等材料对桥梁结构进行修补；一些没有超过 1.5mm 的裂缝，可以采用高强度和高黏度裂缝修补方式进行封闭处理修补；如果裂缝大于 0.5mm，那么可以采用填充环氧树脂并粘贴玻璃纤维布的方法进行处理。在处理裂缝过程中，工作人员既要结合裂缝的宽度，也应要结合裂缝所出现的原因，有针对性地进行修补。另外，还要进行定期检测，将裂缝的小损坏控制在萌芽状态，再发现小损害的基础之上予以维护。

桥面铺装破损处置措施。当损坏面积较小时，可局部修补；损坏面积较大时，可将整垮铺装层凿除，重新铺筑。桥面铺装含水浸泡造成的脱落、拥包，应有效改善排水措施后，再进行面层修补。老化的沥青混凝土桥面，宜尽心铣刨更新处理，不应在原桥面上直接加铺沥青混凝土结构进行补强。沥青混凝土微表处或罩面养护时，不应覆盖伸缩装置。

维修支座。在桥梁支座中所存在的病害问题，如果一旦发现支座脱空、支座变形、支座受力不均匀等等情况，应及时调整支座，防止出现安全事故。一旦垫石出现破裂情况，应及时加固垫石，支座出现偏位，及时纠正。此外还要定期检查支座是否出现问题，一旦发现支座失去功能，应及时更换支座。

总而言之，随着我国交通运输事业的蓬勃发展，新建桥梁不断涌现，原有桥梁也在不断地老化。旧桥维修加固是一项具有现实意义而又复杂的工作，依据不同的桥梁现状和加固要求采取不同的方法，确保旧桥的改造工作科学合理、经济安全。

第八节　高速公路桥梁施工中钢筋砼的腐蚀与维护

高速公路桥梁施工中钢筋砼腐蚀的出现，将对高速公路桥梁的质量造成严重的影响，因此，应该注重加强对钢筋砼的维护，以此确保高速公路桥梁施工的安全性。

在高速工作桥梁施工过程中，各个部件之间通常需要使用预埋钢筋的方法进行连接，在使用混凝土完成其中某一部件的浇筑后，再使用预埋钢筋将其与另一部件焊接在一起，以此形成具有连续性特点的受力钢体。与其他普通高速公路相比，高速公路桥梁的施工工期较长，甚至有很多项目工程需要跨年度才能够完工，特别是一些冬季比较寒冷的地区，冬季将无法正常施工，冬季需要停止施工。一些裸露在外的钢筋砼很容易被腐蚀，从而严重影响高速公路桥梁的正常使用。因此，必须注重加强高速公路桥梁施工中钢筋砼的维护，以此确保高速公路桥梁的正常使用。

一、高速公路桥梁施工中钢筋砼的腐蚀

在高速公路桥梁停止施工时，为了避免筋膜受到侵蚀，通常会在预留筋膜的表面涂刷水泥浆以此对其进行保护。但是因为涂刷的水泥浆比较薄，再加之长时间在风霜雪雨中反复的侵蚀，涂刷的水泥浆保护层很容易出现裂缝、空鼓的现象，大大降低了水泥层的抗碳化能力，其对钢筋砼的保护作用缺失。钢筋砼长时间暴露在空气中，很容易被空气中的有害气体，像二氧化碳、二氧化硫等，空气中湿度也会对钢筋砼造成侵蚀。另外，随着季节的变化，在冻胀的作用下会破坏钢筋砼表面的钝化层，从内向外腐蚀钢筋砼，致使钢筋砼出现坑蚀。尤其是处于墩柱顶和台盖梁上的钢筋砼，在雨雪天气中国，因为排放不及时，很容易出现积水，在干湿交替下出现原电池反应，造成钢筋砼电化学腐蚀，钢筋砼根部受腐蚀的情况更加的严重。

二、高速公路桥梁施工中钢筋砼的维护措施

外露钢筋砼的防护。在高速桥梁恢复正常施工以后，可以对预埋钢筋砼的外露部位直接涂刷一层水泥砂浆，以此保护外露的钢筋膜。这种防护方法操作非常简便，可以直接观察到水泥砂浆的涂刷厚度，并且表面比较迷失。但是，水泥砂浆对钢筋砼的保护效果在很大程度上由涂刷水泥砂浆的厚度、水泥砂浆的配合比以及涂刷质量等决定。因此，在加强高速公路桥梁施工中钢筋砼腐蚀维护的过程中，应该对水泥砂浆进行严格的控制和管理，从而确保其可以达到理想中的防护效果。首先，选择使用 1：2 配合比的水泥砂浆，并在其中掺入水泥重量 10% 的 U 型膨胀剂，水灰比需要控制在 0.4 以内；其次，钢筋砼外层涂抹的水泥砂浆厚度需要在 5mm 以上，在涂抹的过程中，应该尽可能地保证水泥砂浆表

现的平整度和密实度，并且表面要光滑；再次，将 10% 浓度的 107 胶液掺入到水泥砂浆中，并进行充分的搅拌，水泥砂浆的稠度控制在 45mm 左右最为适宜，这样更加有利于水泥砂浆与钢筋砼表面的结合；最后，水泥砂浆需要具有较强的黏结强度。在完成水泥砂浆涂抹后，应该对其进行及时养护，通常情况下，至少需要养护 3 天。

堆放钢筋砼腐蚀的维护。在高速公路桥梁施工中，钢筋堆放的地方一般都很有限，并且钢筋砼的数量较多。如果依然不分实际情况，采用水泥砂浆的方式加强对钢筋砼的腐蚀防护，不单单浪费时间，同时还会浪费较大的精力，并且从美观的角度来看，高速公路桥梁监理工程师也不会同时使用这一防护方法。因此，在对堆放钢筋砼腐蚀进行维护的过程中，可以将堆放场地的四周降低，并保持场地的平整性。对于堆放地方的外侧四周可以设置 1m 宽，大于 2% 坡地的水泥砂浆，以此达到散水的目的，同时将其与排水沟临时连接在一起，确保雨水可以及时排出，避免因为雨水在堆放钢筋砼底部的积聚，而造成钢筋砼腐蚀。除此之外，在与地面接触的钢筋面上，每间隔 2m 的地方捆绑一根镁条，利用电化学法，防止钢筋发生锈蚀，有效地降低钢筋被腐蚀的概率。

综上所述，在高速公路桥梁施工中，受各种因素的影响很容易出现钢筋砼腐蚀的现象。为了确保高速公路桥梁施工能够保质保量地完成，应该注重加强对钢筋砼腐蚀的维护，最大限度地避免钢筋砼腐蚀现象的出现，从而为高速公路桥梁施工的顺利完成奠定良好的基础。

第十一章　高速公路桥梁工程项目管理理论研究

第一节　高速公路桥梁国际工程项目管理

随着我国经济的崛起和建筑企业的飞速发展，建筑业已经成为国家重要的产业支柱，在这个行业里投资多元化的复杂工程项目越来越多。同时建筑业激烈的市场竞争环境和世界经济一体化进程对其影响，我国建筑企业开始参与到国际工程建设中去，以寻求更好的发展空间以及更大的利润。高速公路桥梁国际工程项目具有建设周期长、建设实施环境复杂、不确定性因素多、风险难控制等特点，其项目管理难度可见一斑。

一、高速公路桥梁国际工程项目管理的特点

高速公路桥梁国际工程项目指的是，项目的资金由外国的政府或者相关国际组织提供，在高速公路桥梁工程的设计咨询、材料和设备的采购、施工及劳务供给等方面实行部分或全部跨国经营的项目。高速公路桥梁国际工程项目的各个阶段的参与者都可能来自不同国家，并且不止一个国家。因此，高速公路桥梁国际工程属于国际经济合作的范畴，在项目管理的时候应国际通用的项目管理模式。高速公路桥梁国际工程项目管理的特点主要表现在以下几个方面：

（1）高速公路桥梁国际工程项目竞争激烈，它通常在世界范围内进行招标，国际大企业均可参与竞争。通常国际工程项目往往涉及多个国家，由于各个国家的法律法规甚至工程标准规范都不同，很难平衡参与各方一致认同的标准与惯例。

（2）货币资金的支付方式存在多样性。国际工程项目的承包商往往通过项目实施地区的本土货币承担开支的同时，装置、原材料采购的开支则往往借助外汇。有现金、支票等不同的工程开支承担方式，支付手段也有国际托收、银行信用证、银行汇付等，存在明显的差异，同时高速公路桥梁国际项目按阶段开展支付工作，时段汇率浮动不同，因此造成利率不断调整。

（3）经济活动跨，项目管理复杂。高速公路桥梁国际工程项目跨多国家和地区，各个地区政治、经济、文化等差异明显实施过程中，容易造成冲突和纠纷。在项目内容方面，由于施工需要招募的实施地区及工作人员来自不同国家，文化、语言，风俗习惯的差异，

造成交流水平不高，控制工难开展。

（4）系统工程的跨学科性，对工程项目控制在工作者要求严苛。高速公路桥梁国际工程项目控制过程内包括了不同专业不同学科知识，其建设和管理工作者处具备自身专业能力外，还需要具备紧密联系领域的各种能力。

二、高速公路桥梁国际工程项目管理存在的问题

（1）目前我国国际工程项目管理的政府扶持较弱。政府对项目管理重视不够，相关政策扶持较少，法律法规也不够健全。国家仅仅制定了《工程承包公司暂行办法》作为项目整体承包控制制度。如果项目整体承包规章制度无法与法律结构保持一致，那么国际项目整体承包水平就没法提高。

（2）项目管理市场认可度较低。市场认可水平低的关键影响因素，包含认识和机制两个方面。认识缺陷的关键在项目整体承包往往较为重视资金回报，对科技方面没有苛刻标准。机制缺陷关键是在于高速公路桥梁国际工程的"工程业主"为政府及国有公司，"用的是政府的钱"因此，企业强调个人利益，项目整体管理水平不高。

（3）项目组织管理各自为政，与发达国家差距明显。现阶段我国项目管理控制模式大体上是独立开展工作的，组织内部机构重复，管理混乱，管理程序冗杂，与发达国家比较则存在明显差距。

（4）管理体系不完备。现阶段开展项目管理工作的部门不具备健全的项目管理机制，无法科学合理的控制国际工程。

（5）理技术落后，项目管理各个阶段和环节并非完全动态及数字化的，管理科技水平低，管理能力自然也想多落后。

三、PMC 总承包模式

PMC 是 "project Management Contraetor" 的简称，是 "项目管理承包商" 的意思。PMC 模式能够在项目管理的各个方面进行总结，涵盖：项目实施中对项目的设计、材料的采购、施工等进行控制；在投入资源涵盖：资金财务管理、人力资源管理、物资管理、技术管理、信息管理等。

其项目管理程序主要是：首先，业主聘请全球知名的企业对高速公路桥梁国际工程进行系统的控制承包。接下来，对工程按不同时期进行细化，细化为定义时期和执行时期。在工程定义时期，PMC 取代业主从工程起步时期就展开相应的项目控制；执行时期，PMC 取代业主承担起工程项目从开始到结束所涉及的所有工程的控制及监督工作。PMC 总承包模式下，被业主聘请的 "项目管理承包商" 在管理方面具有专业性，同时有具备相关项目管理工作的经验。由 PMC 代替业主开展高速公路桥梁国际工程的各项控制工作，能够从工程起步之前推动工程项目的系统研究和分析，在工程内涵、方案、融资规划、规

划、采购、开展、试运行不同环节内合理的科学地进行管理项目管理。

四、高速公路桥梁国际工程项目的风险防范

国际项目的特征，决定了国际项目的风险更加繁琐。其风险因素可分为内部风险与外部风险两大部分，其中外部风险包含经济风险、社会与文化风险；外部风险又包含自然风险、技术风险等因素。

对于高速公路桥梁国际工程项目风险控制的措施主要有风险自留、风险减轻、风险转移三种方式。对于不同级别的国际工程项目风险，应综合评价后，根据其结果采用相对策略。

（一）风险自留（Risk Acceptance）

风险自留是由项目主体自行承担国际工程项目的风险的一种风险控制措施。在国际高速公路桥梁工程项目中，对于损失不大的风险采用自留的方式进行控制。风险自留措施是以一定的财力为基础的，前提是必须完整掌握整个风险事件信息。

（二）风险减轻（Risk Mitigation）

风险减轻指的是在国际工程的项目管理控制中，提前采取某些相应的措施把风险事件的概率和不利因素以及风险发生后的后果降低至一个可接受的范围，提前采取行动减少风险发生的概率远远要比在风险发生后进行补救效果要好得多。

（三）风险转移（Risk Transference）

风险转移指设法将风险责任和后果通过组建联合体进行投标、工程保险、工程分包等措施将部分风险转移到第三方的方式。

（四）风险回避（Risk Avoidance）

风险回避指通过改变工程项目计划的方式排除风险，保护项目目标不受影响。

第二节　高速公路桥梁建设项目目标持续性评价

高速公路桥梁是一种现代化的道路交通基础设施。随着生产力的发展和人们对出行要求的提高，高速公路桥梁凭借着通行能力强、行车速度快等优势而得以迅猛发展。而高速公路产业作为一项新兴产业，近年来正处于快速扩张期。根据交通部最新公布的《国家高速公路网规划》显示，预计到 2030 年，国家将陆续投资 20000 亿元用于新建 5.1 万公里的高速公路，届时我国的高速公路总里程将高达 8.5 万 km。

一、高速公路桥梁建设项目标持续性评价分析基本原则

（一）目的性原则

众所周知，高速公路桥梁建设是一项投资巨大的建设项目，一旦投入建设，将会耗费巨大的人力、物力和财力，同时也会对周边居民乃至后代产生深远影响，因此在进行高速公路桥梁建设时一定要有明确的目的。与此相对应的，在进行高速公路桥梁建设项目标持续性评价分析时也必须具有一定的目的性，否则很难很好地进行评价分析，会并影响到后期的高速公路桥梁建设。

（二）系统性原则

对高速公路桥梁项目进行目标持续性评价分析时应该与经济发展、资源开发、环境保等联系在一起，千万不可以就单个高速公路桥梁项目进行目标持续性分析．

二、目标分析与指标体系

毋庸置疑，高速公路桥梁建设项目的目标就是为社会大众提供更加安全、快速、舒适的运输通道和满足相应的服务交通量。而为了实现这一目标，高速公路桥梁项目必须在工程质量和运营管理方面都达到相当高的标准。高速公路桥梁项目交通量的实现和持续性增长能够极大地带动经济的发展和社会的进步，而经济的发展和社会的进步又必将促进交通量的增长。由此不难看出，交通量目标的持续增长，一方面取决于项目内部的技术管理水平，另一方面也依靠经济社会的发展进步。

三、服务交通量目标评价

（一）服务交通量

通常情况下，高速公路桥梁项目的功能和使用情况一般通过服务交通量、服务水平和通行能力三大指标来体现，而这三个指标之间又是相互联系、密不可分。学界一致认为高速公路桥梁项目服务水平指的是高速公路桥梁项目使用者从该高速公路桥梁项目中得到的服务质量或服务水平的满意程度。一般来说不同等级的高速公路桥梁项目，服务水平是不一样的，一定服务水平所通过的交通量被称之为服务交通量。一般来说，服务水平低的高速公路桥梁项目，服务交通量高，道路通行顺畅。反之，服务水平高的高速公路桥梁项目，服务交通量低，容易出现车辆拥堵等现象。

（二）服务交通量目标评价标准

在高速公路桥梁建设项目的项目目标持续性评价体系中，确定服务交通量目标主要看

两个指标，即数量指标和质量指标。可持续的服务交通量，其增长应该是在该高速公路桥梁项目的规定使用年限内，达到相应服务水平的稳定增长。

四、持续性能力评价

（一）技术能力

高速公路桥梁建设项目目标持续性实现的技术能力通常来说需要取决于两方面的因素，即工程质量和养护质量，而工程质量又是整个高速公路桥梁项目能够持续发挥作用的首要因素，它直接反映了该高速公路桥梁建设项目的外观和内在性能。通常来说，一个高速公路桥梁建设项目的质量需要从安全性、耐用性及经济性等多个角度进行测评，而安全性和耐用性又在整个高速公路桥梁建设项目目标持续性评价分析中占据着举足轻重的作用。

（二）经营管理能力

通常来说，高速公路桥梁建设项目的经营管理能力主要包含以下三个指标：①项目管理组织。其评价内容为机构设置是否齐全、规章制度是否完善、各类专业人员的比例是否合理；②管理人员素质。其评价内容为从事本职工作的工作人员的平均年限、高级专业人才的比重及受教育的程度；③科学决策水平。其评价内容包含决策的方式、时间、执行情况及效果。

（三）经济能力

毋庸置疑，高速公路桥梁项目的经济能力取决于该高速公路桥梁项目的收费情况。交通量持续增长，收费费率的高低和合理结构，都能保证高速公路桥梁建设项目收入稳定并持续增长。一般来说，高速公路桥梁建设项目的经济能力可以通过财务净现值和财务内部收益率确定。

（四）促进社会经济发展能力

高速公路桥梁建设项目的建成能带动本地乃至周边地区的社会经济发展进步，但如何准确衡量该数据却一直成为学界和现实工作中的难点，要想对此进行准确评价，笔者建议可以从影响范围和如何识别这两方面着手。

五、实现高速公路桥梁建设项目目标可持续发展的意见和建议

虽然高速公路桥梁建设项目目标可持续发展对在建高速公路桥梁项目的顺利开展具有重大的促进意义，但由于我国的高速公路桥梁建设项目目标持续性评价分析研究起步晚，

理论研究欠缺。现实工作中，很多高速公路建设企业仅仅着眼于现实的短期利益，而忽视整个高速公路桥梁建设项目的可持续性发展，致使我国高速公路桥梁建设项目目标持续性的实现还存在诸多问题。对此，笔者建议可以采取以下措施。

（一）努力提高高速公路桥梁项目的养护质量，维持高速公路桥梁建设项目良好的服务能力

毋庸置疑，高速公路桥梁质量是整个高速公路桥梁建设项目目标持续性评价分析的重中之重，而高速公路桥梁建设项目会随着使用年限的增长及自然环境的破坏而逐渐呈现下降趋势。当高速公路桥梁建设项目的服务能力下降到一定程度时就必须进行大规模的维修建设，否则将无法保证整个高速公路桥梁建设项目目标可持续性的实现。因此，高速公路桥梁建设项目的日常维护和大规模维修必须上升到目标持续性生存的战略性高度。

（二）做好经营服务，以期吸引更多的车流和客流

目前来说，我国的高速公路桥梁建设项目一般都是采用"贷款修路，收费还贷"的形式进行。这就使得高速公路桥梁建设项目完成以后，在收费率及服务手段的选择上一般是以前期的投资金额为主要思考方向，往往会忽略掉真正消费者的需求。久而久之，导致已完成的高速公路桥梁建设项目经济能力日渐下降，影响了该高速公路桥梁建设项目整体可持续性评价的顺利进行。为此，笔者建议高速公路企业应该通过不断提高自身的运营管理能力和服务水平来不断满足项目使用者的实际需求，以吸引更多的车流和客流。

（三）做好高速公路桥梁建设项目沿线生态环境保护工作

不可否认，高速公路桥梁建设项目的建设和运营都将会大大促进沿线区域的经济社会发展，但与此同时，也给沿线区域的环境带来了一定程度地破坏，如空气污染、水污染、植被破坏、水土流失、文化遗产破坏等等负面影响。针对以上环境污染问题，笔者建议可以采取一系列措施，尽最大可能减少机动车废气排放量，加强沿线区域植被绿化和历史文化遗产保护工作。

高速公路桥梁建设项目目标持续性评价分析，不仅可以使项目建设和运营者很清楚地了解在建项目的现状和可能存在的问题，以便及时制定相应的对策和措施，做到早发现早杜绝，实现高速公路桥梁建设项目与当地自然环境的协调发展。而且也有利于建立健全项目后评价理论，对项目进行全面系统的评价，而且以便于能够更好地保证高速公路桥梁建设项目目标的顺利实现和经济社会的快速发展，从而促进我国高速公路产业的健康发展。

第三节　基于成本控制的高速公路桥梁项目合同管理

精细化成本控制是近年来工程成本管理中的重要管理理念，也是被许多企事业单位广

为推崇的管理理念之一。合同是基于相互信任且具有法律效应的双方协议，通过合同管理来精细化项目的成本控制，不仅能够更有效的提升项目工程的利益，还能够一定程度规范化粗放的工程管理流程，在现代高速公路桥梁项目管理的实践过程中起着重要的作用。然而，在许多高速公路桥梁项目管理实践中，基于成本控制的合同管理还存在一些问题，仍需要我们深入研究，找出解决对策。

一、合同管理在高速公路桥梁项目成本控制的重要作用

通常情况下，在工程项目实践展开之前，业主会与工程项目管理企业签订若干合同，以明确相关的责任、权利、利益，规定了工程项目的质量标准、完成时间，对合同双方行为进行约束。合同管理则是在法律的基础上，通过合同标明的款项来指引项目管理者和合作方顺利实践项目的一种管理模式。项目成本控制的主要目的是为了更加科学的控制工程造价，增强项目收益，项目成本控制是贯穿工程实践全过程的。而合同管理则是对项目实践全过程是具有约束效用的，因此利用合同管理来进一步约束成本控制是具有理论意义的。在实践过程中，合同管理对成本控制的作用体现在以下3个方面：

（一）控制材料费用

材料费，一般是指在建设施工过程中所使用的有助于建筑体构成的构件成本"摊销费用等，材料费一般会占据整个工程造价的一半以上。在高速公路桥梁工程项目的成本控制管理活动中，控制材料费用可谓是最为重要的管理内容之一。对于材料费用的控制，通过合同管理能够更好地实现，管理人员可以按照材料采购合同来对材料的购买、损耗进行成本管理和控制。

（二）控制人工费用

人工费，一般是指在建设施工过程中，对于人力劳动的支出。人工费用通常会占据工程造价三分之一左右，但与材料费用而言，人工费用的成本控制会存在一定的浮动性。对于人工费用的成本控制更需要的是避免掉不必要的支出，而不是一味地降低人工费用预算。在对人工费用的成本控制阶段，合同管理发挥着重要的作用。例如按照劳务承包合同就能够规范工资发放程序，特别是在正式职工和农民工的薪资控制上，按照劳动合同可以避免很多的冲突，也能够提升经济性。

（三）控制间接费用

高速公路桥梁施工人工费、材料费和施工机械费之间有密切的联系，这种关系是相辅相成、相互促进的。如果控制好各子项目之间的关系，可取的良好的成本控制效果，也能将工程费用控制在预定的范围之内。而合同对于各项施工的约束是贯穿全过程，并且也将各部分之间的联系因素纳入约束条件之中。因此，项目实施的各个部分均可通过合同管理

进行有效的成本控制，由此可见合同管理是科学成本控制的基础。

二、高速公路桥梁项目成本控制中合同管理常见问题

（一）合同管理意识淡薄

合同是基于法律意义约束合约双方行为的，但许多施工单位在工程项目实践过程中，对于合同的重视度仍有不足。特别是一些小型的高速公路桥梁施工单位，由于经验不足，没有很好地利用合同管理来进一步地控制成本，导致成本的增高，而为了谋求自身利益，甚至会出现违背合同规定的现象，造成一个恶性循环。如果不重视合同管理，不仅会造成经济纠纷，还会一定程度的阻碍工程的顺利进行。

（二）合同管理制度不完善

一方面是法律制度的不完善，高速公路桥梁项目施工的盈利是许多承包商的实际追求。而现代我国合同法对于高速公路桥梁项目合同管理的行为约束尚存在许多漏洞，存在许多不完善的地方，许多承包商就恰好的利用这些漏洞，合同表面并没有违背法律法规，但实质却扰乱了高速公路桥梁项目的市场运作了，久而久之就会反向制约我国合同管理的发展。

另一方面则是许多高速公路桥梁单位缺乏相关的管理机构。由于我国工程项目管理理念提出较晚，相关的管理机构建设也不完善，导致我国合同管理规定和程序不明确，合同管理相关制度执行困难。同时由于缺乏相关的审查和评估机构，使项目的监督和控制工作受限，以上这些管理上的不完善，造成相关人员利用管理漏洞违背合同规定，阻碍了合同管理的顺利实施，影响成本的有效控制。

（三）忽视合同变更管理

高速公路桥梁项目在施工过程中，会因为一些不可抗因素而出现施工变更，继而会产生一些合理的合同变更，合同的变更主要是根据实际情况，在双方同意的基础上改变合同内容或者合同主体，以确保合同更好地履行，保证项目的有序、有效进行，虽然这是十分常见也是很正常的事情。但如果施工单位缺乏对合同变更管理意识，导致一些不必要的损失产生，而致使成本的增加。

三、相关对策

（一）完善合同管理机制

相关单位应建立有效的考察机制，制定相关的管理细则，有效掌握项目成本情况，对合同的履行情况进行全面审定与核算。而管理人员应根据合同的特点，制定一套合同管理精细化的措施，尽可能对合同执行过程中的各项问题进行细致、明确的规定，采取有效的奖惩措施，切实落实项目的合同规定。

管理者应在合同制定之初，明确认识到合同的法律效益，树立合同管理的意识。首先要确保合同符合相关的法律法规，合同双方都不能够因为自己利益而去违背法律，其次要规范高速公路桥梁工程项目合同范本，要严格按照相关法律规定的工程合同范本来进行合同拟定，明确合同签订双方的权利、责任、奉贤。特别是对于违约赔偿和处罚条款，要让发包方和承包方享受平等待遇，不能够只约束承包方，造成对发包方有漏洞可钻。最后，承包方和发包方都要针对项目本身做出合同管理预案，形成对合同管理重要性的认识，继而能够增强执行过程中合同管理的效率，继而推动项目的成本控制力度。

（二）加强合同实施管理

在合同制定过程中要考虑到合同合理性分析（包括审批手续和资金来源等），双方的资格审查（包括是否具有法人资格、具备履行合同的能力等）。要处理好施工进度与投资的关系合理，保证高速公路桥梁项目的成本控制，项目管理者应在合同签署之前严格对人工、材料、设备、管理费等费用进行严格的审查，做好相关成本的预测，以保证合同的合理性和制约性。更重要的是做好合同管理监理工作，对于高速公路桥梁项目而言，监理直接影响到成本控制，监理方应该深入到施工现场，对施工进行不定时的多次的观察，对于工程实践过程中出现的问题要及时处理。如果涉及合同变更项目，应该同时通知承包方和发包方双方，对施工工艺、人员设备进行严格监督，确保施工过程与合同的一致性，及时的纠正错误、降低损失，继而起到良好的控制施工进度和控制成本的作用。

（三）加强合同管理队伍建设

一方面，施工企业应该要进一步地提升对专业合同管理人才引进的意识，有目标地去建设合同管理队伍。建立良好的人才吸引机制以及内部选拔机制，还应该定期的设置内部专业培训，进一步的提升企业的人才实力。另一方面，国家社会也应该重视对合同管理领域的重视，应大力培养相关专业人才的迫切需求，加强项目合同管理人才队伍建设。

在高速公路桥梁项目中合理利用合同管理有利于项目成本的精细化控制，在执行与实施的过程中，相关管理单位应该对合同管理予以充分的重视，进一步的精细化合同管理的流程和内容，从而对成本控制起到有效的协助重要，从而达到现代高速公路桥梁项目集约化管理的需求。

第四节　高速公路桥梁施工项目管理组织模式

随着近几年国家实施积极财政政策，不断加大交通基础设施建设投资力度，全国公路建设市场呈现连续繁荣局面，未来几年内还将继续保持持续稳定增长的趋势。面对竞争，作为优秀的高速公路桥梁发展企业，加强对施工项目组织管理就更为重要。在我国，高速公路桥梁施工项目经理部的组织结构主要分为工作队式、部门控制式、矩阵式、事业部式四种类型，这些类型组织结构的组织都是从企业的角度出发的，而从项目经理部的角度出发，如何在企业可选的几种组织结构的框架下就工区的配置及施工项目管理的组织模式进行构建，往往是项目经理面临的难题。

高速公路桥梁施工项目管理的过程中组织措施是控制项目目标最重要的措施。在我国，施工项目经理部的组织结构主要分为工作队式、部门控制式、矩阵式、事业部式4种类型，这些类型组织结构的组织都是从企业的角度出发的，而从项目经理部的角度出发，如何在企业可选的几种组织结构的框架下就工区的配置及施工项目管理的组织模式进行构建，往往是项目经理面临的难题高速公路桥梁施工项目的管理由项目经理领导，负责施工项目从开工到竣工全过程的施工生产经营管理，它是代表施工企业履行工程承包合同的主体。施工项目管理组织通常包括两大方面的任务：一是把项目经理部要完成的任务划分为具体的工作，由不同的职位、部门来承担。二是在分工的基础上取得各职位、部门、层次的协调运作，此即"整合"。

一、高速公路桥梁施工项目管理组织中存在的问题

（1）在高速公路桥梁项目实施过程中，项目经理部需要进行纵向和横向的信息传递和沟通，如项目经理向技术科发出进度、质量要求指令，技术科向合同预算科抄送技术方案等。纵向沟通和个人的理解偏差、着重程度不同、过程延误等而形成信息漏斗，造成信息在流通过程中失真。如，技术科向劳务分包队伍进行技术交底时常常与初衷存在偏差；而横向沟通也因部门之间专业水平、组织性壁垒的存在等而缺乏信息通道。

（2）按照亚当斯的公平理论，一个人做出了成绩并取得了报酬以后，他不仅关心自己所得报酬的绝对量，而且关心自己所得报酬的相对量。因此，他要进行种种比较来确定自己所获报酬是否合理，其比较的结果将直接影响今后工作的积极性，进而影响工作效率。而现在很多高速公路桥梁企业吃大锅饭的现象仍然严重，工资不开档次，绩效工资常停留在形式上，人情关、派系争斗仍然存在，这都会在一定程度上降低组织的效率，弱化项目经理部实现进度目标、质量目标、成本目标等的能力。究其原因，由于激励机制、利益分配机制与调配机制的缺失，从而导致了效率问题。

（3）形成合适的团队机制，建立项目管理班子的成员之间进行沟通和解决冲突的渠道，创立良好的人际关系和工作，可以提高项目管理班子的成员和项目管理的工作效率。团队建设得好，可以形成整体力量的汇聚和放大效应，否则，就容易出现"一盘散沙"，甚至造成力量相互抵消的"窝里斗"局面。因此，应努力将个人目标同组织目标、个人目标同个人目标统一起来，实现组织最大限度地协同。

二、高速公路桥梁施工项目管理组织的影响因素

（1）工程范围广、项目规模大、结构复杂的高速公路桥梁项目，需要设立较大的职能部门，配备较多的人员，分工较细；如果高速公路桥梁项目中路基工程较多，则需配备较多的路基工程师；小型、技术难度低的高速公路桥梁项目，则不需设立较多的职能部门，只设立职能人员即可；专业性强的高速公路桥梁项目，如隧道工程，则需要根据其结构特征、施工复杂程度等设立一些专门的施工或技术管理职能部门。外部环境直接影响项目管理组织模式的设计，具体包括在对职位和部门、项目管理组织的分工和协作方式、控制过程及计划等方面。当外部环境的复杂性项目管理组织中的职位和部门的数量会增加，这样就增加了项目管理组织的复杂性。

（2）项目经理由企业法定代表人授权组织项目的施工管理活动，处于项目管理组织的核心地位，其在项目施工过程中起领导、管理、协调、决策、激励等方面的作用，他的经验和管理风格，对项目管理组织的任务分工、管理职能、工作流程等制度设计及下属管理人员的行为起着决定性的影响，直接影响项目管理组织目标的实现。

（3）人员素质对项目管理组织模式的影响很广，主要涉及以下方面：①集权与分权。项目管理人员专业水平高，管理知识全面，经验丰富，有良好的职业道德，则管理权力可较多地下放；否则，则权力应多集中一些。②管理幅度。项目管理人员的专业水平、领导经验、组织能力较强，管理幅度就可以大些，反之，应缩小管理幅度，按照精简与效率的原则组织精干、高效的组织。③定编人数。项目管理人员素质高，一人可兼多职，可减少编制，提高效率；若人员素质较低，则需将复杂的工作分解由多人来完成。

三、高速公路桥梁施工项目管理组织模式

（1）工区的设置是根据工程任务及工程特点设置的，高速公路桥梁施工项目一般是线性结构物，施工地点分散，若高速公路桥梁施工项目任务单一，则不需设置工区；如单纯的路面工程合同段。一般不需要设置工区，若高速公路桥梁施工项目任务繁多、工程特点突出、分界点明显，则一个项目往往要分成几个区段施工，设置工区时，可按施工区段配备人员，在一定程度上可减少人员在施工区段的流动，以提高工时利用率。一高速公路合同段长 20km。中间有一座大桥，两边路线分别长 10km、9km，为合理安排施工，很明显可从大桥处分界，将其分为 2 个工区。当工程规模大、专业性强时，也可按地理位置将不同的专业性强的分项工程划为一个工区。如，高速公路桥梁项目中包括一个长 500m 的隧道，可将其划分为一个隧道工区。

（2）按照高速公路桥梁项目的项目规模、复杂程度及其特点，职工素质、项目经理管理风格等因素，工区与职能部门的配备情况不同，高速公路桥梁施工项目管理组织主要有两种模式。第一种模式：模式框架。设置具有预算、成本合同、技术、施工等相关职能

的工程科、质检科、合同管理科、机务科、材料科、财务科、综合办公室等职能部门，工区与职能部门并列布置，接受职能部门的指导，工区纯粹是一个施工生产单位，工区内再按项目的复杂程度及特点设置不同的施工队伍。

（3）模式框架。在这种组织模式中，设立带职能部门的工区，工区下按项目复杂程度和特点设立专业施工队伍，工区不仅仅负责施工生产。在这种模式中，工区类似于小项目经理部，要求工区长的素质很高，一般由项目副经理兼任工区长。当工程任务重、工期短、环境复杂，人员素质较高，项目经理倾向于分权的管理风格或需要兼顾其他项目时，可按第二种组织模式组织高速公路桥梁施工项目管理。

在现有高速公路桥梁项目施工过程中，由于项目经理倾向于集权，项目可用资源也较为有限，主要使用的仍然是第一种模式，但在一定条件下，第二种模式有更强的活力。高速公路桥梁施工项目有很强的地域特点和专业特征，从上述两种项目管理组织模式的分析来看，不能确定哪一种组织模式更为合理，应该针对高速公路桥梁施工项目情况的不同，选择不同的组织模式。高速公路桥梁施工项目组织模式的设计因人而异，因项目特点、环境而异，因项目资源而异，不能一成不变，所以只有针对特点来进行项目管理组织模式的设计，才是最有效的项目管理组织模式。

第五节　高速公路桥梁施工项目标杆管理

高速公路桥梁施工项目包括两项内容，即制定高速公路桥梁项目目标和实施高速公路桥梁项目目标。标杆管理法与企业再造、战略联盟一并已被西方管理学界公认为 20 世纪 90 年代的三大管理方法。标杆管理是企业赢得竞争优势的基本管理工具和重要管理技术方法，也被证实是最有效的项目目标管理方法。标杆管理对改进和提高高速公路桥梁施工企业的项目管理和项目赢利水平，具有极其重要的广泛的应用价值。

一、高速公路桥梁施工项目标杆管理的概念解析和作用

（一）概念解析

考察标杆管理和项目管理的定义概念，考量高速公路桥梁施工项目应用的实际特点，可将高速公路桥梁项目标杆管理定义为：一项连续系统的高速公路桥梁项目目标管理评估过程，通过持续地将自身高速公路桥梁施工项目目标的制定和实施与一流或先进的高速公路桥梁项目相比较，以获得显著提高高速公路桥梁施工项目管理绩效的目标管理方法。此定义直接揭示了高速公路桥梁施工项目标杆管理的本质特性：一是进行正规化、体系化、流程化学习的必要性；二是持续与一流的先进的高速公路桥梁施工项目为参照的价值性；三是驱使高速公路桥梁施工项目改善目标绩效管理的实用性。从概念定义、概念本质特性

看，高速公路桥梁施工项目标杆管理的内涵就是持续比较分析，发现高速公路桥梁施工项目、企业、行业内外的最佳实践方法，将本企业高速公路桥梁施工项目的实施和管理活动与本企业、竞争企业或者行业外其他优秀项目的实施与管理进行对比分析，评估本项目与研究其他项目，是将高速公路桥梁施工企业内外部的最佳或先进项目实践过程作为高速公路桥梁施工项目目标管理的标杆，并通过采取一系列改进和提高措施以达到和超越标杆的过程。

（二）作用

高速公路桥梁施工项目标杆管理的主要作用有以下几方面。

（1）有助于高速公路桥梁施工项目管理者掌握自身项目管理与一流、先进项目管理之间的差距，进而明确项目变革和改进的目标和需求方向，促进项目目标的实现。

（2）有助于高速公路桥梁施工项目管理者制定系统详细、客观可行的项目改进的目标、评定标准和方法措施。

另外，区域药企的快速发展，需要大量应用技能型人才。地方应用型大学肩负着为地方经济社会发展服务的重任，学院与方盛制药的合作是又一个成功案例。

（4）有助于高速公路桥梁施工项目管理者有可以比较的目标项目，正确认识自身项目管理的优点与不足，确定一系列项目活动的改进时序。

（5）有助于高速公路桥梁施工项目团队建立学习型组织，营造良好学习氛围，提高学习能力。

（6）有助于高速公路桥梁施工企业通过一种直接、渐进、持续的改进项目管理现状的目标管理实现途径，提高整体项目管理能力。

（7）有助于通过与标杆企业、项目的不间断比较，持续改进高速公路桥梁施工项目管理目标绩效。

二、高速公路桥梁施工项目标杆管理的实施流程

（一）前期宣传培训

在实施项目标杆管理的前期阶段，要通过企业和项目内部会议和各种媒体进行宣传动员，让管理者和员工充分了解标杆管理对高速公路桥梁施工项目管理的重要意义和作用。企业聘请专业项目标杆管理专家，使用开发的项目标杆管理的专门教材和课程，运用项目标杆管理的支持工具，对企业和项目全员培训；与项目利益相关者有效沟通，获取其认同、支持和参与，熟悉其在项目标杆管理中的角色和作用。

（二）组建工作团队

有助于高速公路桥梁施工项目管理者了解已被项目管理实践证明的切实有效的行动实

施方案和计划，吸取标杆项目的优点，从而有效设计自身项目的目标改进方案。

（三）确定关键指标

工作团队可在对自身项目管理客观分析诊断的基础上，对项目管理基本过程和领域全方位以项目成功关键要素来考量，发现最薄弱领域、环节、要素，确定项目标杆的主题，继而进一步确定易于量化衡量的指标。

（四）选择标杆对象

标杆对象的选择要结合自己实际和可学习的操作性，考虑信息的收集及与标杆企业互助的难易程度，应以业绩一流或先进的少数具有代表性的企业或项目为对象，标杆对象不宜过多，以 3 ~ 5 个为宜。

（五）收集数据资料

一般使用 3 种收集数据资料的方法：一是通过网络、文献、专业协会、研究机构、咨询顾问、内部专家技术人员等渠道收集公共资讯；二是通过电话访谈、网络访谈、问卷调查、面谈和现场观摩学习考察、标杆的分析评价等途径收集；三是通过请公正的第三方在不公开自身组织的情况下收集，注意收集数据也包括自己的相关数据。

（六）对比分析差距

对数据资料整合校正处理，提高其可信度和可用性，根据市场、行业、企业和项目的特点对比分析自身与标杆的差距，并分析出差距形成的原因和过程。通过对比分析既从整体把握也要从分项切入，如从招投标策略、成本核算控制、材料成本、工料成本、人工成本、管理水平、技术能力等分项细化对比分析。

（七）制定实施方案

实施方案是高速公路桥梁施工项目标杆管理过程的手段也是目的。方案应尽量量化详细，提出明确要求：内容应包括目标、任务、活动、能力、职责、进度、资源、成果等要素，实施的重点和难点、风险和挑战、应急预案等；指标包括单位产值成本率、利润率、材料周转利用率等以及相应技术指标等；应有计划实施的步骤等。对实施要予以监控，识别偏差和纠偏，对实施效果有明确的评估和相应奖罚措施。

（八）总结评估改进

在高速公路桥梁施工项目标杆管理实施后，应对其规划、目标、过程和最终效果进行评估，评估依据是实施方案中的具体要求，如单位产值成本率、利润率，材料周转利用率及项目整体管理绩效等。对发现的问题要找出原因，提出改进措施。总结评估改进可分阶段进行，使其成为持续过程。

（九）标杆管理循环

一轮标杆管理后又开始新一轮标杆管理循环，高速公路桥梁施工项目总是面对新的内外部条件、环境和新需求，持续循环开展标杆管理活动，才能保持对项目"最佳实践活动"的密切"跟踪"，确立新的前进目标，保持持续改进的动力，要明确再循环标杆管理不是机械地重复，而是新的发展、改进和突破。

三、高速公路桥梁施工项目标杆管理的五大途径

（一）内部标杆管理

收集本企业具有优良业绩的高速公路桥梁施工项目的经济和技术指标，排除非正常的偶然因素，将其作为高速公路桥梁施工项目的标杆，形成项目的内部控制指标，并对实现标杆性的一系列指标所对应实施的管理手段和技术措施进行整合、分析、论证和提炼，形成新的项目标准化的作业流程，以此促进企业内部各高速公路桥梁施工项目部上水平，大幅度提高企业的整体项目管理能力和水平。项目由此制定的控制目标才是企业较高水平要求的目标，是项目实施控制乃至标杆管理的主要依据。

（二）外部标杆管理

企业内部标杆管理制定的高速公路桥梁施工项目的管理和技术标杆，并不一定是行业一流或先进的标杆水平。企业的定位要达到行业市场地位和经济技术水平，就必须将企业外部的竞争对手作为标杆，瞄准学习其项目经营、管理、运作、控制等标准和过程。这一过程是将行业最佳项目实践活动经验直接应用于本企业高速公路桥梁施工项目的过程。鲁布革项目实际就是企业外部标杆管理的成功经验典范。1984年日本大成公司以低于标底的46%中标，不仅保质保量保期完成项目，且有赢利。我国企业以其为标杆伙伴，总结推广"项目法施工"，导致项目管理模式转变和能力的大幅提高。

（三）功能标杆管理

高速公路桥梁施工项目功能性标杆管理的实质就是跨行业选择标杆伙伴。任何行业均存在（如人力资源管理、物流、营销手段、项目管理等）一些相同或相似的功能和流程。功能标杆管理的优点在于：一是可以跳出本行业的条条框框，开阔视野，掌握当今最新世界的企业、项目经营管理方式和技术，找到最新的企业和项目最佳实践，跟上潮流，变革本行业和创新自己。二是一般跨行业的标杆伙伴没有直接的市场竞争利害关系，容易成为标杆伙伴取得其信息和配合支持。三是高速公路桥梁施工行业一般科技含量低于制造业，制造业的许多先进项目管理技术方法可以成为自己追赶的标杆，如标准化生产、柔性制造、敏捷制造、精益制造、供应链管理、ERP、第三方物流等。与前两种途径比较，功能标杆管理也有其局限性，主要是投入较大，信息相关性低，最佳实践转换调整过程复杂缓慢，

实施难度加大。

（四）通用标杆管理

高速公路桥梁施工项目通用标杆管理是指在同行业或不同行业中选择功能和流程不同的组织的项目作为标杆，其原理是尽管各组织的功能、流程不同，但组织的文化和核心精神有相似或相同处。其优点是企业以完全不同的功能和流程的组织为伙伴标杆，可以最大限度地开阔胸襟和视野，解放思想，突破创新，大大提高企业项目管理竞争力，使项目业绩实现跨越式增长，最具创造学习性。其局限与功能标杆一样，只是局限的程度更深。通用标杆管理的要求更高，需要高速公路桥梁施工企业项目管理者打破常规，突破思维定式，拥有改革魄力和普遍联系的想象力、创造力，能够挖掘事物本质特别是探求顾客深层次需求。

（五）社会标杆管理

社会标杆管理亦称第三方标杆管理。由于标杆管理投入大且需要专业积累，标杆企业的信息保密难以获取，自身企业或项目标杆管理无法实现规模优势效益。因此，可以聘请社会第三方（如标杆管理专家、咨询机构或行业协会）。如 20 世纪 90 年代香港地铁公司提出为期 3 年的标杆管理项目，由美、德、英、法等国知名运输公司和香港地铁公司一起组成的地铁联合会（COMET），委托设在伦敦大学的铁路技术战略中心 RTSC 收集处理信息资料。美国社会有许多第三方标杆管理的信息服务机构，如美国生产力和质量中心 APQC 下设国际标杆管理交流中心 IBC。又如，美国休斯敦商业圆桌组织 HBR 即是为建筑业内成员提供建筑业内标杆管理服务。

实行项目标杆管理是一项系统工作，需要企业各个方面尤其是领导层的高度重视和投入，并持续坚持努力，成为高速公路桥梁施工企业日常工作内容之一，成为促进项目人员学习能力建设的动力。因此，引入和持续实施项目标杆管理，应该成为高速公路桥梁施工企业争取在未来激烈市场竞争中独占鳌头的一条必由之路。

第六节　高速公路桥梁施工企业项目管理系统

面对日益激烈的建筑市场竞争，越来越多的施工企业试图尝试通过各种途径来降低经营成本获得竞争优势，在需求拉动、信息技术推动以及管理理念更新等综合外力作用下，项目管理系统（PMS）应运而生。论文首先介绍了 PM 理论知识体系，并阐述了项目管理系统的组成和技术要求，最后分析了高速公路桥梁施工企业的项目管理系统。

目前我们正处于城市化加速推进的历史其实，对于公高速公路桥梁的施工也大大推进，高速公路桥梁工程施工的质量是工程的重要指标，另外高速公路桥梁施工中的安全问题也是另一个核心问题。安全施工是公高速公路桥梁建设的高压线，如果一旦发生安全事故，不仅可能造成人员的伤员，而且会带来严重的社会治安问题，并给工程的进度带来极大的影响，所以做好高速公路桥梁施工企业的项目管理至关重要。

我国高速公路桥梁工程在 20 世纪 90 年代开始实行项目管理，经过了二十多年的发展，取得了一些进步，但是依然存在着很大的问题，高速公路桥梁企业项目管理和现实发展之间仍然存在较大的差距。最近出现的一些重大高速公路桥梁事故，比如哈尔滨阳明滩大桥的倒塌、河南连霍高速大桥因爆炸坍塌等，不仅带来了巨大的生命财产损失，更造成了恶劣的社会影响，给社会安全稳定带来了极大的影响。这些事故都是和项目管理的疏忽或不规范有关。

一、项目管理系统的内涵

在传统的企业中，当企业制定一个规划之后，参与项目的会有财务、行政等好几个部门，在部门运作过程中难免会产生一些冲突，这不仅造成了沟通成本的加大，也降低了项目实施的效率。

在项目管理中，因为某一个项目的需要不同职能部门的成员组成一个团队，在这个团队中项目经理是其领导者。这个领导者的责任就是能够有一个明确的团队前进方向，能够按时完成项目的整体工作。项目管理者同时也是这个项目的参与者，他参与整个项目从立项、到项目确定到最后收尾的全过程，同时在人力、资金、时间、以及采购、总结等各个环节对项目进行全方位的管理。因此项目管理可以帮助企业处理协调各个部门之间的关系，实现这个团队更高更好的运行效率。

项目管理系统从 20 世纪 80 年代以来在国防、航天、通讯等领域得到了广泛的应用。尤其是中国加入 WTO 之后，越来越多的企业界人士参加职业经理项目管理培训，以提高项目的管理水平，在激烈的市场竞争中赢得一席之地。项目管理系统是基于现代管理学基础之上的一种新兴的管理学科，它把企业管理中的人才资源管理、风险控制、质量管理、采购管理等有效地进行整合，来实现更高效、更高质量、更低成本地完成各项项目的目的。

二、项目管理系统的整体设计思路

因一般的大型高速公路桥梁公司的分布地域广，网络通信条件又各不相同，所以本系统应采用分布式数据库方式，即在高速公路桥梁集团建立数据中心和 Web 服务器，保存所有项目部的高速公路桥梁工程项目数据，每个分公司通过网络在线访问服务器、查询、统计、分析高速公路桥梁工程项目成本信息。各个分公司建立自己的高速公路桥梁工程项目数据库服务器和 Web 服务器，保存本分公司建筑工程项目成本信息，项目相关管理部门访问服务器查询、统计、分析建筑工程项目成本信息。

各分公司的建筑工程项目成本数据采用可靠的数据传输方式上传到集团公司的数据库

服务器。如果一个高速公路桥梁企业合作单位分布地域广，网络通信条件又各不相同，系统可以采用分布式数据库方式。根据系统特点、用户需求、应用方式以及 C/S、B/S 的优缺点，确定采用 C/S、B/S 和单机应用方式结合，系统的体系结构分为四层：数据库层、应用架构平台层、业务系统层及信息门户层。

三、高速公路桥梁企业项目管理系统的实现

高速公路桥梁企业项目系统的设计与开发根据企业级应用体系思想与方法，基于系统设计原则，根据系统总体需求及项目实施实际，系统按其所完成的功能不同划分为下面几个子系统。

（一）制造成本报表管理

高速公路桥梁企业系统制造成本报表管理包括土建制造成本、机电制造成本两部分，主要由收入、制造成本两张主报表及分包完成工作量、单项物资合同款、集中招标物资合同款、临建分包完成工作量、其他制造成本等明细表构成。结合计划统计量，收入数据实质包括实际完成工作量、业主确认量、预估业主确认量，预估业主确认量造成的误差在次月补齐。

（二）物资进场管理

高速公路桥梁企业物资进场管理包括公司统一招标物资合同进场管理、项目单项物资合同进场管理、项目零星采购物资进场管理。与现行工作模式相比，一方面物资进场记录一经录入审核，相关部门即可查阅到物资实际成本数据，可有效减少由于物资验收单未能及时送达相关部门造成项目虚盈而带来的项目成本起伏情况。另一方面物资进场记录与物资合同紧密挂钩，成为控制物资合同执行过程控制依据，可降低物资合同超付风险。

四、资金管理

高速公路桥梁企业的所需资金一般都比较大，系统资金管理包括资金计划管理、工程款回收台账管理、分包合同、物资合同支付管理。与现行工作模式相比，系统具有以下特点：

资金计划由总额计划改为分包合同、物资合同明细计划，使得资金计划能真正成为合同过程支付控制依据之一，提高资金计划的严肃性，从而提高资金计划的准确性，为公司统筹资金管理提供更为可信的依据。

结合资金计划中工程款回收计划及工程款回收台账信息，在合同明细控制的同时，按照工程款回收计划完成率与资金计划总额的乘积实行总额控制，根据项目进度情况在资金层面提高公司以收定支管理原则的执行力度。

五、项目监督及跟踪

高速公路桥梁企业的项目一般是长周期的项目，需要对工作进程、实际费用和实际资源耗用进行跟踪管理。大部分项目管理系统包允许用户确定一个基准计划，并就实际进程及成本与基准计划里的相应部分进行比较。大部分系统能跟踪许多活动，如进行中或已完成的任务、相关的费用、所用的时间、起止日期、实际投入或花费的资金、耗用的资源，以及剩余的工期、资源和费用。

六、数据分析利用

高速公路桥梁企业的项目管理最后要按照开发项目、地点、单位、专业、费用类别等条件的综合汇总分析查询，并根据具体需求，出具分析表格。

本书分析了项目管理系统的内涵以及项目管理系统的整体设计思路，最后提出了高速公路桥梁企业项目管理系统实现的几个内容，可以更好地管理项目，降低企业管理成本，提高企业运行效率，推进公司数据库建设，优化企业供应链，让公司员工职责权限更为明确，协同工作机制得到加强。

第十二章 高速公路桥梁建设及养护管理

第一节 高速公路桥梁施工管理创新技术

我国的高速公路桥梁施工建设项目在国际趋势的影响下进入了黄金的发展阶段，并且为我国的经济和政治也造成了一系列的积极作用。但是高速公路桥梁施工项目数量快速增长的同时也会为管理技术产生一定的阻碍，特别是我国加入世界贸易组织之后，国际上实力较为雄厚的高速公路桥梁施工企业进入了我国高速公路桥梁建设的对应市场，让国内大部分还未发展壮大的高速公路桥梁施工企业倍感压力，由此我国本地化的高速公路桥梁施工企业也从竞争中获得了启示，只有从各方面做大做强才能够在世界的市场中立于不败之地，其中最主要的改革和创新方式就应当从管理的角度加强整体实力，获取核心优势的同时提高行业市场竞争力。

改革开放三十年来，我国的经济发展情况对各省市和地区的高速公路桥梁建设水平提出了全新的要求。随着现代化技术的不断引进以及社会市场经济体制得到刺激下，高速公路桥梁施工管理技术改革的重要性也在城市规划中越来越明显，为了满足社会日益增长的高速公路桥梁质量要求，相关部门必须根据其项目的实际情况对高速公路桥梁施工管理技术进行创新形式的研究和探索。高速公路桥梁施工单位应当以公路和桥梁行业的发展为基本的核心导向，同时将具体的工程项目作为实际依据，利用科研机构的专业和素质作为支撑，基本相关应用型技术成果，对"产学研用一体化"管理模式进行深层次的研究，从高速公路桥梁施工构架与需求两个方面的角度出发，重点处理项目施工中长期存在的施工难点，以科技研发为基础，促进建筑企业的升级与转型，推动企业的健康发展。只有高速公路桥梁施工项目可以在研究过程中对实际的工程产生巨大的影响，才能让相关部门在此基础上对高速公路桥梁施工管理技术提高重视水平，才能朝着开发自主知识产权以及对应科技成果的方向快速稳定推进。

我国高速公路桥梁施工管理创新技术的研究过程中，出现了很多影响行业发展进程的案例和成绩，其中甘肃高速公路桥梁企业对其项目施工管理技术的创新和改革，为我国科学技术创新局面的发展打下了良好环境和理论基础。该高速公路桥梁施工企业的各相关部门都针对项目建设过程中遇到的实际难题，积极开展了高速公路桥梁施工管理技术相关的研究。2011 年到 2014 年的四年间，建设单位一方面用大量的研究和试验解决着地质背景下路面出现的实际问题，另一方面技术部门也在就改革中的问题进行着管理技术方面的总结，随着施工技术的不断发展，高模量改性沥青混凝土 AC-20C 型桥面铺装结构和水泥混凝土 CAC-20 新型路面铺装结构试验路的铺筑能够在实践中发挥切实的效用，二者不仅在结构上具有传统材料没有的抗水损、抗老化、抗车辙等特点，同时也是高速公路桥梁施工中路面构架的创新形式。技术人员在优化工序的情况下，使用了新材料、新技术和新工艺，因此高速公路桥梁施工单位的科研项目不仅具有很好的实践性，同时还具备极大的推广和普及的价值。为了进一步的推行施工标准化机制，成武路面二标的各参建单位还优化和创新了桥梁伸缩缝的施工技术，待桥面伸缩缝安装开缝清缝的工作结束之后，用符合实际施工情况的 PVC 管内包裹好吸水性较强的填充物，把缝内存留的水处理掉，再利用纵向导管将伸缩缝内的自由水排掉，使得桥面铺装中没有多余的积水存在，这样不仅可以有效降低桥面受到的积水损害，还能进一步的加强高速公路桥梁施工工程的质量，该方式还受到了当地高校建筑专业教授的高度评价。

该高速公路桥梁施工单位除了在工程建设中积极采取创新的技术和行动之外，还将改革的理论和精神运用到了开展企业各项工作的管理和经营机制中，同时还以此作为优化员工思想和素质的依据，甘肃高速公路桥梁建设集团在二十一世纪的管理思路中，始终坚持以人文本和可持续发展的原则，积极建设优质的技术和操作团队，用企业的正能量制度激发员工的凝聚力和主观能动性，同时在稳定现有实力的基础上，开拓更加广阔的市场和渠道，用领导分域区包干的制度激发员工参与企业经营的动力。企业除了调动员工的积极性之外，还应当采取恰当的方式明确各部门和岗位的基本职能，实现责任、权力和利益的统一化、科学化和合理化。另外对项目和员工的严格要求也是现代化企业管理理念中非常重要的一部分，只有集团领导能够建立整合资源的机制，并且明确多元化的发展才是引领企业健康发展的核心原则，同时人才工作环境的优劣也是影响其对于企业能否产生归属感的主要指标，从源头上加强企业文化建设和思想政治培训深度，用改革和创新让企业能够实现更高层次的价值和意义。

高速公路桥梁施工单位应当在日常的培训和管理中引导员工依照施工单位的内部纪律与相关法律法规对各项生产工作进行严格把关，尤其是要对地方政府当前最新的行政条例有全面的了解，只有这样才能保证职工在安全的环境下开展一系列的施工工作。在施工现场设置必要的防护设施，为施工人员创造一个文明、安全、良好的施工环境。在设计单项工程施工程序与组织形式的过程中，需要同时加入安全技术措施，若某一单项工程有着比较大的施工安全风险，施工单位需要对施工现场的各项风险因素进行准确的识别，并制定详尽的安全管理方案。

高速公路桥梁施工单位应当严格按照项目合同上的要求全面落实各项施工工作，对企业内部的施工质量管理体系进行不断地丰富与完善，使得工程质量可以持续保持在优良率达以上。技术部分也需要为质量管理工作提供更多的支持，综合运用各种先进的技术手段对施工质量进行动态化管理。工程项目形式开工前，施工单位需要将生产骨干、管理人员与技术人员组织起来，对施工规范、施工设计图纸与合同文件进行全面的审核，完成技术分析与技术交底工作，根据讨论结果设计施工组织方案，制定质量管理措施与。为现场施工人员提供必要的职业技术培训，重点解决隐性工程质量监督与管理工作的难点问题。对于高速公路桥梁施工管理中的存梁台座的结构设计、压浆工艺、蒸养及梁体内外温差控制等关键工序，需要有专门的技术攻关小组进行质量监督，最大程度上达到工程管理技术创新的高质量和高水平。

施工单位需要将即将参与现场施工的工作人员组织起来，对施工设计图纸中的技术内容与技术要求进行全面的解释与分析，使施工人员能够了解施工图纸在设计意向方面的有关细节。做好技术交底工作，首先需要由项目负责人对方案技术措施、工艺方法与工程概况等方面的内容向工长、班组长进行详细的交底，交接人需要在各级书面上签字。项目施工过程中所需要投入使用的设施、用品与安全工具都应当得到妥善的保管，同时电气、机械等方面的相关设备也应当做到周期性的检查和维护，以此为根据技术部门理应建立安全保障制度。安全管理人员需要事先对施工中将会使用到的各种重型机械设备运行路线进行妥善的安排，约束施工人员在施工现场的行走路线，从而避免出现机械设备与施工人员活动范围出现冲突的问题。

综上所述，高速公路桥梁施工单位应当就目前的形式和经营情况制定对应的管理技术创新方案。只有这样才能使企业在顺应社会市场经济发展趋势的同时，获得更加具有潜力的效益和价值，并且能够有效推动高速公路桥梁项目施工的专业化、机械化和班组化的统一进程，使高速公路桥梁建设单位不仅能够使施工队伍管理水平上有所提高，还能在激烈的市场竞争中形成属于自己的品牌优势，即能够为企业的健康发展奠定良好的基础，也能够为我国的现代化建设做出自己的贡献。

第二节　省道路面施工管理措施

在省道施工中，路面施工对公路整体质量有直接影响，施工人员应该注重路面施工的管理，针对其主要存在的问题，采取相应的措施，保证公路施工质量。省道路面施工工艺流程较为复杂，且涉及方面广，在进行路面施工管理的过程中，管理内容也会相对繁杂，主要包括：成本管理、技术管理、质量管理等多个方面。因此，在管理路面施工工作的过程中，一定要对各个方面、各个细节展开严格细致的管理。

在省道路面施工过程中，公路施工测绘管理十分重要，施工人员如果能够对测绘工作进行合理管理，就可以缩短施工工期，提升施工效率，但是，当前的省道路面施工管理中，忽略了对施工测绘的管理，存在较大的滞后性。同时，当前的公路施工工程大部分更注重经济效益，各种测量问题频繁发生，对路面施工质量造成了巨大的影响，也威胁着人们的行车安全。

　　鉴于公路施工是户外施工作业，且作业时间长，施工范围广，容易受到当地地理条件和气候条件的约束，导致施工设计方案无法顺利实施，只能进行方案变更，这就增加了施工成本。虽然自然条件无法改变，但是，施工人员如果在施工之前就进行了详细的地质条件和气候条件的勘察，在遇到条件限制时，就可以给出相应的解决措施。然而，在粗放式经营模式下，施工单位只注重经济发展，对勘察工作不重视，导致出现资源和劳动力浪费现象出现。

　　当前，省道路面施工管理人员缺乏一定的管理责任感，造成人员管理散漫，管理力度不足，管理态度不认真，不能及时反应施工中违反施工要求的现象。严重的甚至还出现了先施工、后报告的现象，这种不严格的管理模式，造成施工工序颠倒混乱，出现了资源浪费的情况。另外，有些工程中，施工人员对公路路面施工质量检测不认真，没有根据相关的检验标准进行检测，导致给行车安全造成了极大的威胁。

　　在当前的路面工程施工中，由于管理责任分配不合理、管理方向不明确等问题，在路面工程项目管理中出现了一系列漏洞。如：在管理过程中，由于管理人员欠缺规范意识，导致出现工程强度不达标、交工时间不明确、总工程工期不明确和工程技术不统一等现象。另外，由于缺乏明确的施工管理监督制度，在材料采买和设备引入的供应、结算、质量保修等方面未能形成相互协作的和谐关系，这就阻碍了施工的顺利进行。

　　当前，省道路面施工人员缺乏工作主动性，工作积极性不高，但是，随着时代的发展，公路运输业的发展需要路面施工做到保质保量。虽然道路的开辟为地方经济的发展带来了契机，但是这也给公路施工人员带来了艰难的挑战。很多施工人员都长时间离开家乡，日复一日地重复单一的工作任务，再加上施工场地环境艰苦且较为封闭，与外界联系较少，如果对施工人员的管理不到位，就会导致施工人员在施工过程中出现一系列突发状况。再加上户外作业有很多潜在的安全威胁因素，就会导致工作人员消极怠工，对施工质量造成负面影响。

　　建立完善的施工管理制度是保证施工管理质量的必要前提，施工管理人员应该制定健全的施工管理制度，使施工管理工作专业化和标准化。如施工单位可以成立施工管理小组，细化路面施工管理规则，将每个施工环节中需要达到的施工标准进行突出，保证每个施工环节的质量，从而保证整个工程的质量。在此基础上，进行明确的工作分工，充分发挥施工设备和物资材料的调配使用效率，对每个工作环节应该使用的材料、设备等进行严格规定，杜绝资源浪费现象的出现。另外，公路施工合同签署双方都应该高度重视工程合同条款，根据合同要求来进行施工标准的制定，制定了施工标准后，根据此标准进行相应的施工，保证施工质量与合同标准的一致性。

　　首先，在开展施工之前，施工人员应该对施工现场的地质条件、气候特点和人文风俗进行了解，应该尽量避免由于自然条件和当地风俗造成施工方案变更，这不仅是保证工程顺利进行的必要前提，更是减少施工成本的基本措施。在此基础上，施工人员在施工之前应该对测绘图和施工图纸进行细致研究，根据施工图纸要求进行施工，以便最终施工完工后，能与施工合同要求相一致。其次，施工人员应该在施工过程中进行施工计划和施工方案的编制，设定施工工期，根据施工工期合理安排施工任务，避免由于赶工期而降低施工质量。最后，施工管理人员应该对施工材料与废料的堆放、施工设备的摆放等进行科学合理的设计，保证施工材料堆放不会影响施工设备的进出，施工设备的摆放也不会影响到施工的正常开展。

在进行公路路基路面施工过程中，在注重施工质量的同时，也要注意工程的经济效益。因此，降低施工成本十分重要。施工人员在施工前就应该制定详细的施工计划和方案，对材料的采购进行预算，严格控制材料的使用。其次，针对施工中的难点和重点，进行合理的劳动力分配和机械设备配备，提高劳动生产力，保证施工能够顺利、安全进行。另外，施工人员应该进行适当的教育培训，了解新引进器材的使用说明，合理正确地使用施工器材，定期对施工器材进行维护保养，延长施工设备的使用寿命，从根本上控制成本消耗。

由于公路施工面临复杂的地质结构和恶劣的自然气候条件，在施工过程中经常会出现一些突发性施工事故。因此，在进行路面施工的过程中，施工人员应该对施工技术进行细致的管理，针对施工过程中容易出现的突发性事故和安全隐患进行评估，并评估结果交至上级，在上级决策后，及时排除，尽量避免施工过程中出现安全事故。此外，施工人员要对施工设备进行定期检查，保证施工设备能够正常使用。由于当前已经进入了机械化时代，在道路施工中引入的机械设备逐渐增多，管理人员不仅要注意设备的运行检查，更要注意其类别管理，要将机械设备安置于合理的位置，最大限度地发挥机械设备的功效，提升施工效率。

施工的每道工序都会对最后的施工质量造成影响。因此，施工人员在进行施工的过程中，应该对每道施工工序的质量进行严格管理。在公路施工过程中，应明确每道工序的工作责任，并将其落实到施工人员身上，实行责任制，保证施工人员做好该工序的施工工作，进而保证施工的细节质量。另外，要合理安排施工工序，工序完成后，及时进行质量验收，针对不符合要求的工序应该及时进行改进，避免出现恶性循环。除此以外，施工人员在工程完工后，要注意施工现场的整洁性，减少对环境的污染。

综上所述，根据我国交通行业的发展需求，省道工程建设施工具有重要意义，对省道路面施工进行科学化、合理化管理十分必要。在进行省道路面施工管理的过程中，施工人员应该严格控制好施工的各个环节，把握施工管理的重点内容，以合理的方式强化施工流程管理，将质量控制落实到成本控制、施工细节、工序管理等各个方面，将细节管理和全局管理有机结合，促进路面施工管理的科学化和规范化，进而保证公路工程整体质量，促进交通行业的发展。

第三节　高速公路桥梁建设及养护管理分析

高速公路桥梁建设的实际过程中，在初始阶段就应该制定并配套高速公路桥梁建设的质量体系和质量目标，有针对性地建设高速公路桥梁建设质量管理措施，实施质量第一的高速公路桥梁建设根本原则，严把高速公路桥梁建设的质量关口。在高速公路桥梁建设的细节中要突出质量问题，要结合高速公路桥梁建设技术、建筑材料、施工人员和设备机械展开质量的全面控制与管理，关注高速公路桥梁建设施工的具体情况，将质量目标转化为高速公路桥梁建设的实际质量。在高速公路桥梁建设的过程中要建立质量控制和管理的核心要点与检验关键点，不但从高速公路桥梁的外观上，而且从高速公路桥梁工程的结构上，都应该完整而全面地落实质量管理的目标和责任，以进一步全面地控制和管理提升高速公路桥梁建设的综合质量品质。

在信息技术渗入到工程技术、建设体系和人员机械的细节和关键的今天，要想提升高速公路桥梁建设的品质和速度，必须从信息技术的应用和高速公路桥梁建设信息化水平提升做文章。要建立高速公路桥梁建设的基础信息库，实现多元化、多维度地对高速公路桥梁建设信息的收集和整理，结合高速公路桥梁建设的实际进行施工状况、工种施工、供需双方各方面信息与数据的深层次加工，以先进的大数据平台和云计算技术得出更具有指导性和管理功能的高速公路桥梁建设决策，满足高速公路桥梁建设的具体需要。同时，在高速公路桥梁建设施工信息化建设过程中要坚持全面和系统的原则，既要确保施工信息向上覆盖到高速公路桥梁设计，同时也要实现施工与技术信息的细致和精确，实现对高速公路桥梁建设的工期、成本、进度和质量各个方面目标的全面控制。

高速公路桥梁施工机械的使用不但提升了高速公路桥梁施工的效率，而且也大大降低了高速公路桥梁施工的成本，因此进行高速公路桥梁建设要将机械的普遍使用和高性能设备的深层次利用作为基本前提。在高速公路桥梁施工机械的选择中应该首先选择具有多功能、智能化的设备，优选多功能、高效率的高速公路桥梁施工设备机械作为高速公路桥梁建设的第一目标。同时，要敢于在高速公路桥梁施工中主动应用智能化高速公路桥梁施工机械，有效提升高速公路桥梁施工的基础效率，扩大高速公路桥梁施工中单位时间的工程量，在时间成本、效率目标和能源消耗上实现高速公路桥梁施工的总体目标，在体现高速公路桥梁施工机械智能化发展方向的同时，将高速公路桥梁施工机械的价值和潜力做到进一步挖掘。

高速公路桥梁养护单位应该根据高速公路桥梁养护管理实际需要，培养专业的高素质高速公路桥梁养护工程师，从而建立稳定的养护管理队伍。通过养护人员专业能力和管理人员专业素质的提升，进一步整合高速公路桥梁养护管理过程中各个人群、各个环节、各个单位的关系，建立高速公路桥梁养护管理人员和工作人员的晋升与培训机制，做到对人员发展的有效保障。

高速公路桥梁养护工作的管理要做好检查工作，要突出检查环节，通过检查并且做好检查记录，同时应做好定期检查和专业检查工作。首先，例行巡检需要由县级工程师组织实施，通过目测和简单的工具测量了解桥梁情况，至少每年一次，检查完毕做好检查记录表并上报。其次，定期检查时应拍摄桥梁照片，填写桥梁定期检查数据表和检查报告。

当前高速公路桥梁养护工作中存在资金数量不足、投入倾斜等实际问题，要确保高速公路桥梁使用寿命，提升高速公路桥梁行车安全必须要在扩大高速公路桥梁养护资金数量，增加高速公路桥梁养护资金来源的基础上，全面提升高速公路桥梁养护资金的使用效率和使用效能，这样才能将宝贵的高速公路桥梁养护资金用在"刀刃"上。一是高速公路桥梁养护工作者要立足于交通事业发展和主动服务社会这两项基本出发点，向全社会、主管部门、相关企业做好宣传工作，获取他们对高速公路桥梁养护工作的支持，激发社会资金和政府投入对高速公路桥梁养护的支撑。二是要在高速公路桥梁养护工作中形成重点和要点，将来之不易的高速公路桥梁养护资金做到全面运用和科学运用，发挥出高速公路桥梁养护资金的最佳、最大功能，整体上提升高速公路桥梁养护的效果、速度和质量。

高速公路桥梁养护是一项连续而系统的专业型工作，需要有严谨的档案信息和细致的专业数据作为前提。因此，必须加强高速公路桥梁养护档案的相关工作，当前最为重要的是要建立起适于高速公路桥梁养护工作实际的档案工作制度体系。一是要全面收集高速公路桥梁工程设计图、变更图、竣工图等信息和资料，形成档案信息的基础，进而为档案工作和高速公路桥梁养护提供可靠的凭据和前提。二是要结合高速公路桥梁养护工作做好档案的整理和加工工作，通过制度建设使高速公路桥梁养护信息和资料得到科学处理，通过制度建设提升高速公路桥梁养护的工作品质。

第四节 高速公路桥梁建设施工现场管理

伴随着我国经济水平的快速发展，每个行业都已取得了很大的进步，同样在建筑行业也不例外，近几年在建筑行业，各个市场的激烈竞争，究其竞争的最大支撑是建筑企业的管理工作做得如何。在施工现场，要积极地开展有效的施工监测，才能有利于高速公路桥梁工程质量的提高。值得注意的是在施工现场会产生很多的问题，也会有很多其他的不稳定因素存在，所以监测人员要积极地收集数据，从而实现风险评估，在施工中，施工与设计人员也会遇到问题，监测人员要根据此对施工方案做必要的调整，有助于使用工程质量得以提升，施工的风险也得到降低。在施工现场，施工管理者要加大管理力度，注意不翰因为一时疏忽，给人民生命财产造成影响，也会使高速公路桥梁工程质量受到影响，引起安全问题。所以在施工现场，实现行之有效的管理，也是保证工程质量的要求，有利于工程的效益利润。

在整个工程的施工中，要对施工设备进行有效的管理，只有这样施工单位才能最大化地获得经济利润提升。有效地管理高速公路桥梁施工使用的材料，在采购环节注意要按照施工要求去科学采购，要对如何使用施工材料有一个总体规划；在施工设备管理中，对施工设备进行使用时，要有计划地安排，进一步就设计出行之有效的施工方案。为了促进高速公路桥梁工程质量的提升，就要有一套的体系去评价施工质量，注意一切原则是施工进度要依照进行，工程要如期完成所有的施工，以免使施工单位的经济受到损失。

目前道桥施工过程中，施工企业中管理人员领导安全管理的意识都非常浅薄。领导只注重形式上的重视，在具体工作中却不积极地落实，只是一味地追求经济上的最大利益，却往往忽视了安全的重要性。所以要建立一个相关的管理机构，并完善它，另外要建立一套对人员进行安全教育的培训制度，要在实际工作中积极落实到实处。

在高速公路桥梁施工计划之前，是要做一个合理有效的计划。建设高速公路桥梁工程不仅在项目上步骤较为繁杂，而且它具有复杂性的特点，有一些由于风雨等自然原因会影响到施工现场，在各项目之间连接的过程中，要做好整体规划。由于施工人员对工程没有一个整体计划，导致项目之间联系不到一块，施工之前和竣工完成并没有一个完整的效果，就会导致施工不能顺利完成，同时就出现了很多的质量隐患问题。

在高速公路桥梁施工中，缺乏对其质量的监管，一般只是形式上的规定。在一些城市中，政府也不加大对高速公路桥梁的质量监管力度。在进行施工管理工作时，就非常不利于拿来在管理中使用。而且作为施工管理人员在工作时，没有一些可以衡量的指标依据去进行监管质量，这就导致管理效率大大降低。

由于高速公路桥梁施工的自身特点以及施工多处于露天，施工人员大多都是比较偏远而来的农民工，他们的专业技术相关能力就不高，不重视安全问题。很多的安全事故的发生，大多上都是因为施工人员对施工工程的安全不重视造成的。所以企业要做好相关工作。在聘用人员时，就应该对其进行安全教育和技术培训，让施工人员提高自身对施工的规范。在施工时，人员也要根据施工项目的有关规定去规范地进行施工。这样做的目的也是为了以免出现不合规范的操作，导致发生一些不可挽回的意外发生。比如在施工中，人员必须要按规定戴安全帽，以及配有安全设施才能到施工现场，有时候，施工人员会因为不合理规范，给钢铁涂抹环氧胶液时，要注意仔细，在灌浆时，要积极地采用防腐的材料积极修补。

在工程施工中不能一味地只追求利益而忽略了要针对成本进行合理控制。不可以在控制成本时过高或者过低，真会引起工程质量不达标，整个工程就会很受到影响。所以，工程在施工之前就要做好合理的规划，针对成本进行科学的计算。为了尽可能降低施工企业的成本效益，在施工建筑材料采购时，要根据项目的质量要求来选择合适的材料，综合"货比三家"，找到比较满意的材料。

严格管理施工进度，要做好三方面的工作。第一，在施工过程中要意识到对施工的工程质量进行监管，是很有必要的，在施工中要注意依据项目的质量要求，有责任感地对影响质量的因素以及数据进行填写。第一，了解高速公路桥梁的管理目标，以使相似的问题不会再发生，就要在工程建设中，积极对质量进行控制，做好相关的测试工作。第二，对施工的质量进行控制和管理，要结合外部环境和内部监控，其中外部环境很重要。如对人员的监管，设施以及设备和材料的监管等。

第五节　高速公路桥梁工程造价管理与控制

随着科技的发展以及人民生活水平的提高，现在的城市交通环境以及无法满足人们的需要，大量的架桥工程搬上了现代交通建设的舞台，成为我国交通公路改建的主要方式与选择。当前高速公路桥梁工程建设过程中，降低工程造价、节约工程建设成本，增强高速公路桥梁工程建设总体效益已经成为高速公路桥梁工程建设过程中的必然选择。造价管理作为高速公路桥梁工程建设过程中的重要工作之一，对高速公路桥梁工程造价管理面临的风险因素与解决措施进行研究有着较为重要的意义。

所谓决策预算是指财务部门在每次桥梁工程规划阶段，都要依据当时的具体物价情况做出该桥梁造价的初步预算，是建造部门明确该桥梁的成本，从而更好地选择与安排后续的施工问题，例如施工队伍的工资洽谈等问题都与财务预算有关。但是在实际的预算工作当中，桥梁预算很少能够依据现实情况做好科学的预算，具体表现为很多时候原料的预算会与实际物价偏差较大，或是没有能够很好考虑施工过程中的偏差问题导致的重复施工可能，从而加大了实际资金与预算之间的差距与现实，导致实际造价远超财务预算。归根结底还是缺乏专业的人才计划与管理，使得财务工程报价不合理而无人知晓，而企业或政府又不愿意将资金预算承包给第三方增加额外花费，使得桥梁造价预算很多时候都形同虚设，无法起到预估与指导的实际作用。

施工阶段开始的第一步就是需要选定施工方案。选择出最优秀、最合适的施工单位对于控制施工阶段的造价管理风险较为重要。本阶段造价管理中包含的风险因素有：标段、招标方式划分不科学；审查施工单位资质不严格；泄露出了高速公路桥梁工程标底价格；条款、计价方式不够明确或者出现了漏洞；高速公路桥梁工程出现了工程量变更；建设过程中相关的法律法规出现了变更；环境等其他因素导致的风险。

在整个工程费用中，对于材料的支出甚至达到了 70% 以上。所以对于材料费用的控制就显得非常重要。控制好对材料的费用支出是最管理的一部分。但是也不能偷工减料要严格按照合同的要求要选择材料，并且确定材料的数量。但是多种多样的材料，价格的变动和供求关系的变化采购部分都要及时关注。通过为项目工程选用高质量，性价比比较高的材料，有效的控制材料费用。

随着高速公路桥梁施工技术的不断发展，工程造价的控制观念也在不断更新。相关工作人员应积极学习并更新造价控制观念，再根据高速公路桥梁工程建设的实际情况合理对工程造价进行控制。另外，施工设计也是实行造价控制的重要环节，在施工过程中，通常会因为一些特定原因，如工程设计不合理、工程与图纸不符等造成施工的变更。因此，在进行施工设计时，设计人员一定要严格控制设计变化，注重设计的科学性、合理性，并严格履行合同，确保设计变化在合同的条款范围之内，从而将变更损失降到最低。

第六节　高速公路桥梁工程机械设备的选用与经济化管理

在确保能够适应和完成相应的施工任务的前提下，采取严格的经济化管理措施，在设备的选用上注重经济实用性，将设备的运用更加合理化，这就需要管理部门以注重质量和经济化并行的做法，提高设备的综合利用率，减少成本上的开销和浪费。

在确定使用何种选用机械设备的方法时，首先要根据施工的具体要求来制定选择计划，在施工开始前对周边环境与地质条件的勘测和调查中，充分考虑到设备的运行能力和状态，将实际情况与设备的具体情形相结合，选用的设备才能满足实际的需求，达到应用的标准，才能确保施工工序的顺利开展，还要依据不同阶段的施工内容和要求来合理地选择不同的设备。比如路面施工中要制作混凝土为路面的主要材料，在拌制和振捣的作业过程中就需要专门的机械设备，在选择设备时就要凭借其不同的作业和功能需求。此外，由于高速公路桥梁工程的施工地点的环境较为复杂，会遇到很多险峻陡峭的地形，在设备的选用上也要考虑到体积的大小，是否适合运输至险要的地势之上开展作业和施工，对施工的安全性是否存在重大的影响，一些大型设备是不适合在较为窄小和狭长的施工路段上使用的，在作业过程中其自重和体积会受到道路两边物体的影响，而且无法保障安全稳定的施工作业。因此要选择体积相对较小的设备，这样不仅容易运输和在不同的施工阶段中进行迁移，还能够维持施工的安全平稳，不至于发生安全事故。除此之外，在你选用设备的时候也要考虑到天气变化带来的影响，一些设备的性能会随着气候变化而发生下降或者失灵的情况，为避免影响到施工进度，就要估计到气候对设备的影响程度，选择可替换的施工设备。

机械设备要在很长的建设周期内执行多种施工任务，因此在选择设备时要注重适应性和可靠性，高速公路桥梁工程的复杂性极为明显，针对地基、桥梁主体结构和路基路面等关键部位的施工中，所使用的设备要适应不同的施工要求和环境条件，再加上施工过程中具体环节的差异性较大，而且质量标准极为严格，这就要求设备能够在任何的环境中有效地完成施工任务，以此做到很好的适应性和可靠性。

除了要考虑到施工的具体标准和要求，以及最重要的安全和质量方面的需求，还要关注租用和使用设备的成本开销状况，投资的金额是有限的，在合理的增长范围内是可以接受的，但是也要注意选用设备时的经济性因素，毕竟设备的运行也需要能源的供给，设备还需要合理的调试、维护和保养，这些成本开销也很大，对于高速公路桥梁工程的建设来说也是不容忽视的一笔费用，所以要设法在有限的资金限额范围内合理的选择机械设备。

为高速公路桥梁工程的建设配备机械设备时，未达到更加高效合理的完成设备的选用，首先要做好准备工作，各型的机械设备都需要专业的技术工人来操作和控制。所以要做好人事安排方面的管理工作，聘用和培养高素质的专业技术型人才团队，在设备的调试、操作、维护和保养中发挥他们的才能，保障施工设备的安全性和稳定性，促进施工按照正常的进度开展。

管理好施工中的机械设备是一件较为复杂和烦琐的任务，因为设备不仅要正常的运行，还要做好初期的调试和定期的维护保养，需要大量的专业设备操作工人和保养人员合力协作，才能确保设备能够维持正常的运行。因此管理部门要制定激励和约束的双重措施，形成合力的奖惩机制，将设备的管理责任落实到个人，从而保障每个环节不出现大的纰漏和错误。

当机械设备发生故障时，必须按照规定对设备进行及时维修。在维修前，必须对故障进行全面鉴定，找到故障发生的根源，避免出现小病大治或者大病小治的现象。为了有效防止这些现象的发生，可以使用一些诊断设备，及时诊断机械设备故障，并且分析故障发生的原因，进而采取对应的维修措施。当机械设备的某些配件损害后，往往需要重新购进配件进行更换。但是大中型机械设备在购进配件时，订货时间较长，而且价格非常高，造成了机械设备维护的成本大幅提升。但是并非选用加工简单的配件进行替代，而是要对国产配件进行反复测试，符合要求后才能予以选用。

对于高速公路桥梁工程施工企业而言，由于企业所拥有的机械设备种类较多，而且数量较大，整体上的维修费用消耗大。如果成立机械设备修理厂，一方面可以降低机械设备的维修费用，降低成本；另一方面还能在服务好企业自身之余，开展各种对外维修服务，获得额外的经济收益。对于施工企业来说，为了能够较好的完成高速公路桥梁工程的施工要求，往往配置了多种技术先进、功能齐全的机械设备，而且还有许多机械设备在国内并不常见。

第十三章 桥梁工程施工管理

第一节 桥梁施工管理中的质量与安全控制

社会经济的快速发展，使得人们对于桥梁建设的质量越来越关注。当前，桥梁工程的发展情况较好，并可促进我国交通运输业的发展。当前，桥梁工程对于桥梁施工的质量要求越来越高，为此本节对桥梁施工管理的现状进行分析，并制定了桥梁施工管理中的安全、质量控制措施，以及桥梁安全性和耐久性的完善策略。现进行具体阐述。

一、桥梁施工管理的现状分析

（一）桥梁施工管理中的环境问题

桥梁施工的过程中，会受到社会环境、自然环境的影响。自然环境，为不可抗的因素，为此只有做好相关的预防工作，才能够降低所造成的损失。自然条件包括：泥石流、暴雨、洪水等，这些自然因素对于桥梁施工的安全会构成直接的影响，若没有提前了解当地的气象信息、水文信息，对地形进行预测，就会引发人员的伤亡，还会对施工地区的居民安全问题构成威胁。

（二）桥梁施工管理中的人为问题

施工人员，为桥梁施工的主体，为此施工人员的思想、行为，均会直接影响到工程的施工安全。桥梁实际建设的过程，比较常见突发的安全事故，主要产生的原因和施工人员没有按照具体的操作流程、规范进行施工有关。同时，工作人员对安全施工的认识不足，具体表现为：施工现场较多工作人员不能佩戴安全帽，或做好相关的安全措施。以技术的层面来讲，施工人员操作水平能力不足，施工现场就会发生违规操作的现象。这和施工人员的文化水平也有一定的关系，可见桥梁施工管理工作中，还应做好施工人员综合素质的培养工作。

（三）桥梁施工管理中设备、材料的问题

建筑工程顺利施工，取决于施工材料的质量。当前，部分施工单位的采购人员为节省

资金，选择了一些质量不达标的材料。桥梁建设，和公路建设质量的要求进行比较更加严格。这时，施工单位使用质量不达标的材料，就会影响到桥梁的使用安全、稳定，还会影响到桥梁的使用时间。施工设备为建设过程中不能缺少的工具，而设备的质量会对运行情况、施工质量、施工进度构成严重的影响。

二、影响桥梁施工质量与安全的因素

（一）材料因素

桥梁施工所选择的材料，是桥梁工程能否顺利完工的重要保证，为桥梁的顺利施工奠定坚实的基础。材料选择不合理，材料质量不过关，或者不符合施工建设的要求，都会严重影响桥梁的整体质量。当前，我国部分桥梁坍塌损毁事件中，大部分都是由于桥梁建筑材料的选择不合理，桥梁设计出现偏差造成的，因此，材料质量极大程度上影响着桥梁建设的最终安全。

（二）机械设备因素

大型机械是桥梁施工过程中不可或缺的工具，设备状况的好坏与工程最终质量的优良，有着直接的关联。设备运行得当，可有效促使桥梁工程的建设更快捷、高效，因此，在桥梁工程建设施工环节，对各项设备的使用操作与养护，需要同时进行，为了保障设备运行效率，必须对设备定期进行养护和维修。同时还应加强人员的操作能力培训，防止出现人为损毁机器的现象。

（三）人的因素

桥梁工程的施工主体是人，包括设计人员、施工管理者和施工人员，人员的综合素质参差不齐。我国桥梁工程灾害的发生，其部分原因，来源于施工人员责任目标不明确，责任心不强，技术不到位，缺乏必要的专业技巧。项目的管理人员对工程产生的影响，是不可替代的，项目部领导需要统筹全局，提高施工队伍的整体专业素质，确保施工顺利进行。

（四）环境因素

环境对项目能否顺利开展也有重要影响，环境既包括施工地面环境，也包括气象环境，例如刮风、雨雪、雷电等天气，对桥梁工程的建设实施有着直接影响，既影响施工进度，也影响工程建设的最终质量。

三、加强施工质量及安全控制的措施

（一）加强培训、严选施工人员

桥梁建设的最终质量，是所有施工人员、技术人员等共同努力的结果。其中，施工人员是决定项目最终质量好坏的重要因素，为了保证桥梁工程能够如期完成，施工人员需要提高工作能力，积极参加岗前培训。

（二）严格控制材料质量

在建材商品的采购环节，需要严把质量关。首先，需要培养专业、负责任的采购员，提高采购员的商品鉴别水平，培养其诚信敬业的工作态度。其次，建筑材料的选择必须符合项目的施工标准和建设目的，材料必须出具具有权威效力的质量保证书，并对所选材料进行抽样检查，对于不符合要求或出现质量问题的材料，必须予以撤回。

（三）完善施工制度

严格按照各项规章制度办事，可以节省时间，提高工作效率，完善工作计划。在制度拟定时期，科学严谨地制定每个条例，制度一旦建立，要求每位工作人员严格执行。提高对工作人员的要求，文明施工，创造良好的工作环境，定时召开工作进展研讨会，将施工各阶段出现的问题记录下来，进行处理反馈。

（四）加强质检与验收

对桥梁所需的混凝土的质检与验收，需要符合相关法律法规和行业规定的要求，负责监理的相关工作人员，需要根据相关规定进行监督管理，不得徇私舞弊，项目承包人在进行质量检查时，监理师必须在场。对混凝土的质量检验方法，主要采取无破损检验方法，桥梁的每个钻孔，以及重要的桩，都需要做整体性检验。部分钻孔或桩由于灌注过程中出现故障，因此也需要进行整体性检验。在检验过程中，监理人员有权对检验结果和过程提出质疑，或者在检验过程中出现意外，监理人员可以认为，桩的质量未达到标准要求，那么监理人员需要要求对桩顶部分或桩全长钻取芯样，根据再次检验得出的结果，确认桩及钻孔的整体质量是否达标。若不达标，则需要将质检报告及时上报给相关负责人，停止施工，检查事故出现原因，以便及时解决出现的问题。

（五）强化监理程序管理

监督管理是桥梁建设工程中重要的环节。为了保证桥梁施工能够有序开展，保障工程质量，需要不断加强监督管理。根据工程需求，各单位及时制定相关安全操作规范、质量检测标准、施工工艺技术标准等，对关键技术环节进行重点监测施工。做到严把质量关，为企业树立良好的社会形象。

当前，桥梁施工管理的过程中，仍存在较多的不足。为此，应结合具体的问题进行分析，制定针对性的处理措施进行处理。桥梁施工的时候，应做好管理安全、施工质量控制工作，以便提高桥梁施工的整体质量，保证施工人员的人身安全，进而推动建筑业获得更好的发展。

第二节 桥梁施工管理养护技术及加固维修

本节从桥梁施工管理与质量间的关系及桥梁施工管理养护的特点两方面进行研究，阐述了桥梁施工管理与养护的重要性，而后分析了桥梁施工过程中的遗留问题及施工管理控制方面存在的问题，叙述了桥梁养护管理工作中存在的问题，最后建议应采取有效措施遏制超载现象、对墩台基础进行加固、对混凝土结构及桥梁上部结构进行及时加固等方式，提高桥梁养护管理水平。

桥梁作为我国重要的基础设施，其能有效促进我国社会经济的发展并且为人们正常出行带来便利的条件。因此桥梁运行使用之后，需及时进行养护及加固处理，以保证桥梁的正常使用及延长其使用周期。目前我国桥梁养护及加固技术还处在较为单一、技术含量较弱的阶段，深入探讨及总结较为科学的养护措施及加固技术，对我国桥梁整体使用性能有深远的实际意义。

一、桥梁施工管理和养护的重要性

（一）施工管理与桥梁质量间的关系

就目前我国社会经济发展速度来看，桥梁建设对于整个交通的影响非常大，范围也非常广。在社会的发展和进步过程中，对桥梁的质量要求也在逐渐提高，特别是交通流量的持续增加，对桥梁的承载力要求也越来越高，为了保证人们出行的安全性就必须要加强桥梁工程的管理，提高其管理水平。然而，当前我国桥梁工程在投入使用后的一段时间内，出现了较为严重的质量问题，严重地影响了桥梁运行安全及使用周期，因此需要对出现问题的桥梁采取有效的处理措施且加强日常养护力度，保障桥梁的正常使用。桥梁建设施工时，科学、合理的施工管理措施能切实保障桥梁的整体质量且能有效提高其安全性及稳定性。桥梁在设计的过程中，需充分考虑工程的施工管理养护工作应该包含的具体内容以及标准，这样桥梁工程在养护时就能够完全按照预定的标准进行，桥梁施工管理对于公路的养护也具有一定的强制性，同时应该保证整个运输的网络正确运行。为了能够从根本上保障桥梁施工质量，在对桥梁工程养护的过程中，应该严格执行我国的相关法律标准和规范，使得整个工程施工管理措施更加科学合理。然而我国大部分桥梁的施工管理养护还存在非常多的问题。桥梁在养护时，应该严格执行以下两个方面的内容：①选择最佳的养护方法，保证其具备科学性和合理性，同时应该具备一定的主动性；②要具备一定的时效性，保证养护过程的各个时期都应该符合相关的标准和规范。同时管理养护工作具备一定的复杂性和专业性，需要有养护经验丰富且专业素质过硬的技术人员来担任养护工作。如果养护工作需要引进先进的施工材料以及施工方法，应该确保这些新型的技术完全符合科学化的要求特点，由此可见，高素质的养护人群是确保工程质量提升的关键因素。

（二）桥梁养护管理存在的问题

1.施工过程中遗留的问题

桥梁施工的结构存在一定的缺陷，导致整体质量下降并且桥梁基础的承受力方面较弱，导致整个浇筑过程未能达到预期的标准，再加上构造自身的质量不过关，从而造成了桥梁质量的下降，对未来的发展造成了一定的负面影响。

另一方面，临时工程存在一定的问题。脚手架、支架、塔吊在使用时应该进行临时的搭建，而现阶段工程施工时，对于这些结构的维护还存在较大的问题，使得其在使用时非常容易出现严重的质量安全事故，从根本上很难保证整个工程的安全性。

2.施工管理控制方面存在的问题

对于桥梁工程质量影响最大的因素之一，则是施工人员。施工人员的技术以及经验是否丰富对桥梁质量的影响非常大，机械在运行过程中，不及时对其进行保养和检修，从而很难与施工的安全性达到一致。此外，材料的管控方面也存在较大的不合理情况，这些都是造成工程质量出现问题的主要原因。一般来说，管控的过程并没有严格执行一系列的安全防范措施，在梁构件预制以及浇筑的过程中，也缺乏相应的检测管理制度，并没有对这些部件进行检测，从而造成了施工质量难以控制的局面。就目前我国桥梁工程来看，由于施工管理技术的不断提高，已经从根本上改善了存在的问题。但是还有很多问题依然无法改正，需要在今后的工作中不断提升管理水平来避免这些质量问题的出现。

三、提高桥梁养护管理水平的主要措施

（一）避免出现严重超载现象

要想不断提高维修管理水平，需完善及规范监管制度，首先应该对超载现象进行全面的控制和管理，避免超载严重的车辆在桥梁上行驶。加强超载车辆的管理是防止桥梁被破坏或者防止发生交通事故的主要方法。同时，还应该对过往的车辆进行全面的评估，避免桥梁出现大规模的破损现象，以提高其整体运行的安全性。

（二）加固墩台的基础

墩台基础在加固过程中，首先应该对其基础结构进行全面的修补，当水深达到了3m或者是3m以上的时候，需要在墩台局部损坏的地方涂抹修复液；如果水深在3m以下时，应该使用套箱的方法进行修补，墩台基础加固处理时，应该及时地进行修补处理。墩台加固处理时，可以通过增补混凝土的方式将原基础进行扩大处理。墩台主体加固时，应该使用钢筋混凝土的结构来进行加固，并且在上、中、下三个部位进行围带布置，以实现全面加固处理，以此提高桥梁整体的安全性。

（三）混凝土结构的加固

混凝土结构加固时，首先需要对已经破损的混凝土表面进行全面的清理，同时在其表面重新铺设混凝土，对于损坏较大的结构来说，需要使用高射水法将破损部分清除干净，然后再选择黏结性符合要求的材料进行封涂处理。如果损坏程度不高，则使用人工方法进行清除；如果是大面积的破损，或者是钢筋已经腐蚀了，应该将破损部分清除，然后将锈蚀的钢筋去除掉。清除完成后涂抹黏合剂，如果存在较深的破坏区域，混凝土结构加固施工见图1所示。此外，应该使用人工的方式清理干净，然后使用水进行清洗，清洗完成后进行必要的修补施工。

（四）桥梁上部结构的加固

桥梁结构加固的过程中，如果墩台的稳定性和承载力都比较好，一般可以通过设置纵梁的结构来提高整体的承载能力，同时应该加强养护并且将发生破损的区域清理干净，使用新混凝土进行必要的填补处理，防止进一步的恶化。

总而言之，在经济飞速发展的背景之下，无形中对桥梁建设的质量要求也就越来越高，因此对于桥梁的维护和管理就成了公路桥梁日常使用中必不可少的一部分。提高公路桥梁施工管理水平，积极做好养护和管理工作，使用过程中定期进行综合性的评估，及时修补桥梁损坏的部位，将维护成本降到最低，运用科学的方法进行质量管理与控制，从而有效保障桥梁的稳定性及延长其使用周期。

第三节　大体积混凝土桥梁施工管理

针对大体积混凝土工程施工过程中，对工程质量影响较大且较为常见的几种问题进行有针对性的管理方法研究，并提出优化大体积混凝土桥梁施工的管理方法，希望能够对相关从业者提供帮助。

桥梁建设工程作为我国交通基础设施建设的一项重要内容，尤其是针对一些大体积混凝土桥梁建设，对施工标准具有更高的要求，混凝土桥梁施工管理方法也面临较大的挑战。现阶段，我国的钢筋混凝土桥梁工程施工过程中受到各类因素的影响和制约，致使大体积混凝土桥梁施工质量无法得到有效控制，工程质量控制难度较大。而混凝土桥梁施工管理方法作为工程质量的重要保障和基础，如果管理工作无法发挥出实际作用，就会造成桥梁工程质量的下降。在我国经济飞速发展的宏观背景下，大体积混凝土桥梁工程开始受到社会各界的广泛关注，而对于大体积混凝土桥梁施工管理的方法也展开了全新的研究和探索，由于大体积混凝土桥梁施工过程中对浇筑的要求较高，因此施工管理工作必须发挥出实际效益。

一、大体积混凝土桥梁施工质量问题

（一）大体积混凝土桥梁施工特征以及安全隐患

由于大体积混凝土桥梁工程在施工过程中涉及的层面较广，因此在对各项外界影响因素进行管理过程时，常出现由于某一部分的管理不当影响到整个桥梁工程质量的情况。而混凝土施工过程中安全隐患较多，且较为突出，大体积混凝土桥梁施工过程中，由于涉及的层面较广，程序较多，而且技术工种以及施工分配较为混乱。因此，大体积混凝土桥梁施工的安全风险也较大，同时也为桥梁施工管理工作加大了难度。有的施工单位为了节省成本开支，雇佣廉价劳动力，甚至一些员工没有受过专门的技术培训，不具备基本的技术理念以及专业能力，并不具备混凝土桥梁施工安全的意识，致使施工人员安全意识薄弱，缺乏技术能力，为大体积混凝土桥梁的施工埋下安全隐患，同时也会威胁到施工工人们的生命财产安全。除此之外，大体积混凝土桥梁施工过程中，由于桥梁工程施工方式以及评估要求的不同，对隐蔽施工内容的检查就会存在差异，如果无法对这种差异进行有效的管理和控制，则会影响到大体积混凝土桥梁建设的质量安全。

（二）我国大体积混凝土桥梁施工过程中的质量问题

由于大体积混凝土桥梁施工情况复杂，且施工周期性较长，涉及的工种较多，因此，在对大体积混凝土桥梁进行施工管理过程中常会受到各种因素的影响，极易出现工程事故。现阶段，我国大体积混凝土桥梁施工质量管理工作中的首要问题就是施工裂缝问题。混凝土材料在进行浇筑时，由于受到环境等因素的影响，致使桥梁工程常会出现施工裂缝。通常情况下，这些施工裂缝常出现在桥梁的主体和表面，且形状不规则。如果不能够对大体积桥梁工程的施工裂缝进行有效解决，就会严重影响到整个桥梁工程的质量。而产生施工裂缝的首要原因就是桥梁施工的材料。在对大体积混凝土桥梁工程进行选料时，如果没有对集料级配进行合理管理，采用不合规范的原材料，或者在对原材料进行处理时没有合理使用外加剂，就会造成大体积混凝土施工材料不符合规范，工程施工后期容易出现裂痕。而在施工过程中，混凝土的配比失误，将会影响到混凝土的密实度，加之后期的养护工作马虎大意，造成大体积混凝土桥梁施工完成后，表面出现裂缝，影响桥梁工程的质量。而大体积混凝土施工过程中，由于桥梁工程本身体积较大，如果出现麻面问题，会对整个桥梁工程产生非常不利的影响。混凝土表面出现漏浆或者缺浆的情况，会造成麻点表面的质量问题。除了混凝土表面的漏、缺浆情况会造成麻点质量问题，在混凝土桥梁施工时，如果模板的表面光滑度不够，也很容易出现麻点质量问题。模板安装工作进行中，若两端存在缝隙，则会造成混凝土表面的漏浆，无法保证混凝土表面的光滑平整。在混凝土振捣工作中，相关操作人员没有按照施工标准进行振捣，致使混凝土内部存在气泡，也会形成表面的麻面问题。而一些大体积混凝土桥梁施工过程中，在进行混凝土浇筑工作时没有对其进行完好的浇筑和检查，在钢筋保护层出现了滑动的情况，致使垫块松动，造成的钢筋紧贴模板外露问题也会影响大体积混凝土桥梁的施工质量。

二、大体积混凝土桥梁施工管理措施

想要保证大体积混凝土桥梁施工质量，就应对其展开具有针对性的桥梁工程施工管理工作。应充分结合工程实际情况，并根据桥梁工程对于质量的详细要求，加强对桥梁工程施工的管理力度。转变传统的管理观念，在大体积混凝土桥梁施工管理工作中，应结合时代发展需求，引进先进的管理技术，应用现代化的管理手段，将现代桥梁建设需求与管理方法紧密结合，遵循和依照安全第一的施工原则，秉持工程质量为本的施工理念，多方面、多角度地对混凝土桥梁施工过程进行严格管理。由于大体积混凝土桥梁施工周期较长，因此，在施工前应充分了解施工情况以及施工标准，制定大体积混凝土桥梁施工计划，并加强管理人员的安全意识。由于桥梁工程中常见的缝隙问题严重影响到桥梁建设质量，因此，应加强对混凝土的管理，大体积混凝土桥梁施工过程中，混凝土作为主要材料，必须进行强化管理。对于涉及混凝土材料的桥梁施工工作，应保质保量地进行材料配置，科学进行混凝土材料配比。为防止出现钢筋外露情况，管理人员还需对钢筋混凝土的结构进行严格管理，重视对混凝土结构的合理构造。在实施过程中，应加强对结构设计质量的控制，并严格依照图纸进行施工，一旦发现问题，应及时进行研究讨论，从而实现对混凝土桥梁整体工程构造的严格把控。桥梁工程施工过程中，影响其施工质量的重要原因是施工人员的专业素质。因此，应加强对桥梁工程施工人员的管理。对于参与施工的工作人员应进行严格的筛选，不应雇佣资质较差、专业水平以及专业素质较低的员工，防止出现不规范操作等情况，应明确施工人员的安全意识，相关建筑工程企业可对内部员工展开培训，通过学习的方式提升施工人员的专业水平。

大体积混凝土桥梁工程的质量管理，应结合桥梁施工的实际情况，进行具有针对性的措施。首先，是对施工裂缝质量的管理措施。大体积混凝土工程施工过程中，混凝土表面的裂缝问题最为常见，对工程质量的影响也最大。因此必须进行有效合理的控制。想要对混凝土表面的裂缝进行有效控制，就应在原材料的选购上进行严格把控，根据工程质量标准选择最为合适的水泥品种，在施工过程中，操作人员应严格按照标准进行配比，并做好相关的指导工作。在进行混凝土振捣工作时，最好采用机械振捣的方式进行混凝土振捣，这一环节必须将混凝土内部的气泡全部排出，混凝土浇筑完成后，应对其进行充分的养护工作，防止因为温度造成的混凝土裂缝。在进行脱模处理时应注意对周边温度的控制，防止因为温差过大造成的缝隙。而对施工麻面的质量管理，则应对模板进行保养，保持表面清洁，当模板中存在空隙时，应采用油毡纸将其堵严，保证表面光滑无砂石，如果模板表面存在细小颗粒，可利用砂纸对其进行打磨，直至表面光滑为止。对于桥梁工程的管理人员，应不断提升自身的专业技能，学习国内外先进的管理技术，并应用于实际工程施工管理中，保证管理工作能够发挥出实际效益。

综上所述，由于大体积混凝土桥梁施工过程中存在诸多不安全因素。这些因素一旦受到影响，就容易造成大体积混凝土桥梁施工失误，这些施工失误问题不仅会严重影响到桥梁工程的质量，更会为大体积混凝土桥梁建设完成后的使用埋下安全隐患。而大体积混凝土桥梁施工涉及层面较广，一旦出现问题便会产生连锁反应，因此，必须对大体积混凝土桥梁施工进行严格管理，并及时发现问题，解决问题，防止因混凝土桥梁施工管理不当造成桥梁安全事故。应综合考虑施工过程中各项因素的影响，采取科学合理的管理手段，全方位的保障桥梁施工的质量。

第四节　高速公路工程桥梁施工管理分析

桥梁施工项目是高速公路建设过程中的重要组成部分，也是高速公路工程建设的难点和重点，直接关系着整体高速公路建设水平和建设质量。在施工过程中必须要加强对高速公路工程施工管理与控制，明确施工期间的影响因素和不良条件，保证高速公路桥梁建设能够合理平稳的进行。本节主要针对当前中国高速公路桥梁工程施工管理的相关问题进行探究，指出具体的优化方式与途径，希望能够全面提升高速公路桥梁工程施工管理水平，以保证桥梁施工效率。

随着科学技术的飞速发展，尤其是建设工程技术的迅猛进步，中国高速公路建设项目逐渐增多，建设水平越来越高。但从目前来看，高速公路桥梁建设施工管理过程仍然存在一定的问题，严重影响高速公路运行的安全性和稳定性，公路桥梁的承载能力难以满足车流量的需求，存在较大的安全隐患，影响车辆的顺利通行。因此，必须要加强对高速公路桥梁施工的管理与控制，加强对施工质量的监管，将安全隐患控制到源头，保证桥梁施工的质量。

一、高速公路桥梁施工技术要点

（一）放样

工作人员在开展高速公路桥梁施工建设之前，需要对现场的环境条件进行系统全面的监测，明确施工过程中可能存在的影响因素，并通过合理的措施有效规避，做好施工现场的准备工作。在对现场情况进行全面掌控之后，工作人员需要根据设计图纸的需求测量水准点和控制点，并做好场地整平处理工作，保持场地的清洁度。利用水准仪或全站仪进行施工放样，布置好施工控制网，要求放样的精度能够满足施工图纸的需求。其次，在进行桥梁施工工程测量放样的过程中，还需要采取多种放样技术手段在桥墩处准确放样，通过精密测量长度，确定轴线边线位置标高，保证后续施工项目能够顺利稳定地开展。

（二）钢筋施工

钢筋施工是桥梁工程项目建设的关键环节，直接关系着整体桥梁建设水平和承载能力。在桥梁建设期间，必须要加强对桥梁钢筋施工步骤的质量监管控制，严格按照施工标准和施工规范开展钢筋作业，并加强对各个施工环节的技术要点的控制。工作人员要结合钢筋原材料的规格、品种以及性能进行统一的加工和组装，要求钢筋的焊接、调直、弯曲、绑扎都能够符合施工规范的要求，并严格控制各项施工工艺，使得钢筋成型效果能够满足高速公路工程项目的运行需求。工作人员在加工制作完成钢筋半成品之后，需要进行统一的堆放和编号，做好钢筋储存空间的控制与管理，避免出现钢筋长期不使用而受潮腐蚀的现象，保证钢筋的应用强度。在进行钢筋绑扎时，需要错开墩柱焊接头，要求接头钢筋面积需要小于总面积的四分之一，钢筋接头在绑扎时需要保持四角错开的状态并预留一定的弯钩长度，使桥梁建设项目能够满足设计需求和抗震性要求，保证桥梁可以长期稳定的运行。

（三）困难条件下的施工

高速公路桥梁建设通常体量较大，持续时间较长，涉及的工艺较多，在施工过程中难免会遇到各种各样的问题而影响工程的顺利开展。其中恶劣气候条件以及不良地质环境都是常见的高速公路桥梁建设中比较困难的施工环境，桥梁施工建设难免会遇到软土地基的问题，如果没有对软土地基进行有效的加固和处理，容易造成地基沉降和变形问题，从而影响桥梁的使用寿命和使用安全性。因此，在施工过程中必须要加强施工管理活动，采用科学有效的技术手段进行施工作业，保证工程项目建设水平。加强对施工过程和施工工艺应用的监督管理，及时发现施工期间存在的问题，并做好相关不良情况的预案以及控制，使得工程项目能够顺利稳定地开展。另外，工作人员要结合当地的气候特点、地势条件和自然灾害发生概率，做好恶劣天气以及地震、滑坡、泥石流等自然灾害的预防措施，避免施工过程中出现人员伤亡，保证施工的安全性和可靠性。

（四）模板安装

模板安装是工程项目建设的关键环节，工作人员需要结合现场施工条件和工况要求，合理选择模板进行安装，严格按照预设的工序进行，先安装底模，再安装侧模，最后安装顶膜。模板安装完成之后，工作人员需要严格检测模板的稳定度，并预留一定的宽度，以此保证施工安装的平整度能够满足建设要求。

二、高速公路工程桥梁施工管理的问题

（一）缺乏系统科学的施工管理设计

从当前高速公路桥梁项目建设情况来看，普遍缺乏系统有效的施工管理设计工作，施工管理设计缺乏规范性与科学性，难以满足项目建设施工管理的需求。高速公路桥梁施工设计内容包括施工计划的编制以及施工方案的确定，但项目具体实施阶段缺乏全面合理的标准进行施工设计内容控制，容易造成后续施工过程混乱问题，引起施工管理无序状态，影响整体施工功能的有效发挥。

（二）缺乏专业高水平的人员

高速公路桥梁建设项目通常体量较大，技术含量较高，要求技术人员和管理人员具备专业可靠的知识与技巧，能够有效开展高速公路桥梁工程的施工管理工作。但从目前很多工程施工人员和管理人员的现状来看，工作人员缺乏系统科学的专业知识与熟练的技巧，不熟悉各项新材料和新工艺的使用与建设，导致严重缺乏高水平的人才，影响项目开展的实际效果。

（三）安全问题严峻

由于高速公路桥梁施工管理不到位，监督管理措施空白，导致桥梁建筑面临的安全问题比较严峻，桥梁建设使用效果难以满足国家和相关行业的规定要求，影响高速公路工程桥梁建设质量。同时，施工单位缺乏有效的造价管理与控制，施工过程管理随意性强，材料和机械设备浪费严重，影响施工单位的经济效益。有的施工单位为了获得最大的经济利益，而忽略了在施工过程中的安全控制与质量管理活动，在施工之前也没有对相应的参与施工的员工进行合理科学的培训，施工人员缺乏安全操作意识，没有严格按照施工规范和流程开展施工作业，容易出现各种各样的问题而影响施工项目的顺利开展，导致高速公路桥梁建设过程中存在较大的安全隐患，易引起安全事故，影响施工人员的生命和财产安全。其次，工程施工过程中管理方法和管理措施缺乏，难以保证施工管理活动作用的发挥。施工过程中违反纪律和违规操作的行为屡禁不止，很多不符合安全要求生产的生产设备应用在工程建设过程中，导致工程风险因素较多，面临的风险问题较大，严重影响材料工程的建设质量。

四、高速公路工程桥梁管理相关对策

（一）加强施工人员的管理

施工人员的专业素养和技能水平直接关系着公路桥梁项目建设效果和建设质量。在公路桥梁工程建设过程中，必须要加强对施工人员的管理培训，要求施工人员掌握必备的施工技能和施工方法，规范施工人员的行为，使得施工能够按照图纸要求和相应规划合理开展。在公路桥梁建设期间，桥梁铺装层的施工质量直接关系着整体的建设效率和建设水平，施工人员因素是导致桥梁铺装层事故问题的关键因素。所以，必须要加强对施工人员的控制，工作人员要严格按照桥梁铺装层的厚度和形状的要求，合理选择铺装层，避免铺装层发生开裂情况。并要求铺装层的材料具有良好的防水性能，通过添加辅装层有效解决铺装层损坏的问题，延长铺装层的使用寿命。同时，工作人员还需要结合公路桥梁的具体环境以及建设特点，采取合理的防护方法和措施，提高施工人员的专业技术水平和综合素养，保证公路桥梁铺装层防护到位，使得高速公路桥梁能够正常投入运行。

（二）做好钢筋防腐施工作

钢筋腐蚀问题是高速公路桥梁施工项目建设过程中的常见问题，严重影响高速公路工程的强度和承载力，因此工作人员首先需要加强对桥梁钢筋的养护与管理，树立正确的桥梁钢筋养护意识。在钢筋表面进行防腐涂层的涂抹以避免钢筋受到除冰剂、酸雨等的腐蚀，使得钢筋能够保持良好的性能状态。其次，在钢筋运输、储存和安装的过程中，工作人员还需要严格控制涂层材料的质量，定时观察和检测涂层材料的状态以及性能，从而避免材料运输与使用过程中出现涂层材料的损伤，延长钢筋的使用寿命。结合钢筋腐蚀的相关特点，可以采取一定的电化学防护的措施避免钢筋的锈蚀。

（三）做好环境保护措施

高速公路桥梁项目建设施工环境为露天环境，具有一定的复杂性和多变性的特征。在施工过程中难免会对周围的生态环境产生一定的影响。所以工作人员在项目开展之前，要对当地的具体环境条件进行全面的考察与勘测，了解桥梁地段的地形地貌和地质情况，包括附近的植被覆盖和建筑物等。在施工计划制定和实施期间，要充分考虑对周围环境的影响，并对施工地段的环境进行动态监测和分析处理，尽可能地避免高速公路桥梁施工对周围环境造成的破坏，使得桥梁工程项目能够安全稳定地开展。

综上所述，桥梁施工建设水平直接关系着高速公路工程的建设效果，是中国重要的基础设施建设项目之一。本节主要针对高速公路工程桥梁施工的技术要点进行探究，指出当前高速公路桥梁建设过程中存在的问题，并提出了相关的解决对策，希望能够贯彻落实科学系统的桥梁工程项目建设管理方针，加强对施工过程的控制与管理，提高桥梁工程建设质量，促进中国高速公路建设可持续发展。

第五节　桥梁施工管理要点

桥梁项目施工建设，是当前我国道路桥梁施工的主要构成要素，对经济发展具有较大的影响。以当前桥梁施工管理工作开展的情况为基础，结合近年来的工作经验以及先进管理理念，提出如何对桥梁施工管理工作进行优化，促进桥梁施工管理更好的发展。

一、对桥梁施工管理产生影响的因素

（一）人为因素的影响

人为因素是影响力最大的一种因素，同时也是最难解决的一种负面影响要素。人的因素主要包含项目领导者管理能力、管理素质以及项目施工人员技术水平、施工人员个人综合素质等，这些因素都会对工程项目施工管理质量产生影响。

（二）外界物质的影响

桥梁项目施工离不开物质的支持，不论是材料因素还是项目施工机械因素，都会对桥梁施工管理工作质量产生影响。材料是桥梁工程项目建设最基本的物质基础，而材料质量好坏也会直接影响到工程项目施工质量以及工程项目施工安全性。从近年来的发展情况来看，国内经常出现一些因为项目施工材料质量不达标，导致工程项目整体施工质量不合格的问题，部分项目施工企业为了最大化的提升自身经济效益，会使用一些并不达标的项目施工材料，导致出现各种形式的工程施工质量问题。

二、提升桥梁工程项目施工管理质量的措施

（一）完善规章制度

只有保证规章制度切实可行，才能从根本上提升项目施工管理质量，相关工作人员也应当严格按照规章程序办事，提升问题处理效率，保证工作质量。首先，项目正式开始建设之前，要先对图纸的内容进行多方面会审，并让各个部门都熟悉图纸，让项目施工队伍对图纸的设计意图进行交底，保证项目施工方案交底以及项目施工质量标准交底工作的正常进行，并明确不同项目施工环节需要关注的问题。其次，还要严格的拟定安全施工项目技术规范标准，如《安全文明施工管理及措施》《建筑施工高处作业安全技术规范》《建筑施工扣件式钢管脚手架安全技术规范》《施工现场临时用电安全技术规范》等。

（二）构建安全生产责任制

首先要保证桥梁项目施工质量，并构建适合各个层次以及各个岗位的安全生产工作责任制，保证岗位职责明确，并且奖罚要分明。按照工程项目建设的实际情况来构建适合项目的层次，并且还要明确不同管理体系以及不同项目管理工作制度的内容。在技术管理体系方面，应当将主要的工作内容集中到技防方面，将其作为安全管理制度的核心。其次，要多关注行政管理工作体系，拟定人防措施，并将人防作为最核心的安全管理工作制度，提升管理体系的科学性。通过将物防与人防相互结合，提升制度的可行性，使其对项目施工安全进行指导，提升项目建设的规范性，为奖惩提供依据。

（三）对建筑材料以及设备质量进行监控

1. 监控项目建设材料质量

企业的高层领导人员应当选择事业心强，而且诚实守信、具有一定专业知识基础的人来采购各种项目建设材料，并提升其政治素质以及材料鉴别能力。因此在对材料进行选择时，要始终秉承质量优先原则，尽量选择好的项目施工材料。还要分别从进货、验收以及保管等多个方面出发，保证材料质量。当材料进场时，工作人员要严格按照相关设计要求，对各种进入场地的材料进行检测。还要检查这些施工材料是否有保质书，如果保质书不全，可以拒绝使用。项目的承包人要自行对项目建设原材料质量进行检验，并且项目监理试验工程师还要定期对其进行抽检。针对一些比较特殊的材料来说，要定期检查这些材料的性能指标。如果项目建设所在地的临时实验室不能完成试验，则监理方和承包方要同时取样，并将这些材料运输到有相关资质的试验单位或者是检测单位，对材料进行检验。

2. 项目施工机械设备安全性控制

从目前项目施工开展的情况来看，为了从根本上减少项目建设机械设备出现安全事故的概率，相关工作人员必须要先做好机械设备养护以及机械设备维护等工作，从根本上减少设备的磨损率。而且工作人员要在每天正式开始工作之前，先对设备进行检查，排除安全隐患，针对施工过程中能耗比较高、功率低并且对周围环境影响比较严重的机械设备，必须淘汰。

3. 对工作人员进行培训

工作人员的个人综合素质以及工作技能的掌握情况，对桥梁工程项目施工管理的影响十分明显。项目施工人员是影响工程项目施工质量最关键的要素之一，所以想要从根本上提升项目施工质量，就必须要对项目施工人员以及项目管理人员进行培训，并提升其个人综合素质。要先对项目施工人员进行思想层面的教育，使其树立质量第一，以预防为主，为用户服务的个人工作意识，从而提升其观念，保证项目施工质量。

（四）项目施工现场环境控制

1. 项目施工现场采光照明

项目施工现场的采光照明工作，是保证项目施工正常进行的基础环节。采光照明对人员的影响较大，不仅会影响到项目的施工进度，同时还会影响人员工作舒适性。如果在强光下工作，要佩戴墨镜。

2. 告示牌设置

为了提升安全管理质量，避免出现各种事故，项目管理者可以在施工现场设置一些比较鲜艳且醒目的安全标语，利用这些标语时刻提醒相关工作人员注意施工安全。为了最大程度的规避项目施工现场的安全事故，必须保证场地的平整性，并且还要保证机械设备安置的稳定性，为项目建设创造良好的工作环境。

（五）提升桥梁施工质量监督管理强度

提升质量监督管理工作强度，是达到预定目标最基本的一个手段之一。要按照工程项目施工质量检验标准、质量检验内容以及质量检验手段等，对不同的项目施工材料、项目施工结构等进行检验，并监督施工工艺。要严格按照项目建设中不同的检验程序，对项目施工环节进行检验。不论是在项目管理制度方面、项目施工工艺方面或者是项目规定方面，都必须严格要求，保证所有工序施工质量，如果在检查过程中发现存在问题，可以停工、返工，直至项目建设质量满足要求为止。

桥梁建设，是促进我国经济发展的关键环节，同时也是方便人们日常出行的一项惠民工程。上文以当前国内桥梁项目施工管理工作开展的情况为基础，分别从多个方面论述了应当如何优化桥梁项目施工管理，提升管理质量。

第六节　精益思想在桥梁施工管理的应用

首先介绍了精益思想的概念及作用，指出桥梁施工管理的不足，然后就如何应用精益思想开展桥梁施工管理提出相应对策，主要包括推行"5S"管理方法、严格进度管理、规范管理流程、创新管理理念、重视现代信息技术应用等内容。从而有效提升管理工作水平和桥梁施工单位的竞争力，确保桥梁工程建设的质量和效益，同时也为项目工程有效运行创造良好条件。

随着经济社会发展和各地联系增强，桥梁工程建设数量越来越多。同时，为促进桥梁工程质量和效益提升，采取有效措施加强施工管理是必要的。传统管理活动中，主要采取措施加强施工质量、安全、进度和成本管理。尽管这对项目工程建设产生重要影响，但现有管理方式比较落后，桥梁施工管理的理念创新不足，未能有效适应桥梁项目工程建设和施工管理具体需要。为弥补这些不足，创新管理理念是必要的。精益思想的提出，不仅是管理理念的创新与发展，同时对桥梁施工管理也产生重要影响，有利于提高桥梁工程建设质量和效益，因而其应用也变得越来越广泛。

一、精益思想的概念及作用

作为一种重要的管理理念，精益思想的提出，不仅是管理理念的创新，对提高管理工作水平也产生积极影响，其应用也变得越来越广泛。

（一）精益思想的概念

精益思想是一种先进的管理理念，它的核心思想是杜绝浪费，提高管理工作实效性。该理念与我国建设资源节约型、环境友好型社会的要求相一致。在管理工作中发挥精益思想的指导作用，对创新管理思想观念，降低成本，提高管理工作实效性具有重要作用，其应用也变得越来越广泛。

（二）精益思想的作用

桥梁施工中，采取措施加强施工管理是必要的。而落实精益思想，将其有效应用到管理活动当中，建立标准化管理模式，不仅能推动桥梁施工管理的制度化与规范化，还能节约资源能源，降低施工成本，符合可持续发展理念。对创新桥梁管理方式，提高管理工作实效性具有重要作用。精益思想还将桥梁施工管理的原则、方法、技术与工具进行优化整合，实现管理的流程化与规范化，减少各环节的资源浪费，进而有利于节约成本，降低资源能源消耗。同时，精益思想还注重加强质量、安全、成本与进度控制，有效规范每个施工环节，对提高项目施工管理水平具有重要意义。

二、桥梁施工管理存在的不足

尽管落实精益思想，加强桥梁施工管理具有重要作用。但目前在桥梁工程建设中，由于管理制度没有严格落实，一些管理人员责任心不强，制约管理工作水平提高，桥梁施工管理存在的不足表现在以下几点。

（一）桥梁施工现场管理混乱

桥梁施工现场是人力、物力和信息资源汇集的地方，因此，加强施工现场管理对推动施工顺利进行，降低资源能源消耗，节约成本具有重要作用。然而在管理活动中，一些施工单位未能严格执行管理规章制度，施工现场秩序混乱，存在脏、乱、差等现象，不符合安全文明施工理念。常见问题表现为：施工现场垃圾处理不到位，机械设备不美观，堆放秩序混乱，一些施工人员责任心不强，不仅难以保证现场施工管理水平提高，还制约桥梁工程建设效益提升。

（二）桥梁施工成本管理不足

成本管理是桥梁施工管理的重要组成部分，也是施工单位应该重点关注的内容。作为施工人员，应该加强成本预算，建立完善的成本控制体系，严格成本预算，降低材料费、机械费和人工费，进而促进桥梁施工效益提高。但目前成本管理不足，资金使用存在浪费现象，未能严格执行成本管理及控制措施。所以在整个桥梁施工过程中，管理人员不仅难以掌握资金使用情况，对桥梁工程建设也产生不利影响。

（三）桥梁施工进度管理不足

例如，桥梁施工管理中，由于未能落实精益思想，施工方案设计不到位，对桥梁工程施工缺乏科学合理设计，难以有效指导后续施工。事实上，桥梁工程建设中，由于设计流程不合理、不规范，施工中出现设计变更现象，需要变更和完善施工方案。当发生这种情况时，很容易导致延误工期的情况发生。此外，施工进度管理不到位，为按时完成施工任务，施工单位为了赶工期，往往会增加人力、物力和财力投入，容易导致成本增加。总之，这些情况的发生，与精益思想的要求不相符合，也不利于提高桥梁施工管理水平，故需要采取改进和完善措施。

三、精益思想在桥梁施工管理的应用对策

整个桥梁工程建设中，为提高项目工程质量和管理工作水平，根据桥梁施工管理存在的不足，结合精益思想的要求，可以采取以下管理对策。

（一）推行"5S"管理方法

"5S"管理方法是一种现代管理方式，具体内容包括整理、整顿、清扫、清洁与素养五个部分的内容。该方法符合精益思想的要求，将其用于桥梁施工管理中，有利于确保施工现场秩序良好，降低不必要的损失，促进项目工程管理水平提升。整理是指对施工现场有无使用价值的物品进行分类，对可以循环使用的物品进行加工和再利用，从而防止资源浪费，促进资源利用效率提高。整顿是指合理安排施工材料、机械设备，确保桥梁施工现场秩序良好，并做好标识工作，方便施工人员开展各项活动。清扫是指在桥梁工程施工中，应该安排专门工作人员将垃圾、杂物、污迹等清理干净，保证施工现场干净整洁。清洁是指对施工机械设备、施工材料、施工现场进行清扫，确保施工现场清洁，并推动各项活动的制度化与规范化，提高管理工作水平。素养是指要提高施工人员的综合素质，遵循工艺流程施工，规范现场施工秩序，降低设备故障的发生率，规范材料存放和领取，从而为提高桥梁管理工作水平，推动施工顺利进行奠定基础。

（二）严格施工进度管理

制定有效的施工进度计划，规范施工管理活动。编制合理的桥梁施工进度计划，把握施工技术要点，科学安排施工机械设备、材料和施工人员，使之形成合力，更为有效地开展项目施工。根据精益思想的要求，落实生产及时制，将准时施工作为重要目标和追求。同时，严格控制每道工序质量，确保顺利完成施工任务。

（三）规范施工管理流程

遵循精益思想的要求，结合桥梁现场施工需要，构建无间断操作流程，并合理配置施工人员、材料和机械设备。以此推动桥梁施工各道工序顺利进行，落实桥梁施工管理规章

制度，严格落实工期目标和施工计划，节约成本，提高桥梁施工效益。

（四）创新施工管理理念

面对新形势和新挑战，桥梁管理人员应该创新施工管理理念，与时俱进，更新思想，注重新的管理方式应用。在桥梁施工管理中要融入精益思想，对每道工序，施工每个阶段都开展有效管理，减少材料和人力资源浪费，促进桥梁施工管理水平提高。

（五）推行精准施工流程管理

为减少桥梁施工浪费，管理中引入精益思想是必要的。这样有利于充分利用各种资源，减少浪费，提高资源能源利用效率。推动精准施工流程，落实标准化施工和管理理念，让不同工序和工种实现无缝对接，保证桥梁施工连续、顺利进行。这样不仅有利于保证工期，还有利于提升工程质量。

（六）管理过程中落实精益思想

桥梁施工管理中落实精益思想，加强施工材料管理，确保材料质量合格。加强桥墩、桥面、混凝土工程、钢筋工程施工监控，重视沉降观测和控制。进而防止返工现象发生，避免资金和人力资源浪费，有利于节约成本，提高管理工作水平。

（七）重视现代信息技术的应用

利用计算机、互联网、视频技术、无线技术等，建立健全的管理系统，并录入详细的数据信息，全面掌握桥梁施工基本情况，有利于落实各项管理措施。加强桥梁施工现场监测，严格控制沉降现象，避免返工和不必要的损失出现，保证工程质量。

整个桥梁施工管理过程中，为实现对工程质量的严格控制，提高管理水平，落实精益思想是必要的。作为管理人员和管理单位，应该加强精益思想的学习，掌握管理工作的具体要求。然后根据桥梁工程建设基本情况，创新管理理念，制定有效的管理措施，将精益思想落实到桥梁施工管理活动当中。从而有效提升管理工作水平和桥梁施工单位的竞争力，确保桥梁工程建设的质量和效益，也为项目工程有效运行创造良好条件。

第十四章 高速公路桥梁施工管理

第一节 高速公路桥梁施工管理的问题及解决措施

高速公路桥梁建设在一定程度上影响着区域经济的发展，改变着人们的生活方式，提升人们的生活品质。但目前各种高速公路桥梁施工事故频发，这就需要完善高速公路桥梁施工管理。。因此本节分析高速公路桥梁施工管理的作用，分析高速公路桥梁施工管理所存在的问题，并提出相应的解决措施，从而提升高速公路桥梁施工管理施工管理水平。

一、高速公路桥梁施工管理中存在的问题

（一）施工管理意识薄弱，施工管理流于形式

在高速公路桥梁施工过程中，很多施工工地管理人员都缺乏一定的施工管理意识，具体表现就在于施工管理人员对物料管理、工程质量、工程安全及进度缺乏一定的重视，导致在施工过程中出现种种的纰漏，不利于高速公路桥梁施工建设的安全性及其质量，不利于工程进度的掌控。其次，高速公路桥梁施工管理制度建设不完善，其中主要包括施工管理人员配备不符合工程实际情况，施工管理人员在具体的工作中存在着权责不分的情况，从而导致施工人员在施工过程中没有切实的履行职责，从而使得高速公路桥梁施工管理过程遭遇重重波折。

（二）混凝土及钢筋等施工材料问题，施工材料管理不合格

为了追求经济利益最大化，很多高速公路桥梁施工管理人员在施工材料采购之上倾向于采购较为低廉的施工材料，同时有些施工人员对原材料的保养维护及其配比之上存在着问题，所以就导致施工材料成为造成施工安全隐患的因素之一。其中混凝土所造成的裂缝问题，及钢筋材料造成的腐蚀问题，在施工材料中最为突出。首先是混凝土，由于混凝土本身问题，导致混凝土产生水化反应，再加上内外温差较大，致使高速公路桥梁出现裂缝问题；此外由于施工人员在进行混凝土配比之时，没有依据高速公路桥梁施工工程实际情况进行配比，而单纯依靠经验来操作，致使高速公路桥梁出现裂缝问题。其次是钢筋，除了采购人员采购较为劣质的钢筋材料导致腐蚀之外，很多施工队伍在采购完钢筋之后没有

对钢筋材料进行防腐蚀保护，从而在遭受雨雪天气时，钢筋材料较容易出现腐蚀情况，继而影响钢筋寿命。

（三）施工过程安全性问题，且存在施工进度质量问题

在高速公路桥梁施工过程中，由于施工管理者安全意识薄弱，再加上现场施工人员众多，如果没有一套完善的人员管理措施，势必会造成施工现场的混乱，继而影响施工顺利开展，严重的还会造成安全事故。因而施工现场安全管理十分重要。

二、高速公路桥梁施工管理中存在的问题的解决措施

（一）强化施工管理意识，建立完善的高速公路桥梁施工管理制度

目前在很多高速公路桥梁施工队伍管理者，其施工管理意识不强，施工管理流于形式，这就为诸多高速公路桥梁施工埋下了隐患，使施工不能顺利进行，严重影响工程质量及工期进度。因而作为施工队伍管理者，应提升施工管理意识，应在物料采购及管理、工程质量、工程安全及进度之上多下功夫，从而使物料采购符合要求、保证工程安全、保障工程质量及进度。除此之外，还需要建立完善的高速公路桥梁施工管理制度，也就是需要完善工地人员设置，合理划分工地各部分权责，建立奖惩机制及激励机制，从而提升各部门人员责任意识，提高工地人员工作积极性，促进施工顺利进行。

（二）落实采购环节规范性，加强施工材料管理

混凝土及钢筋是高速公路桥梁施工中的重要建筑材料，一旦混凝土及钢筋材料出现了问题，就会影响整体的高速公路桥梁工程质量。而目前很多高速公路桥梁出现裂缝问题或结构性差的问题，都与这两样建筑材料息息相关。而造成工程质量问题的原因，一是在于采购价钱较为低廉的施工材料，二是在于施工人员管理维护及配比操作等方面经验缺失，因而为了避免因为施工材料问题造成的工程质量问题，就需要从以下方面入手，即：加强施工材料采购环节的规范性，在注重施工材料质量的前提下保证施工材料价格低廉，从而落实施工材料成本管理，保证施工材料性价比；加强施工材料的维护工作，比如钢筋材料，需要做好防腐蚀工作，从而避免出现由于管理维护不当而造成的原材料质量下降；在配比混凝土等原材料时，不能一味按照经验进行配比，还需要考虑到高速公路桥梁工程的差异性，以及天气及环境的差异性，结合各个工序对混凝土的要求，同时还需要完善混凝土搅拌技术，从而使混凝土配比更为科学合理，避免出现裂缝现象。

（三）重视施工过程的安全管理，加强施工质量管理及进度管理

高速公路桥梁施工现场人员过于复杂，必须得注重施工现场的安全管理，比如定期在施工现场开展安全培训讲座，在施工现场设置安全警示标志等。这是由于科学的人员管理有助于使工程顺利进行，有助于提升工程整体进度，有助于避免意外事故，有助于保障人

员安全。除此之外，施工质量管理及安全管理也尤为重要。落实施工质量管理，就需要选择合适的施工方法及施工工艺，确保施工的经济性及适用性；在施工过程中，应注重结合施工实际情况对施工工艺进行合理科学的调整，以确保顺利施工，保证工程质量；同样在施工过程中，如果发现质量问题，应考量问题出现的原因，然后制定具体的修复方案。落实施工进度管理，就需要在施工之前制定完善的施工进度纲领，在施工过程中严格按照施工进度纲领进行操作。

高速公路桥梁施工过程过于复杂，这就需要完善的施工管理，从而保障其施工质量，这是由于完善的高速公路桥梁施工管理，关系着整个高速公路桥梁建设质量，关系着高速公路桥梁的安全性及稳定性。因而文章对当下高速公路桥梁施工管理所存在的问题进行分析，并提出改善建议，从而确保施工过程的顺利进行。

第二节　高速公路桥梁施工管理养护对策探究

高速公路桥梁工程对我国的经济建设具有积极的促进意义，尤其是在当前的时代背景下，我国城市化进程加快，高速公路桥梁工程数量增多，所以需要加强重视力度，才能促使行业稳定发展。

一、高速公路桥梁施工管理养护的重要性

高速公路桥梁施工管理与养护属于一项长期的工作，其主要的工作目标是提升桥梁工程的质量，通过合理的养护消除其安全隐患，并解决存在的问题。延长高速公路桥梁的使用寿命，提升工程经济性，满足当前时代发展需求。受高速公路桥梁自身的性质影响，其结构较为特殊，需要长期承受负荷压力，因此导致其局部设施容易出现损伤，此时其损伤对高速公路桥梁质量产生的影响较小，但需要及时进行处理，以避免其损伤逐渐扩大，最终造成高速公路桥梁结构损坏，形成安全事故，高速公路桥梁施工对于我国交通运输行业发展影响较大，也是当前建筑行业的重点内容，工作人员在日常工作过程中，应及时对高速公路桥梁病害问题进行诊断，及时采取有效的措施进行维护，以延长高速公路桥梁使用年限寿命，提升工程经济效益。与此同时，合理进行高速公路桥梁施工管理养护，还有助于降低高速公路桥梁安全事故的发生概率，消除高速公路桥梁自身质量对行车产生的负面影响，道路辙痕、桥头跳桥现象等，均可能造成严重的安全事故，因此必须加强高速公路桥梁施工管理养护，消除其存在的风险，保证高速公路桥梁的耐久性与安全性提升，为人们提供优质的出行服务。

二、高速公路桥梁施工管理养护的特点

高速公路桥梁施工管理过程中，由于其自身的性质较为特殊，要求工作人员严格按照当前的施工标准进行把管理，保证施工技术的安全合理，从整体上进行完善，以提升高速公路桥梁工程质量。在进行高速公路桥梁养护过程中，由于其自身具有一定的强制性，需要定期进行检查与养护，以保证高速公路桥梁安全隐患与问题得到及时的解决，消除外界因素产生的影响，为人们提供优质服务。高速公路桥梁施工管理与养护涉及的内容较多，范围较广。例如不仅包括日常的高速公路桥梁养护与修复，还包括当前的环保设施管理与生活服务等工作，从整体上提升高速公路桥梁质量。与此同时，高速公路桥梁施工管理养护方式呈现出明显的主动性与时效性，需要在操作过程中遵循相关的原则，建立规范的管理养护流程，保证其技术具有较强的专业性，灵活应用现有的新工艺与新材料优势，延长高速公路桥梁的使用寿命，促使城市化进程加快。

三、高速公路桥梁施工管理养护的有效策略

（一）积极提升高速公路桥梁养护工作人员的综合素养

根据当前我国高速公路桥梁施工管理现状，应积极建立高素质高速公路桥梁施工管理养护队伍，设置完善的养护机构，充分发挥出人才的优势，定期进行高速公路桥梁检验，制定完善的养护管理计划，以满足当前发展需求。例如，现阶段我国对高速公路桥梁施工养护队伍建设重视力度不足，部分工作人员专业水平素养较低，难以实现高质量的高速公路桥梁养护，因此应积极进行培训，定期开展相关的基础知识课程，促使工作人员通过培训提升自身的综合水平能力，加强对高速公路桥梁施工管理养护的认知，充分发挥出自身的作用，灵活应用先进的方法与理念，及时处理高速公路桥梁中存在的问题，积极开展日常的维护工作，保证高速公路桥梁质量，为人们提供优质的服务。与此同时，还应积极引进先进的技术人才，通过人才带动技术创新，发挥出新技术优势进行高速公路桥梁养护管理，从整体上提升工作质量，满足当前的需求。

（二）积极落实高速公路桥梁施工管理养护工作避免形式化

现阶段，我国部分地区在进行高速公路桥梁施工管理养护过程中，存在明显的形式化情况，其工作落实不足，导致高速公路桥梁中经常发生安全风险，甚至部分高速公路桥梁问题原本对高速公路桥梁质量影响较小，但由于长期未能进行及时的处理，导致其问题进一步扩大，造成不良的影响，最终形成较为严重的安全问题。因此，应积极落实高速公路桥梁施工管理养护工作，制定完善的养护检查计划，及时发现高速公路桥梁中存在的微小病害，采取有效的措施进行处理，将安全风险消除在萌芽中，以保证高速公路桥梁整体质量。相关部门应加强监督，与工程单位、技术部以及监理单位进行合作，实联合处理，从

整体上进行工作落实，满足当前的需求。加强资金的投入力度，从整体上进行养护，定期进行高速公路桥梁加固、维修与养护，并预留充足的资金进行修缮，为我国的高速公路桥梁工程发展奠定良好的基础。

（三）建立完善的高速公路桥梁养护档案并积极进行加固维修

高速公路桥梁施工管理养护属于一项长期的工程，因此工作人员应建立完善的养护档案，针对其高速公路桥梁存在的问题进行详细的记录，并进行合理的保存，为以后的高速公路桥梁施工管理养护提供精确的数据资料，以满足时代发展需求。还应制定完善的安全问题应急方案，加强对高速公路桥梁施工管理，并保证各个环节安全，选择合理的方式施工，从根本上杜绝施工安全隐患对工程质量产生影响，提升管理质量。与此同时，积极对现有的高速公路桥梁进行加固维修，如加固混凝土墩台、加固混凝土结构、加固桥基础、加固桥面铺装层等，采取有效的措施进行处理，并消除道路中存在的裂缝，灵活应用新材料与新工艺进行处理，避免小病害变为大病害，其提升高速公路桥梁质量。

综上所述，在当前的时代背景下，我国应加强对高速公路桥梁施工管理养护的重视力度，从整体上进行完善，制定合理的养护管理制度，定期进行高速公路桥梁质量检查，针对现有的病害应积极进行处理，避免其扩大影响。注重培养高素质人才，积极加大养护资金的投入力度，充分发挥出人才优势，以保证高速公路桥梁质量性能符合运行标准。

第三节 高速公路桥梁施工管理中裂缝的处理

针对高速公路桥梁施工管理中裂缝处理现状进行有效分析，结合高速公路桥梁工程实例，详细介绍妥善处理高速公路桥梁施工管理中裂缝的重要性、高速公路桥梁施工管理中裂缝产生原因，提出高速公路桥梁施工管理中裂缝处理措施，希望能够给相关工作人员提供一定的借鉴。

最近几年来，伴随我国高速公路桥梁工程建设数量的不断增多，高速公路桥梁施工管理中的裂缝处理问题越来越突出，为了保证高速公路桥梁中的裂缝得到更好的处理，延长高速公路桥梁的使用寿命，工程中的施工管理人员要结合高速公路桥梁裂缝特点，不断引进先进的裂缝处理方法进行处理，进一步提升高速公路桥梁结构的稳定性与安全性，防止高速公路桥梁工程出现结构失稳现象。鉴于此，本节主要分析高速公路桥梁施工管理中的裂缝处理要点。

一、妥善处理高速公路桥梁施工管理中裂缝的重要性

在高速公路桥梁施工管理过程中，通过妥善处理裂缝，能够保证道路车辆能够更加安全地运行，有效减少道路交通安全事故的发生。为了保证高速公路桥梁施工管理中的裂缝

得到有效处理，施工管理人员需要结合高速公路桥梁结构特点，合理控制交通荷载，在保证道路车辆稳定运行的基础之上，减少裂缝的出现。由于我国高速公路桥梁工程的建设规模比较大，在一定程度上增加了施工管理难度。因此，工程中的施工管理人员要充分认识到施工裂缝对高速公路桥梁的危害，对原有的裂缝处理方案进行优化，进一步提升高速公路桥梁结构的可靠性，满足人们的出行需求。

除此之外，通过妥善处理高速公路桥梁施工管理裂缝，能够有效降低高速公路桥梁工程施工风险的发生概率，保障施工人员的人身安全。在高速公路桥梁施工管理过程中，由于施工方法不合理，高速公路桥梁表面很容易出现较大裂缝，降低高速公路桥梁结构的承载能力，影响道路车辆的正常运行。通过对高速公路桥梁施工管理裂缝进行妥善修复，能够有效减少道路交通安全事故的发生，保证道路车辆能够安全运行，从而提升高速公路桥梁工程的总体效益。

二、高速公路桥梁施工管理中裂缝产生原因

（一）高速公路桥梁载重较大

如果高速公路桥梁的载重过大，不仅会降低高速公路桥梁结构的可靠性，而且很容易引发严重的裂缝，影响道路车辆的安全行驶。在高速公路桥梁工程当中，由于工程的建设施工规模比较大，需要的施工材料较多，施工管理难度大，如果施工现场中的施工材料堆积过多，高速公路桥梁工程很容易出现载重较大现象，从而产生较大的结构裂缝，影响高速公路桥梁施工管理工作的顺利进行。另外，在高速公路桥梁施工过程中，如果施工设备载重较大，会引发严重的结构裂缝，为了有效减少高速公路桥梁施工管理裂缝的出现，工程中的施工管理人员要严格控制路面载重，做好施工现场材料布局工作，预防施工管理裂缝的产生。

（二）施工现场管理体系不完善

如果高速公路桥梁施工现场中的管理体系存在较多缺陷，施工人员经常踩踏各项施工设备，高速公路桥梁很容易出现负荷裂缝，降低高速公路桥梁结构的安全性。因此，想要有效减少高速公路桥梁施工管理裂缝的出现，工程中的施工管理人员应对原有的管理体系进行完善并结合各项施工材料的使用情况，做好施工现场材料布局工作，保证高速公路桥梁工程施工现场各项材料得到高效应用。例如，在某高速公路桥梁工程当中，施工管理人员通过对原有的施工管理体系进行改进，认真检查混凝土、钢筋等施工材料强度，能够有效减少施工管理裂缝的产生。

（三）施工人员的安全意识较差

由于高速公路桥梁工程中的施工人员安全意识比较薄弱，会影响高速公路桥梁工程的

整体施工质量，降低工程经济效益。由于高速公路桥梁工程的施工规模不断扩大，施工现场的施工人员数量较多，使得施工管理难度不断加大，再加上部分施工人员的安全意识较差，会降低各项施工材料的使用率，延长工程整体施工周期。为了保证高速公路桥梁工程中的施工管理裂缝得到妥善处理，施工管理人员要定期对施工人员进行安全培训，有效减少施工管理裂缝的出现，提升高速公路桥梁工程的施工质量。

三、高速公路桥梁施工管理中裂缝处理措施

（一）工程概况

某高速公路桥梁工程全长为 500m，工程结构比较复杂。由于该高速公路桥梁工程施工规模较大，增加了工程的施工管理难度，为了有效减少施工管理裂缝的出现，施工人员要运用合理的裂缝预防措施，结合高速公路桥梁结构特点，不断引进先进的施工工艺，保证高速公路桥梁工程结构更加可靠。

（二）裂缝预防措施

高速公路桥梁施工管理裂缝预防措施如下：

第一，对高速公路桥梁工程中的结构负荷进行规范设计与管理，并结合高速公路桥梁的承载能力，选择相应的施工材料，保证高速公路桥梁施工负荷得到更好的控制，减少施工管理裂缝的出现。在高速公路桥梁施工管理过程中，管理人员要结合荷载的布局情况，将荷载进行合理的分配，有效避免超负荷现象的发生，减少负荷裂缝的出现。由于该高速公路桥梁工程结构比较复杂，在进行结构负荷管理时，管理人员要结合高速公路桥梁施工进度，适当引进先进的施工工艺，为施工人员提供良好的技术支持，有效提升高速公路桥梁的承载能力，减少负荷裂缝的产生。

第二，严格控制高速公路桥梁施工材料，如果高速公路桥梁工程中的混凝土、水泥等施工材料管理不到位，在施工的过程中，很容易出现热胀冷缩的现象，引发严重的温度裂缝，降低高速公路桥梁工程结构的稳定性。因此，工程中的施工管理人员要严格控制各项施工材料质量，并做好相应的筛分工作，进一步提升高速公路桥梁工程的施工强度。

第三，高速公路桥梁工程中的施工管理人员要适当加大施工环境管理力度，根据相关研究表明，通过对高速公路桥梁施工环境进行有效的管理，能够有效预防施工管理裂缝的产生。在高速公路桥梁施工过程当中，施工管理人员要对施工现场环境进行科学管理，允许施工人员在高温环境下向混凝土中加水，保证混凝土中的水分得到有效补充，减小外界环境条件对工程施工质量的影响，避免高速公路桥梁表面出现较大裂缝。

（三）裂缝修复措施

通过对高速公路桥梁裂缝进行有效修复，能够更好地提升高速公路桥梁结构的完整性，

保证高速公路桥梁能够更好地投入到使用中。高速公路桥梁裂缝修复措施如下：

第一，合理应用内部灌浆法，对高速公路桥梁裂缝进行修复。施工管理人员在实际工作中，一旦发现裂缝，可以安排施工人员在裂缝内部灌入一定量的水泥砂浆，对裂缝边缘进行妥善处理，做好裂缝口封堵工作，进一步提升高速公路桥梁施工管理裂缝的修复效果。为了保证灌浆法得到有效应用，施工人员需要合理选择裂缝修复浆液，保证高速公路桥梁裂缝面与浆液有效结合。

第二，对于高速公路桥梁表面的细微裂缝，如果采用灌浆法，则会降低裂缝的修复效果。因此，施工人员要结合高速公路桥梁表面细微裂缝的分布情况进行合理的修复，可以在裂缝表面贴补混凝土，由于混凝土具有良好的防水性能，将其贴补到裂缝表面能够将空气与裂缝阻隔开，对高速公路桥梁结构整体性起到良好的保护作用，有效提升高速公路桥梁裂缝修复效率。

第三，针对高速公路桥梁荷载裂缝，施工人员要采用先进的裂缝修补方法进行修复，可以采用预应力法与结构固定法进行修复，保证高速公路桥梁外观的美观性，以提升高速公路桥梁结构的可靠性。如果高速公路桥梁荷载裂缝比较大，施工人员也可以采用锚固补充法进行修复，先对高速公路桥梁裂缝结构进行锚固，再对高速公路桥梁表面进行裂缝修复，有效提高高速公路桥梁工程的施工强度。

本节通过详细介绍裂缝预防措施、裂缝修复措施实施要点，能够帮助高速公路桥梁工程中的施工管理人员更好地了解裂缝分布特点，提升高速公路桥梁裂缝的修复效果。对于高速公路桥梁工程中的施工管理人员而言，要不断学习先进的裂缝修复方法，提升自身的施工管理能力，保证高速公路桥梁工程中的裂缝得到妥善处理，从而推动我国高速公路桥梁工程的稳定发展。

第四节　高速公路桥梁施工管理工作的研究

近年来，我国的经济飞速的发展。在现代的经济发展中，交通运输和物流发挥着重大的作用。交通运输离不开高速公路桥梁的施工，完善合理的道路就像血管一样为各个地区输送着新鲜的血液。为了保障国民经济的发展，促进社会的进步，保质保量地完成高速公路桥梁的施工就变成了非常重要的事情。另外，施工的速度和成本的控制在工程量巨大的今天也需要控制的方面。综合来看，在施工的过程中，技术固然重要，但是管理对于工程的整体也是至关重要的。下面就结合工作中的实际经验，介绍一些对于高速公路桥梁施工管理的研究。

一、工程项目的整体管理

目前的工程项目都是一些庞大的任务，必须要有科学的管理，以前很多的盲目的管理，对工程的整体规划还有一些不和谐的因素。对于工程项目的整体管理，分为三个部分来执行是比较合适的，分别是整体的规划、分阶段的目标制定以及施工过程的进度监督这三个部分，下面具体介绍一下。

（一）工程项目的计划制定和综合协调过程

随着工程工作量的加大，项目涉及的部分也在不断增多，如何把众多的部分整体协调的调动起来，以最大的效率完成整个的工程项目是管理工作的重要内容。在科学协调管理的方面，需要有两个方面的注意事项：一是要有一个整体的管理框架，根据以前的施工经验和项目的具体工作内容，实事求是的做好整体的框架安排，明确各个部分的责任和协调工作的流程。这是管理过程最基础的部分；另外一个方面是，现在的工程涉及的影响因素非常的多，任务目标的规划不能过分死板，否则一个部分出现问题会影响整个工程的进度和质量。为了解决这个问题，在管理的时候要有一定的灵活裕量，方面基层的管理人员根据情况及时的做出调整。此外为了协调各个部门之间的工作，在材料、劳动力、设备的管理方面都要做好相应的安排。

（二）工程项目各个阶段的任务规划

要想做好一个项目，必须要注意细节。上边提到的是宏观的安排和部署，但是在实际的过程中都是由一个个的小目标组成的。第二部分就是工程项目各个部分的规划。在项目中，一般是分为施工准备、施工过程、竣工验收以及交接后的质量保障这几个部分。在各个阶段的维护中，要从项目的具体内容出发，结合管理经验，将工作的内容具体化，不能是一带而过的安排。对于工作的细节作出部署，人员的职责上精确到人，每项工作都要有指定的责任人。在各个部门职责的安排上，要适当做好分配工作，既要方便施工也要各个部门之间相互制约和监督，避免责任事故的发生。最后，要设立相关的责任监督和信息反馈机制，要根据出现的问题及时在管理方面做出调整，适应项目的情况。

（三）工程项目的过程控制和进度的监督

一个完美的部署如果没有可靠的执行也是不行的，所以第三个部分是施工过程的监督和管理。在这个部分也是两个方面的重点：一是要管理施工的进度。工期在施工的管理中是一个非常重要的方面，分阶段的做出监督，避免到最后的时候发现不能竣工。二是要监督施工过程中工程完成的质量。施工的过程是环环相扣的，路基的环节出现问题，必定会影响工程的整体质量，轻的话会造成工期的延误，严重的时候会导致出现后果比较严重的责任事故。管理工作的内容是需要及时了解工程的进展和完成的质量，保障完成的部分都是合格的。在施工的过程中如果出现图纸变更这样的情况，需要及时的联系，对于原材料的供应等问题都需要妥善的解决。

二、高速公路桥梁施工的质量控制和管理

施工的最终目的是建成一定规格质量的工程，更好地服务社会。所以工程的质量必须要切实的保障，不能以牺牲工程的质量为前提来加快工程的进度。

（一）施工前准备工作的质量控制

施工的管理者不是施工的执行者，所以在施工前的准备工程中要做好精神的传达工作，强化工人的责任意识和质量意识。从中层管理到基层管理和施工的工人，每个人都要牢固树立质量意思，在施工的过程中不能怕麻烦而偷工减料。并且对于全员的质量教育工作一定要保障到位。

（二）施工过程的质量控制

对于管理工作而言，施工过程的质量控制是两个方面的内容。一方面，管理工作要有一个合理的规章制度。没有规矩不成方圆，在工程的开始就要制定相关的规章制度，在没有特殊情况的时候，要按照制定的规章制度办事。质量保障制度的建立是保障质量的先决条件。另一个方面是要落实指定的规章制度。不执行的规章制度和废纸是没有区别的，在施工的过程中，安排不定期的抽查，结合定期的检查，并安排一定的奖罚制度，可以保障规章制度的可靠执行。

（三）施工进度的控制

施工进度的控制是保障工期的一种重要方式。在施工进度的控制问题上，要根据现场的情况，定时跟踪工程的完成情况，核实工程的完成情况和质量，在一定的限度内，要尽量增加检查的频率，这样方便及时发现问题。当进度偏慢或者质量不达标的时候，要和相关的技术人员及时开会讨论解决的办法。合理的调度保障工程的进度。

（四）施工成本的控制

施工单位作为企业，完成工程的最终目的还是要有一定的盈利。为了竞标要压低价格，所以如何科学地降低成本成为增加盈利的一种重要方式。下面分为三个方面，详细地介绍一下。

1. 在施工工艺和工序的安排上做文章

在科技发展迅速的今天，施工工艺的发展和工序的改善取决于科技的进步。一般情况下，运用先进的施工工艺和合理的工序，在一定的程度上可以降低施工的成本。这样要求在施工的时候要尽量关注科技的发展，利用新型的技术，采购一些效率比较高的设备，这

都是降低成本的方法。

2. 在施工的进度和质量上做文章

施工的进度和质量的保障也是降低成本的方式。在较短的时间内完成一个项目可以让企业投入到其他的项目中去。另外，以较短的时间完成可以降低工人的成本，工人的工资一般是按照时间结算的，所以时间越短，工人的工资部分就越少。此外，如果工程的质量得到了保障就没有重新施工和修复工作，这也是降低成本的方法。

3. 在原材料方面做文章

原材料的开支是工程开支的一个重要方面，要想办法降低原材料的价格。在购买原材料的时候要货比三家，选择质量合格而且价格低的厂家购买。在原材料的使用和运输过程中，要尽力减少浪费，适度地减少原材料的用量，这就可以节省出一部分钱来。

三、施工过程的安全管理和控制

最后一个部分是至关重要的一部分，这就是安全生产。安全生产是我们提倡的一种理念，为了保障安全生产，要做好以下几个方面的工作：（1）做好足够的安全教育工作，不能有麻痹大意的心理。（2）在醒目的位置悬挂警示标语，时刻提醒工人注意安全。（3）根据施工的具体情况，安排合理的制度和工序，确保在正常施工的情况下不会发生安全事故。（4）设立适当的监督，及时发现危险，防患于未然。

高速公路桥梁的施工管理非常重要的，管理是一个涉及方方面面的问题。根据现场情况的反馈，管理的手段和方式内容也需要不断完善，做到与时俱进，适应时代的发展。此外作为管理者也要不断地研究学习，以更加完善的管理来面对可能发生的问题。

第五节　高速公路桥梁施工管理的优化

在目前为止，受经济发展水平迅猛增长的影响，我国城市化进程不断加快，与此同时，也带动了交通运输行业的快速发展。在此基础上促进了我国交通建筑行业的发展，包括高速公路桥梁建设的发展。从某种角度来看，建设高速公路桥梁工程是很重要的，就人类出行来看，就对人类出行交通方面起到了很大的积极作用。另外，高速公路桥梁的良好的发展态势也间接的反映了我国城市化进程的加快，以及人民生活水平的提高，甚至于反映了我国国民经济发展水平的提高。所以，在高速公路桥梁施工工程进行工作之前，每个单位或者每个企业都应有着充足的准备工作，在准备期间应提早掌握各种情况，并且提前做好准备，制定好合理的策划。在施工之前就制定出一个好的策划是必不可少的，这有利于施工工作的顺利开展，同时，也促进施工更好地进行下去，在策划的指导之下。一份优秀的策划不仅有利于施工的顺利开展工作，同时，在施工过程中，也能最大程度的为企业施工节约成本，提高资源利用效率，为企业减轻经济负担。做好之前的策划准备工作后，就要考虑施工进行过程中出行的种种问题了。在施工进行过程中，要仔细做好监督工作，合理针对具体情况制定出不同的详细的解决措施。

一、影响因素

（1）首先，施工过程中会受到施工所需用到的材料问题影响。不管进行什么工作之前，都应在材料准备工作上多下功夫。在施工工作开展之前，应仔细认真的妥善选择好所需的材料器材，尤其是用于建筑的材料的选择。如果前期在建筑上材料的选择出行了问题，质量不能得到很好的保障的话，那么建筑物或者说是高速公路桥梁的建设一定不会符合国家的标准，从而出现不合格的情况。就当前情况来看，单从我国来看，我国建筑行业市场提供的供施工使用的材料普遍不太合格，且有很多产品不符合国家标准，存在着或多或少的质量问题。以市面上经常出现的瘦身的钢筋材料为例，经过特殊处理的钢筋在其外形上是达到了要求的瘦身处理，但也存在着严重的质量问题，一旦投入使用，势必会引起严重的后果。如果企业在选择材料上盲目选择不考虑质量问题，就会直接影响后期高速公路桥梁工程的整体效果，严重情况下会导致工程因质量问题出现重大事故，进而造成无法挽回的损失。

（2）受人为原因的影响。在人为方面出现问题的话，主要问题将会出现在高层指挥人员，行政监督人员，以及施工工人身上。在这些与建筑施工息息相关的人身上，有很多人并不懂工程的具体事项，只凭感觉进行工作，普遍会出现专业素养低的情况，从而造成工程施工进展缓慢甚至于出现问题。近年来我们国家的建筑施工工程行业不断出现问题或者故障，在很大程度上是由于相关的工作人员，管理人员，执行人员普遍专业素养偏低导致的。就施工的工程管理人员来说，他们在工程施工过程中起着较大的影响作用，他们专业素养的高低也很大程度上决定了工程是否可以顺利完工，以及工程是否能够安全高效的进行下去。

（3）受机器设备影响程度较高。就企业在选择工具来看，机械设备的选择是不可避免的。在很大程度上，选择良好的机械设备能够极大的促进工程的进展。这是因为优秀的机器设备不仅自身具有较高的工作效率，而且工作过程时间较为节约，促进了过程进展。但是，对于机械设备的使用方面，也要注意很多的问题，首先，机械设备不同于人工的方便管理，在一定时间内，要对其进行检查维修工作。另外，在平时的使用过程中也要注意及时保养工作，保证机械设备完好无损以便下次使用。

（4）受外界环境影响。受外界大自然环境的影响，施工队在进行高速公路桥梁的施工过程中需要面临很多的考验与挑战。首当其冲的就是受到自然环境的影响，在自然风吹，日晒，雨淋等环境的影响下，就加大了施工的难度。

二、主要解决措施

（一）对混凝土的标准进行严格要求

最重要也是最先进行准备的工作是要仔细选择施工需要的混凝土。在选择过程中要仔细考虑到混凝土中水泥的质量情况。在满足其标准的同时尽量选择质量较高的水泥用于施工过程中。第二，在施工过程中，在施工进行的过程中，相关工人必须按照强度等级抗渗等级配比混凝土，还要充分控制好混凝土入模时的温度，进行分层浇筑以及设计合理的养护措施，通过在混凝土表面覆盖草席草帘等确保降低温度应力，避免混凝土出现温度裂缝；再次，在浇筑混凝土时一定要振捣充分，尤其是腹板内预应力管道比较集中的地方更要做到不欠振不漏振，以此确保混凝土浇筑密实。

（二）质量工作要严格把关

第一，施工企业在开始施工之前应提前做好准备工作，在施工之前做好勘探测量的准备工作。在进行放线去确定位置的步骤时不能出现错误以及大的误差，在进行过程中，尽量做到准确严密，避免因过大误差引起工程差错。在进行高速公路桥梁架设工程时，首先要进行建设桥墩，然后在此基础上；其次，由于桥梁结构形式很多，施设计好桥面的位置以及平整程度，着重对桥面工作进行处理。这个过程对工人的技术要求比较高，对其技术能力考验较大。因此，这就要求工人拥有良好的专业技能以及能够进行较高的操作。所以，施工企业在施工过程中必须严格一定要认真准确的按照设计进行行动处理，从混凝土的振捣、养生到预应力的张拉等都要严格管理和控制，以确保桥梁结构的承载能力。另外，还要着重注意桥梁外观的美观平滑，不能出现由于施工手段的缺陷或混凝土振捣不均而引起的外观质量欠缺。

高速公路桥梁的设计工作以及施工过程还需要更完善的处理，同时也要求更好的优化措施从而更好地促进工程建设以及社会的城市化进程。

第六节　高速公路桥梁施工管理控制要点

在论述高速公路桥梁项目控制要点的基础上，结合实践经验和高速公路桥梁的施工与使用要求，分析高速公路桥梁施工管理要点，提出包含加强施工安全管理、构建完善的质量保证体系、加强质量控制管理、优化施工环境条件等在内的具体措施，以促进公路建设持续发展。

高速公路桥梁是公路工程的重要组成部分，也是常见的混凝土工程类型之一。如果高速公路桥梁施工管理不到位，则容易产生裂缝等一系列问题，不仅影响桥梁质量，还有可能引发安全事故。因此，必须对桥梁施工管理给予足够重视，根据桥梁施工特点，明确施工管理的要点和方法。

一、高速公路桥梁项目控制要点

（一）进度控制

施工前项目部需对工期进行倒排，同时制订进度计划表，明确施工主要线路与影响进度的重点工序，将二者作为进度控制的关键。施工中，做到应严格按照进度计划进行操作，编制完善的阶段性计划网络，并对计划完成情况进行检查。

（二）技术管理

高速公路桥梁的施工技术要求很高，并且在施工中还需充分考虑地形、地质与气候等外界环境因素，通过技术调整克服各种施工难题，这对顺利完成项目十分重要。基于此，项目部需要成立一个专门的技术攻关小组，一方面可以根据工程实际情况，结合桥梁设计和使用要求，制订合理的技术方案，为施工提供可靠技术支撑；另一方面要始终坚持创新，改进现有施工技术，推广新技术，全面提高施工技术水平。

（三）质量控制

质量控制是高速公路桥梁项目控制的关键所在，如果施工中缺乏有效的质量控制，极有可能造成裂缝等质量问题。以裂缝为例，裂缝在高速公路桥梁等混凝土工程中十分常见。裂缝一旦出现，不仅降低混凝土强度，缩减承载能力，而且在持续受力状况下还会造成变形、坍塌等事故。但混凝土裂缝可保持在标准限度以内，则不会对结构性能造成太大影响。

混凝土裂缝成因有以下几种：

（1）材料存在质量问题，如水泥标号过低，存放时间长，导致水泥发生变质，或受潮导致性能降低；骨料质量低下，为降低施工成本，对骨料实行就近开采，未经检验直接在施工中使用等。

（2）混凝土配比不合理，存在较大随意性，仅凭借个人经验未能按照规范的要求实施配比操作。

（3）浇筑施工中未对混凝土进行有效振捣，或振捣过猛，导致浇筑不均匀，骨料集中、沉塌，而且在养护以后还会出现麻面与蜂窝。

（4）浇筑完成后，水泥放出水化热致使内温急剧上升，热量无法排除造成较大内外温差，形成温度应力，当温度应力超过混凝土极限后出现温度裂缝。

为了避免裂缝问题的发生，必须强化质量控制工作。首先，做好原材料的抽检工作，材料进场前后都要进行抽检，未经抽检或抽检不合格的材料禁止进场使用，以此避免因材料问题引发的质量问题；其次，项目正式开工以后，项目部需将工程目标作为指引，逐步形成以优质、安全和高效作为核心的指导思想，开展质量控制活动；最后，还需建立一套系统的质量与安全管理体系，完善管理制度，以确保工程质量。

（四）安全控制

构建一个以项目经理为核心的施工安全领导小组，根据项目施工实际情况采取有效的安全技术措施，同时对可能形成危险源的施工环节进行准确评估，在施工中严格把控安全。要将施工安全放在重要地位进行管控，确保安全施工方面的费用专款专用，通过培训与教育使全体工作人员都树立良好的安全意识，避免不规范操作的发生。

二、高速公路桥梁施工管理要点及措施

（一）加强施工安全管理

（1）确保施工组织安排的合理性，避免施工人员超负荷工作。高速公路桥梁施工人员本身工作强度较大，如果施工安全组织不合理，使人员长时间超负荷工作，将造成安全隐患。对此，可采取轮班制的组织方法，做到在不影响正常施工进度的同时，确保上岗的施工人员精神状态饱满，从而避免由于人员过度劳累造成的安全隐患。

（2）加强技术培训和职业规范教育，提升全体施工人员专业素质，强调施工操作规范性对确保施工安全和避免安全隐患的重要性，以此减少人员误操作等原因引发的安全问题，并起到加快进度的作用。

（二）构建完善的质量保证体系

（1）施工质量与人员息息相关，施工单位可采取完善的奖罚制度的方式来激发员工工作积极性，严厉处罚施工中可能影响质量的行为，如违规操作、擅离职守与偷工减料等；而对工作态度积极，并能按要求严格落实质量保证措施的员工，则要给予适当奖励。

（2）除施工人员以外，各类机械设备也是影响施工质量的关键要素，所以必须做好养护与维修工作。机械设备养护、维修虽然由专业机修人员负责，但机械设备的操作人员也要给予充分配合，在操作机械设备时认真观察，若发现异常，应及时上报，以此避免质量问题的发生。

（三）加强质量控制管理

（1）发挥试验检测对质量控制的重要作用。施工中，应在施工现场建立一个完善的驻地实验室，同时配置各类试验仪器与专业试验人员，实验室需要实行制度化管理，健全报告反馈制度，将试验数据作为依据确保施工质量。

（2）强化施工验收。工程监理应充分发挥作用，强化施工检查验收，按照技术规程组织施工，每道工序完成以后需在检查确认合格后才能进行下一道工序，做好工序交接记录。深入分析实际存在的问题，对已经完成的分项要在自检以后转交至监理方进行二次审查。

（四）优化施工环境条件

1. 采光照明方面

高速公路桥梁施工露天作业，白天可借助自然光进行施工，无须设置额外照明设备，但要注意在关键部位和危险部位设置醒目的识别标志；夜间若有施工任务需配置充足的临时照明设备，施工前进行照度检测，检测合格后即可安排施工。

2. 环境温度方面

夏季时，应尽量避免在中午、下午等高温时间段施工，将一天内主要的施工任务安排在早晨和傍晚进行，以免在高温环境下作业导致施工人员中暑，引发安全问题。冬季则与夏季相反，应将主要施工任务安排在高温时间段进行，并且当环境温度低至不适宜施工时，应临时停止施工直到温度升高后继续施工。

3. 现场环境方面

高速公路桥梁施工现场不仅有大量施工人员、车辆、设备与材料，而且施工中还会产生飞尘与噪声，导致现场环境十分恶劣。为了降低现场环境对施工人员造成的不利影响，确保施工质量和安全，一方面要加强现场环境管理，另一方面要做好施工人员安全教育，佩戴安全帽等防护装备，并通过相应技术改进减少飞尘与噪声。

高速公路桥梁作为典型的混凝土工程，容易出现裂缝等质量问题，此类问题虽然和施工有直接关系，但基本上都是由于施工管理不到位造成的，尤其是缺乏有效的质量控制。对此，在高速公路桥梁施工中，首先要明确项目控制的重要意义，认清施工管理的各项要点，然后采取有效措施全面强化施工管理，从而才能在确保进度、安全的基础上提高施工质量。

第七节　高速公路桥梁施工管理养护及加固维修技术

近些年我国交通事业发展加快，现代化交通量逐步增加，交通荷载不断扩大，对高速公路桥梁承载力提出了更多更高的要求。所以当前强化高速公路桥梁施工管理养护以及维修加固是相关部门关注的重点问题。在施工管理以及加固维修过程中，相关施工部门要全面掌握高速公路桥梁基本现状，针对性应用不同施工技术与加固措施，提升高速公路桥梁施工安全性，提高高速公路桥梁结构稳定性，保障当地交通运输事业能稳定发展。

我国道路建设在最近几年发展非常迅速，然而国内不少的公路桥梁已经出现了损坏，对行车产生的影响非常大，除了导致舒适性降低外，交通安全也难以得到切实保证。

近些年我国城市化进程逐步加快，高速公路桥梁工程施工建设范围在逐步扩大。在公路基础项目建设中高速公路桥梁是重要组成部分，其长期应用中受到外部荷载作用以及环境要素等影响，其应用质量逐步降低，对交通运行安全性具有较大负面影响。通过规范化的高速公路桥梁施工管理养护与加固维修能有效提升桥梁安全性，对广大群众人身安全构成有效保障。公路桥梁在应用中会发生不同问题，因此必须要在保证结构稳定的前提下完成结构检测工作，对工程进行养护时，必须要对项目成本予以重点关注，确保施工管理能够真正落实到位。在当前时期，公路桥梁建设的具体要求提高了很多，管理养护、加固维修则是其中的重点所在，同时也是全面提升项目安全性的重要保障。

一、高速公路桥梁施工管理养护特点

从高速公路桥梁施工管理养护现状来看，在公路桥梁设计过程中需要拟定规范化设计标准。在高速公路桥梁工程养护阶段，养护操作具有强制性特征，高速公路桥梁项目建设在现有交通运输网中占有重要位置，所以项目养护过程中要严格遵循各项规范化要求。公路桥梁在施工管理养护过程中，养护对象较多，具有广泛性与全面性特征。所以不仅要对道路以及桥涵多个结构进行养护管理，还要对项目诸多服务性设施进行养护。在养护中各项措施应用具有主动性与时效性特征，需要严格依照规定操作程序进行控制，其次养护技术应用专业性较为突出，在各类新材料与新技术工艺应用中，各项综合性养护成本较高，因此对施工技术人员与管理人员综合素质具有较高要求。

二、高速公路桥梁施工存在的不足

众所周知，高速公路桥梁施工呈现出明显的综合性特征，整个施工的周期是较长的，所要投入的资金也很大，要依据施工需要选择最为合适的施工技术，对施工质量展开有效的管控，如此方可使得施工质量、施工效益得到切实保证。然而从当前施工的现状来看，有些施工人员的责任意识是薄弱的，管理制度形同虚设，这就导致施工效果无法达到预期。

（一）管理技术不足

在高速公路桥梁施工的过程中，相关的管理工作是不能有丝毫懈怠的。然而从当前施工的现状来看，有些人员的责任意识十分薄弱，有些施工单位并未构建起可行的管理制度，管理技术的应用也不到位，这就使得施工管理呈现出无序的状态，工程质量也就无法得到保证。

（二）养护技术不足

在出现质量病害时，要在第一时间进行修复，同时要将养护施工予以有效落实，这样才能确保高速公路桥梁的结构更为稳固。然而有些养护单位对于管理是不够重视的，从事养护工作的相关人员也未掌握专业知识，还有就是投入到养护施工中的资金无法满足需要，这就使得养护施工的水平难以达到预期。

（三）加固维修技术不足

质量病害的修复、加固是十分必要的，若想使得修复工作有序展开，从事养护维修工作的相关人员就必须要具备一定的综合技能。然而不少的维护人员并未掌握维修技术，这就使得加固维修的实际效果无法得到保证，这样一来，质量病害的修复效果也就难以达到预期，导致高速公路桥梁的实用性也就变得较为低下。

三、公路桥梁加固维修策略

（一）桥体裂缝处理技术

在高速公路桥梁施工的过程中，细小的裂缝是较为常见的，如果施工人员对此不够重视的话，那么在投入使用后，在自然因素、车辆运行的影响下，裂缝就会变大，严重时还会发生断裂。所以说，必须要对桥体裂缝予以重点关注，并采用可行的技术进行处理。首先要通过喷涂的方法对表面进行处理，并使用具有一定伸缩性的材料对裂缝予以涂抹，这样可避免雨水造成严重的侵蚀。在对细微的裂缝进行修复时，此种方法是较为适合的，也就是通过粘度较高的浆液对裂缝表面进行喷射，这样就能够形成保护层，实现裂缝的修补。其次可采用注浆、填充法。如果裂缝较大的话，采用表面处理法难以取得理想效果，就要通过注浆、填充的方法来进行处理。一般来说，用于填充的材料主要是水泥材料、抗氧化树脂材料等。再次是要使用黏结钢板封闭法，桥体产生主拉应力裂缝，导致结构变得不够稳定，在对其进行处理时，可通过黏结钢板来予以加压处理。

（二）加固混凝土结构

在展开混凝土结构施工的过程中，要将损害混凝土予以清除，如果损害面积较大的话，应该使用的是高速射水法，并要通过黏结材料来予以封涂处理。如果损害面积并不大的话，应该通过手工方式来进行清除，锈蚀钢筋的处理一定要做到位。如果损害面积很大，而且呈现出一定的深度，对缺损部位进行清理时，要将手动、气动这两种方法结合起来，也就是先完成清洗，继而修补缺陷的部位。

（三）加固墩台基础

对墩台基础进行加固时，要依据实际情况来进行维修。如果水位在 3 cm 以上，要对可能出现的损害展开排查，如果深度在 3 cm 以下，则通过套箱来完成修补。墩台采用的是刚性基础，应该要对基底的底部予以适当增加，对墩台主体进行加固时，则应该在上部、中部以及下部加设三道混凝土围，从而使得主体变得更为稳定。

（四）桥梁加固技术

为了及时地修补公路桥梁的裂缝现象，应该对其表面进行处理，在裂缝表面涂抹填料以及防水材料，提高其防水性，延长其使用寿命。另外，对于宽度较大的裂缝，可以采用有伸缩性的材料进行填补，也可以采用注浆的办法，在裂缝内注入树脂或者是水泥类的材料，加固桥梁，以提高公路桥梁的承重能力。

（五）基础加固维修技术

保证高速公路桥梁基础牢固是非常关键的内容。因此，应该重视桥梁桩基础维修加固，注重施工现场勘查，掌握现场施工基本情况，严格按要求进行施工和维修加固。施工过程中应该把握质量控制和技术要点，保证原材料质量合格，增强桩基础的稳固性与可靠性。对存在的质量缺陷，有必要及时采取加固维修措施，最终保证桥梁基础牢固与可靠，做到让高速公路桥梁工程更好运行和发挥作用。

四、公路桥梁施工管理与养护技术

（一）完善施工养护制度

制定健全的养护制度，为有效开展高速公路桥梁养护施工提供指引。应明确养护人员具体职责，增强他们的责任意识，促进高速公路桥梁养护施工水平提升。

（二）加大养护资费投入

桥梁养护工程是维持桥梁正常运营，延长使用寿命的重要措施，各级交通主管部门需要投入一定的养护资费，其中，在每年的养护工作计划中，都要为桥梁的检查、维修和加固工作保留一定的资金，以备修缮需求。国家对桥梁工程投资重点的倾斜及工程项目集资渠道的多元化，能够为我国公路桥梁工程的发展提供有力保障。

（三）桥梁养护施工管理队伍建设

我国的桥梁养护队伍目前仍然不够成熟。工人的专业素质参差不齐，专业养护难以完全做到。因此，各级公路部门要高度重视起桥梁养护工作，针对养护具体需求培养专业的人才队伍，努力实现专业人员、专门程序和专用方法，将养护管理工作部署到位，能够及时发现和处理各种突发事件，组建一支专业的养护维修团队，能够对桥梁工程进行专业的日常养护，具备进行桥梁小修的能力，向能够进行中修和大修的方向努力。

公路桥梁的维护管理工作一直是桥梁工程关注的重点内容。公路桥梁的管理养护，需要定期对桥梁进行全面评估，及时发现和修缮桥梁病害，控制养护管理，降低养护成本，延长桥梁的使用寿命，确保桥梁工程的质量安全和使用性能。

第八节　预算定额在高速公路桥梁施工管理中的应用

本节对预算定额进行概述，分析了预算定额在高速公路桥梁施工管理中的应用，包括在合同、费用、进度以及质量管理等内容，指出了预算定额在高速公路桥梁施工管理应用过程中存在的问题，并提出了几点建议，旨在提升高速公路桥梁施工管理水平。

在高速公路桥梁建筑工程项目施工过程中，对于建筑企业，整个建筑项目推进的最终目的是实现经济效益的增长。在这一基础上，要有效实现现阶段的建筑企业的施工目标，针对高速公路桥梁工程开展有效预算定额管理对建筑效益的增长有重要的促进作用。但是，在现有的高速公路桥梁施工管理过程中，预算定额管理过程中还存在很多不足之处亟待改善。

一、预算定额的概念

预算定额主要是指在高速公路桥梁工程的正常施工状态下，按照固定形式的计量单位进行工程项目的施工推进，从而得出最佳的分项工程所需的人工、材料、机械台班消耗和价值货币表现的数量标准。该标准的得出，在很大层面上为后续施工制图提供了数据支撑，从而整理出工程造价、劳动量、机械台班以及材料的具体使用量的相应定额。据此能够发现，预算定额的规划管理过程中，以高速公路桥梁为研究对象时，必须提前将人工、材料以及机械台班的具体使用数量计算出来，然后按照高速公路桥梁工程的相关施工要求将计算出的数据参数纳入预算定额管理内容中，然后编制为施工标准手册，该手册便是整个高速公路桥梁工程施工期间的作业参考依据。

二、预算定额在高速公路桥梁施工管理中的应用

（一）在合同管理中的应用

在高速公路桥梁工程中，合同管理工作的开展是其中一项十分重要的管理构成部分，该工作的推进，可以有效将工程项目推进过程中各项施工责任与权利义务划分清楚，从而大幅度降低违约事件的发生概率，更好地保护施工参与合作方之间的经济效益。在高速公路桥梁工程的具体合同管理工作开展期间，首先要明确的是合同的定价，严格将合同中的管理规定内容落实到投标报价、工程分包以及外包工作中。同时，还应做好相应的市场调查工作，了解实际的建筑材料价格，借以降低工程的投资成本，在此期间，还要加强财务核算以及统计管理工作，控制高速公路桥梁的造价，防止资金浪费。

（二）在费用管理中的应用

在高速公路桥梁工程的费用管理过程中，作为施工方，应将预算定额的管理作用充分发挥到施工过程中，有效与工程的基本施工状况相结合，提前制定相应的成本、考核等计划，为后续工程施工提供便利条件。当然，在此期间，作为预算定额的管理人员，应详细调研在人工、材料以及机械方面的具体消耗数据，了解项目费用的应用去向，继而按照调查出的实际需求合理分配相关的费用支出。另一方面，工程的总负责人还要重视预算定额的作用，通过该内容制定更加合理的人工、材料、管理等费用支出，从而实现对工程建设的全局管控。

（三）在进度管理中的应用

在高速公路桥梁施工管理过程中，开展有效的进度管理工作，不仅是对施工任务顺利完成的一种保障，同时也是提高工程效益的保证。此时，工程管理人员除了要先制定相应的施工进度计划表，还要将预算定额的作用融入计划中。具体而言，在施工管理期间，要通过预算定额方案的运用合理规划施工进度，工期发生变化时，要按照变化内容及时总结出相应的项目成本支出数额，并能够分析整理工期变化带来的各种影响。

（四）在质量管理中的应用

在高速公路桥梁工程的施工建设过程中，质量管理是整个管理工作的核心，而预算定额又是工程财务管理的重点，因此，从事预算定额的管理人员自身的能力水平成为制约预算定额管理的关键因素。为了有效提升工程施工质量，必须在确保成本最低的情况下保证施工质量，此时预算定额管理方法的应用可以实现这一目标，此外也可以帮助工程质量管理人员更好地掌握工程的实际成本控制状况。

三、预算定额在高速公路桥梁施工管理应用过程中存在的问题

在高速公路桥梁的施工管理过程中，预算定额管理方案的应用，在很大程度上提升了整个工程项目的管理效率。但是，在实际的管理工作开展期间，施工人员责任心有待提高、自身技能水平不够都抑制了预算定额管理方案应用价值的发挥，其产生的问题主要表现在以下方面。

（一）预算定额处理能力有限

在高速公路桥梁工程施工前，工程设计人员进行预算定额的编制时，由于受到编制工作经验有限的影响，编制出的内容多数是从以往的施工案例分析中整合出来的，因此，过度注重既往案例的借鉴与考察结果。这种情况下编制出的预算定额通常与工程的实际施工内容、建设目标存在偏差，适应能力十分有限，最终导致工程造价控制工作的开展效果

受到影响。

（二）现有监督管理体制不完善

按照我国现有的相关法律法规，在工程中标承接企业正式开展高速公路桥梁工程项目施工之前，必须严格按照工程的相关施工规范和要求制定符合本工程的预算定额方案，借以提升对工程成本的控制效果。但是，部分企业为了在施工过程中获取最大的经济利益，实现净利润的增长，并未按照国家相关要求制定系统完善的预算定额计划书以及相关施工管理方案。另一方面，在部分高速公路桥梁工程的施工现场，缺少相应的施工监管体制，导致无论是施工管理人员还是一线作业工人，均将效益获取放置在施工要位，从而罔顾对于施工质量的管控。

四、预算定额在高速公路桥梁施工管理应用问题的解决办法

（一）注重预算定额监督管理体制的完善

在高速公路桥梁工程的施工过程中，要充分提升工程管理工作的开展效率，为施工提供相应的安全保障和经济效益保证，重视工程项目的预算定额监督管理工作非常重要。在此期间，作为工程的管理人员，要充分发挥预算定额管理的作用，实时掌握工程的施工具体状况及施工技术应用效果，面对质量层面出现的缺陷问题，必须严格按照预算定额编制的内容进行整改。在控制施工进度的过程中，应高度按照工程预算定额编制的施工设计方案进行进度规划，确保工程按时完工。另一方面，作为工程预算定额管理人员，还应提升合同管理能力，严格履行自身的工程管理责任，降低施工索赔问题出现概率，做到为项目工程施工降低损失。

（二）注重对材料成本的控制

对于高速公路桥梁工程，综合所有的施工成本，材料采购的成本占比约为总成本的60%，在这一基础上，为了确保工程的投建经济，提升建筑效益，作为工程的预算定额管理人员，要在施工现场做好相应的施工材料管理工作，杜绝材料浪费问题。与此同时，还应管控好相应的材料采购工作，提前进行材料市场价格调研，采购质量合格、价格低廉的材料，在确保材料满足施工需求的同时，实现对施工成本的有效控制。

在结合具体施工项目的基础上，还应将预算定额管理方案有效融入管理过程中，借以提升对工程作业期间诸如合同、费用、进度等方面的工程管理水平，最终为我国整体的高速公路桥梁施工管理能力及水平优化奠定坚实的基础。

参考文献

[1] 王立平，魏现国，王立英．我国公路桥梁的现存问题及解决措施 [J]. 价值工程，2011，30（10）：90.

[2] 陈捷．浅议如何加强工程施工技术管理 [J]. 中国高新技术企业，2009（6）：164-165.

[3] 张新和，张皓，陈阳．浅析公路桥梁施工安全控制技术 [J]. 中小企业管理与科技（下旬刊），2012（10）：134-135.

[4] 公路桥涵施工技术规范（JTG/T F50-2011）[S]. 人民交通出版社，2011.

[5] 公路工程质量检验评定标准（JTGF80/1-2004）[S].

[6] 杨文成．浅析公路桥梁施工技术与管理 [J]. 城市建设理论研究：电子版，2013（21）.

[7] 王强，张方．注浆施工技术在公路桥涵路基加固及防渗工程中应用 [J]. 价值工程，2011，30（22）：90.

[8] 侯登峰. 公路桥涵路基加固及防渗工程中注浆施工技术[J]. 山西建筑，2012，38（22）：218-219.

[9] 沈静．灌注桩后注浆施工技术的应用 [J]. 湖南交通科技，2010，36（2）：114-116.

[10] 李方甫．高速公路路基桥涵施工容易忽视的质量问题 [C]// 长治 - 晋城高速公路总结大会专辑 .2014.

[11] 李斯道．公路桥涵施工中需注意的问题及解决措施 [J]. 市政桥梁工程科技创新，2003（5）.

[12] 吕兆锋．公路桥涵养护与管理的技术措施 [J]. 民营科技，2015，（02）：102.

[13] 林艳．农村公路桥涵工程的养护及管理问题 [J]. 科技展望，2015，（21）：35.

[14] 张之文．浅谈公路桥涵养护与管理应采取的措施 [J]. 科技视界，2015，（22）：295.